JN195408

ソーシャルワーク研究における
M-D&D
デザイン・アンド・ディベロップメント
の軌跡

芝野松次郎［編著］
Matsujiro Shibano

関西学院大学出版会

ソーシャルワーク研究における
デザイン・アンド・ディベロップメントの軌跡

芝野松次郎［編著］

まえがき

2002年4月1日、関西学院大学社会学研究科において博士課程後期課程指導教員となって以来、多くの課程博士（甲号博士）を目指す方々を指導し、ともに研究をおこなってきた。2008年4月1日に人間福祉研究科に移籍し博士課程後期課程指導教員となってからも、多くの研究者を目指す方たちをゼミに受け入れ指導と共同研究を継続してきた。退職の日を迎え、振り返ると、いつの間にか博士号を取得した方々は18名にも及ぶこととなった。

2013年頃、博士号取得者が2桁になったとき、甲号取得者だけではなく、乙号を取得された方、私のゼミで学士号あるいは修士号を取得後、海外で博士号を取得された方を会員として「Sドクターズ・サロン」を、年に一度くらいのペースで開催することにした。Sは芝野の頭文字という意味もあるが、本当のところは、この上ないほど素晴らしいという意味の“splendid”の頭文字である。私にとってはこの上なく素晴らしい人たちとの情報交換の場を年に一度くらいは持ちたいという想いから、この名称を思い付いたのである。

もちろん私にとっては多くの学士課程や修士課程を卒業した方たちすべてがこの上なく素晴らしい存在である。そのすべての方たちとこの上なく素晴らしい一時を共有したいと思う。しかし、現実的にはそれはほとんど不可能なことであろう。したがって、博士号を取得された方々にその方たちを代表していただいて、そのすべての方たちのことに思いを馳ながら、貴重な一時を持つことにしたのである。

このサロンを重ねるうちに、メンバーの方たちがそれぞれ成長、進化して行かれる様子を目の当たりにすることになったが、それはある意味、思いがけない発見であった。博士号取得後、それぞれの場で働きを得て、成長、進化して行かれるのは、ごく当たり前のことであろう。しかし、実際にそれを目の当たりにして、ある種の驚きを感じたのである。博士号取得は並大抵の努力でなし得ることではない。血のにじむ努力を重ね、最終的な研究成果として博士論文をまとめ、勝ち取られたものである。したがって、博士論文は頂上を極めた証である。私の驚きは、頂上を極め一息つくどころか、その頂上から新たな頂上を目指して、さらに進み続けるという成長の過程、そして進化の過程を、サロンを通して見させていただいたことである。私にとってそれはとても"serendipitous"（新しく、発見的）な経験であったし、いまもそのような経験を積み重ねさせていただいている。

本書の目的は、私が観察したそのような成長と進化を、課程博士（甲号）を取得されたサロンメンバーの方に自ら認めていただくことである。一人ひとりの方が、博士号を取られたとき、そしてその後のこと、さらにこれから未来を見つめて、自ら成長と進化の過程を記していただくことである。

こうした過程は、私が長年研究してきたソーシャルワーク実践をデザインし、ディベロップするプロセスと共通するものであると思っている。自らのソーシャルワーク研究の過去、現在、未来を「デザイン・アンド・ディベロップメント」の視座から語ってもらえたらとの想いもある。この企画が功を奏したかどうかは、執筆された方々、そして読者の方々に評価していただきたい。そして、それが、みなさんのこれからの歩みの参考になればと思う次第である。

2018年3月吉日

関西学院大学G号館4階芝野研究室にて

芝野 松次郎

目次

第1章

多様な研究スタイルを模索して

在学中とその後、現在とこれから

板野ボーズ美紀
インディペンデント・リサーチャー

はじめに

早いものでカナダに移住し6年になる。私は現在、カナダ人の夫と6歳の娘、3歳の息子とともにカナダ・オンタリオ州・トロント市に在住している。私の現在の生活の中心は子どもたちであり、育児をしながらカナダのソーシャルワーク、社会、生活、子育て、コミュニティを学んでいる。上の娘はGrade1（日本の小学1年生）になり、下の息子はまもなく幼稚園に入園する。慌ただしい毎日が着々と過ぎていき、子育てを満喫し、そして、子育てが少し落ち着きつつある今、いよいよ本格的に仕事復帰をしたいと、現在はその準備を進めているところである。

私が芝野研究室の門を叩いたのは、2001年。それからかれこれ15年以上になる。この間の前半は大学院生、研究員として芝野先生や先輩方とともに研究活動をし、後半はアメリカとカナダでソーシャルワークを独学し、子育てをしてきた。

博士論文の執筆中は、アメリカ・ニュージャージー州に在住し、博士号を取得した後、永住権を取得した 。そしてその後、カナダに生後2カ月の娘と夫とともに移住した。移民として現在この国に住むにあたり、日々さまざまな局面に向かい合うが、日本で受けた教育、日本で培った経験、そして日本の大学院の同じ研究室の諸先輩方の支えは博士号取得後の私の人生の糧となっている。さらに折りにふれ、芝野先生からの励ましも大きな力となっている。

この章では、私が大学院の前期課程に入学してから現在にいたるまでのヒストリーを辿りながら、どのように研究、調査を進め、博士論文を執筆してきたか、そして、大学院に進学してから現在にいたるまで、どのように自らの研究と研究人生をデザインし、ディベロップして来たかを振り返ってみたい。

I　博士論文の執筆と受託調査研究

1　関西学院大学大学院社会学研究科社会福祉学専攻

関西学院大学大学院社会学研究科社会福祉学専攻（現人間福祉研究科）には長い歴史があり、これまで多くの実践者と研究者を輩出しておられる。当時は大学院前期・後期課程の学生は総勢 80 人を超え、大家族の環境のなかで私も大学院の前期・後期課程で学んだわけだが、当初はとても戸惑った。他大学の社会福祉学部を卒業した後、児童福祉をもっと学びたいという希望と海外のソーシャルワークも学びたいという私の願いを聞いた学部時代の指導教授の勧めにより、関西学院大学の芝野松次郎先生の元へ飛び込んだ。しかし、大学院での学びのスタイル、課題の取り組み方に加え、入学当初は先輩や教授が授業で話される内容が本当にわかからず苦しんだ。教授の書籍、文献を読み、そして大学院での講義を受けていくなかで、ようやく学び方、研究内容の潮流のようなものがわかるようになった。また多くの先輩の研究内容に触れ、これまで培われてきた社会福祉学専攻での研究テーマや研究方法について学ぶことができた。よき先輩に恵まれたことは、バラエティに富んだよいロールモデルを持てることとなり、私にとっては励みになった。

2　前期課程・後期課程在学中の調査研究

前期課程に入学した直後、私は幸運なことに芝野松次郎先生が採択された大きな研究プロジェクト（「児童福祉専門職の児童虐待対応に関する専門性向上のためのマルチメディア教育訓練教材および電子書式の開発的研究」、平成13年度厚生科学研究（子ども家庭総合研究事業））に研究協力者として関われる機会を得た。4年間にも及ぶこの大きなプロジェクトは私の博士論文執筆のためのデータ取得の機会とはならなかったが、このプロジェクトに関わったことで、ソーシャルワークの開発的研究を学ぶとても貴重な経験となった。

私は主にこの研究プロジェクトにおいて、児童虐待に対応する児童福祉専門職がどのように既存のガイドラインを活用しているのか、また児童福祉専門職がガイドラインに沿って相談援助業務をおこなうにあたり、どのようなニーズがあるのかを明らかにする質問紙調査と、その後、調査結果に基づいたケースマネジメントシステムの開発と、開発されたケースマネジメントシステム活用による効果についての調査に研究チームの1人として関わった。

このプロジェクトの質問紙調査では、全国の児童福祉専門職を対象とし、その準備には多くの時間と労力が費やされた。質問項目の内容の精査、質問紙の作成・編集、質問紙の配布・回収の方法、調査対象の決定、データ入力とデータの分析、そして、まとめのすべてのプロセスにおいて調査チームのメンバーとともに詳細に検討し、実行した。この調査を通じて、実際の調査をおこないながら調査の手法と調査を運営していくためのノウハウの細部に渡り包括的に学んだ。

ケースマネジメントシステムの開発では、研究チームのシステム開発の意図を組みプログラミングをしてくださった民間会社の方々とのミーティングや、開発されたシステムについて内容を検討する研究会において、多くの先生からアドバイス、コメントをいただいた。また、実際にシステムを試用していく自治体の関係者の方々からもコメントをいただいた。それぞれのご専門の視点でシステムが改善されるようにコメントをいただいたが、これらの検討をおこなううえで、検討会における意見交換のスタイルなど、研究を多くの専門職の方々とおこなっていくためのお作法を学ぶことができた。研究会の開催時には、時には厳しい意見もあったが、それを受け入れシステムの改良に活かしていくことが重要であることを学んだ。そして、新しいシステムを現場にインストールする際の難しさとして、いくらシステムがいいものでも、それを実際に使うワーカーの立場になって考えていくことの重要性を学んだ。

開発されたケースマネジメントシステムの活用と評価に関する調査は、このシステムがどのように児童相談所に導入され、さらに児童虐待対応にどのような影響を与えたのかを評価、検証することを目的として実施された（「児童虐待相談IT化モデル事業の検証」、平成17年度児童関連サービス調査研究事業（子ども未来財団））。開発されたシステムは厚生労働省のモデル事業として3自治体においてカスタマイズ、試用されており、私はそれぞれの自治体においておこなった聞き取り調査の計画と実施をおこなった。児童相談所にて実際にシステムが活用された後の使用感を確認し、システムの改良と同様のシステム開発に向けての参考にするための調査であった。調査結果のなかにはシステム開発の意図と使用者の使い方との齟齬が生まれていることを確認し、システムインストールにおける課題も見出された。この効果測定のための調査は、面接調査を用いたが、結果についてはある程度の数値化もおこなった。

以上のプロジェクトでは、前述の児童家庭相談員のガイドラインの活用に対する量的調査と、その後、システムの活用効果を知るための面接調査において、それぞれの調査結果に基づいたシステム開発とシステムの改良をおこなったという点において、エビデンスに基づいた手続きであったといえる。この調査研究においては、M-D&Dの開発的研究における全4フェーズ（問題の把握と分析から実際に活用できるシステムの開発と試行と改良、普及と誂え）についてすべて参与できたプロジェクトであった。

この研究の最中は、芝野先生の研究室に集まり、時には雑談もしながら、研究に関する相談を毎日していた。芝野先生が複数の研究プロジェクトの同時進行で（それ以外にも講義やさまざまな委員等々）激務のなか、いかに芝野先生とのアポを取るのかは重大案件であった。芝野先生に直接アポを取るときには、当時、芝野先生がご愛用であった電子手帳の進化バージョンであるパーム（携帯情報端末：PDA）にアポの予定をしっかり書き込んでもらうのを見届けるまでは気が抜けなかった。今でこそスマートフォンに取って代わっているが、このパームを活用したケース記録データの管理というアイデアが、そもそもこの開発的研究プロジェクトの契機となっていたことを付け加えておきたい。開発的研究は、クリエイティブであり、かつインスピレーションも必要なのかもしれない。

3　博士論文作成時の調査と研究

1）量的調査の実施と博士論文執筆

私の博士論文は、芝野先生が採択された研究（「市町村児童家庭相談の充実・支援に関する調査研究」、平成18年度児童関連サービス調査研究事業（子ども未来財団））に分担研究者として担当した調査研究を元に執筆されている。私はこの研究ではじめて分担研究者という役割を担い、主な研究の実行者として取り組んだ。当時は、大学院の博士課程を満期退学し、研究員として関西学院大学に所属しながらこの調査をおこなったが、以前に参加した研究プロジェクトとは違い、分担研究者として研究を主導的に実施することができたことは、研究プロジェクトの運営全体を理解するうえでとても学びが大きかった。

この調査研究の目的は、平成17年の改正児童福祉法の施行により、都道府県における児童相談所と同様に市町村が児童家庭相談の第一義的窓口となったことにより生じていた、市町村と都道府県の役割の認識のずれに関する問題を検討することである。本研究においては、開発的研究の手続きM-D&Dにおけるフェーズ1（問題の把握と分析）とフェーズ2（たたき台のデザイン）を実行した。フェーズ1では、先行調査研究や理論に関するレビューをおこない、児童家庭相談における相談員の専門的対応に関する不安や、児童相談所と市町村との役割分担の不明確さを明らかにした。そして、現状の問題点を踏まえファミリーセンタード・アプローチに基づいた質問紙を作成した。質問紙調査の実施では、平成18年当時、1820カ所となった全市町村を対象とした全数調査をおこなった。回収した質問紙はデータ入力後、さまざまな分析をおこなった。続いてフェーズ2で実行されたのは、フェーズ1で得た結果に基づいた標準的なケース分担基準の作成とその活用の手引の作成であり、この調査研究のまとめである。

この調査研究のデータと結果を用いて執筆した博士論文では、量的実証的調査として仮説を提示し、検証した。そのまとめとして、市町村における児童家庭相談では「多機関によるサービス提供」が相談員の「相談効果意識」に影響する最も重要な要因であることを結論づけた。さらに「専門的対応のための環境」の整備が「相談効果意識」に最も影響していたため、この課題についての取り組みが必要であることを提言した。市町村の児童家庭相談における相談員の不安要素を検討し、相談員が相談員として援助をするうえでの環境の整備について今後の課題を提示して締めくくっている。

このように、民間団体より助成を受けた調査研究によってデータを入手し、調査終了後に調査報告書としてまとめ、そしてその後、分析をさらに進めて博士論文を執筆するにいたった。博士論文の執筆後、学会誌へ本研究をまとめ投稿したが（板野 2011）、その執筆中、査読中にも本研究について考察を重ね、繰り返し調査内容と結果について政策策定に関する検討をおこなった。

M-D&Dのプロセスでは、問題を把握した後、多くの人に直接的に研究の成果を還元できるプログラムの開発をおこなうが、時間的、予算的な事情等により本研究調査では実行できなかった。

4　自治体との研究・調査と海外の研究

1）質的調査の計画と実施

後期課程での研究テーマの1つは、「地域における子育て支援サービスの情報提供」であった。地域に散在している子育て支援サービスを実際に活用してもらうために、どのようにそのサービスの情報を効率よく知ってもらうのかを明らかにするのが研究の目的であった。

当時、関西学院大学は、2003年度より5年間、「『人類の幸福に資する社会調査』の研究——文化的多様性を尊重する社会の構築」というテーマで、文部科学省21世紀COEプログラムに採択された。私はこのCOEプログラムからの個人研究助成を受けて、いくつかの研究を実施することができたが、その1つは、A市の母親を対象におこなった聞き取り調査である（「地域子育て支援サービス情報提供・活用システム実践モデルの研究開発——市町村における地域子育て支援情報提供の現状と課題」COE若手研究）。

調査目的や調査対象などを検討した結果、質的調査を実施することにしたが、この調査ではじめて私自身が計画した質的調査（フォーカス・グループ・インタビュー）をおこなうことになった。この調査に先立って、実施した市民意識調査では、同様のテーマで質問紙調査を実施したが（板野2006）、量的な調査とはデータの集め方、分析の仕方、まとめかたはまったく違うため、これまでにおこなった量的調査と新たな質的調査とで、それぞれの調査手法の長所短所を学ぶことができた。また、この調査においてご協力いただいた、自治体職員の方々、調査に参加していただいた当事者の方々とは直接お目にかかり、聞き取り調査の前後にそれぞれのお話を伺う機会もあり、さらにこの研究テーマの重要性を感じる機会ともなった。

2）海外での学会発表と研究会の開催

上記調査の実施後、さらにCOEプログラムの海外発表助成を受けて、調査結果をInternational Federation of Social Workers（IFSW）World

Conference（2006年7月、於：ドイツ・ミュンヘン）で発表する機会を得た。はじめて海外で開催される国際学会での発表となったが、海外のソーシャルワーク研究者から意見を得るまたとない機会となった。また、この学会で発表されているテーマに「移民」に関連する研究がとても多く、日本で行われる国際学会での状況と比較し、愕然としたことが強く記憶に残っている。

COEプログラムでは、大学院生・研究員だけではなく、プログラムに関連する研究をおこなっている教授グループにも助成をおこなっていた。この機会に芝野先生の研究チームの研究成果を検討するため、2006年3月、芝野先生と調査チームとともにアメリカ・カリフォルニア州を訪問、調査した。主な調査の目的は、子ども虐待対応ナビデータベースシステムの海外版の検討のためである。アラメダ郡のソーシャルワーカーより、アラメダシステム（子ども虐待対応のためのシステム）の説明を受け、実際のシステムを視察したが、このシステム活用上の課題は芝野研究室で開発されたシステムを検討する上で貴重な意見が得られた。

この訪問調査以外にも、大学院生・研究員のあいだに芝野先生や同級生、先輩とともに海外の研究所や団体を訪問する機会を得たが、海外での先行事例や、類似する研究に関する知見を得たことが、その後の人生の選択に影響を与えたと思っている。

5　博士号取得後の研究

博士号の取得後は、アメリカに夫とともに在住したが、アメリカ在住中のほとんどは、取得していたビザを理由に現地で働くことも正規の学生となることもできなかった。しかし、ニュージャージー州立大学ラトガーズ、ソーシャルワーク大学院の教授方の助けを得て、大学併設の研究所である「家族研究所」での研究に参加し、大学院の授業を聴講することができた。また、インターナショナル・ソーシャルワーク研究所に、リサーチアシスタントとしてその活動に参加した。ここでは、アメリカにおけるソーシャルワーク教育と実際にソーシャルワーカーとしてアメリカで働いている人たちの葛藤についてを垣間見ることができた。日本と同じような課題、日本にはない新しい着眼点、根本的な考え方の違いなどに触れたことは、私がその後、日本と海外のソーシャルワークを考える上で役立っていると思う。また、アメリカでの永住権取得後は、日本の NGO の事務職員としてニューヨークで働いた。「アメリカで働いた」というこの経験によって、アメリカの移民としてのリアルな生活を経験することもできた。

博士号を取得後も、アメリカそしてカナダにいながら、同時期に大学院の芝野ゼミに所属していた先輩方と一緒に日本を拠点に実施されていた研究や大阪とアメリカ・シカゴを対象にした共同研究などに参加できた（Itano Boase, M. et al. 2013）。アメリカ・ニュージャージー州そしてカナダ・オンタリオ州と日本では時差がそれぞれ 13 時間（冬は 14 時間）となり、昼夜が逆転する。遠く離れているが、スカイプ電話を使って久しぶりに先輩のお顔を拝見し、調査に関して意見交換できたことにより、海外在住の私も日本、あるいは日米間、そして国際比較をテーマにした研究に協力できる喜びはこの上ないものであった。

Ⅱ　今後の研究活動の見通し

1　これまでの研究を振り返って

これまでの調査研究のテーマは、児童福祉がおおきな枠組みとしてあるものの、児童相談所でのケースマネジメントのためのシステム開発、児童相談所と市町村とのあいだの児童相談対応のための役割分担、子育て支援のための情報提供、アメリカの社会的養護と里親支援、スクールソーシャルワークなどで多岐にわたる。それぞれの調査の目的は、ニーズ調査や実態把握、そしてニーズに対応したプログラムの開発、政策・プログラムに対する提言、そして既存のプログラム、あるいは開発したプログラムの評価、改良のための調査であり、量的調査と質的調査の両方を実施した。研究の対象は、日本、アメリカ、カナダを中心に、国内外のソーシャルワークを学んできた。

学生のあいだはさまざまな経験を積んでおきたいと思っていたが、機会に恵まれ､あらゆる研究を自分の関心にしたがっておこなうことができた。海外に移住後は、住む場所、置かれている状況に関わらずこれまで細々と研究を続けて来た。博士号取得後は大学に所属せず、フリーランスとして研究してきたこれまでを今振り返ってみると多様な研究内容、そして研究スタイルを模索してきたように思う。

2　今後の研究のデザイン・アンド・ディベロップメント

1）調査結果とサービス・プログラムの提供

大学院に入学してからさまざまな調査研究に参加してきたが、ソーシャルサービスの提供は、そこにニーズがあってもすべてのニーズに対応したプログラムが開発・提供できるわけではなかった。多くの要因が関係しており、得られた調査結果のすべてが具体的なサービスやプログラムに結びついてはいるわけではない。しかし、その時は調査結果がサービスにつながらなくとも、調査結果の積み重ねがエビデンスとなり、いずれは必要なサービス・プログラムの開発につながると思う。

2）カナダの動向と今後の研究

今後も調査をもとにしたサービスの開発や政策の策定に関われる研究、仕事をしたいと思っている。これまでにも、プラクティショナー・リサーチャーという考え方や、開発的研究手法であるM-D&Dにおいて、調査結果で得られた情報をどのように実践に役立てていくかという議論はされているが、それは今なお続いている。

カナダでも同様に、現在、ヘルス領域おいて、ノウレッジ･トランスレーション（Knowledge Translation：KT）が推進されている（http://www.cihr-irsc.gc.ca/e/29418.html　2017年10月27日取得)。この考え方は、これまでのM-D&Dの考え方ともよく似ているが、開発したプログラムの普及（ディセミネーション）の考え方が少し違う。

ヘルス領域だけではなく、ソーシャルワークでもこの考え方を活用しサービスの開発が進められているが、私はこのような知識と実践のギャップを埋める研究・仕事をしたいと思っている。カナダ・オンタリオ州で現在進められているプロジェクトは、児童福祉に関しては日本の課題と非常に類似している。保育所の待機児童の問題、保育費用と補助金、保育所入所に係る情報提供の方法や、ドロップイン・センター（子育て支援センター）でのサービス内容の検討と情報提供の方法など、これまで私が日本で関心をもっていた内容などである。このような課題についてソーシャルメディア等を活用しながら、制度・プログラムの改良がスタートしている。これらの問題について、日本での経験を生かし、エビデンスの蓄積に寄与したい。そして、具体的なサービスの提供に貢献したい。

3）今おかれている環境のなかで

現在、私はトロント市内の大学で開講されている「ソーシャルワーク専門職のための橋渡しプログラム」のコースを受講している。このプログラムは、政府と州より助成されており、母国でソーシャルワーカーとして働いていた人が、オンタリオ州においてソーシャルワーカーとして再就職することを目的に開講されている。内容は、オンタリオ州の歴史、政策、制度、現状（各分野）についての講義と、就職活動の支援である。講師自身は元難民であり、カナダに来てからソーシャルワークを学び、ソーシャルワーカーとして働いておられた。参加者のニーズに敏感で学習内容は参加者の希望に合わせてきめ細かく対応される。コンパッションにあふれた先生である。クラスメートの出身地はさまざまで、東アジア、南アジア、南米などである。この講義には多くの学生が受講を希望しているが、世界中のソーシャルワーカーがこの地にさまざまな理由で移住している事実に直面する。移民となり、再度ソーシャルワーカーとして働きたいというクラスメートのその意思からは、並々ならぬソーシャルワークに対する情熱を感じざるを得ない。そして、新しい環境で前向きに職を得るために奮闘している彼らから、人は環境から影響を受けながら生活していることを実感する。

これからの人生をデザイン・アンド・ディベロップメントするならば、行き着いたこのカナダで、これまでに日本で培った調査研究の経験を生かし、この多様な文化と多様な人たちと一緒に、調査に関わり、人に役立つ調査を実施したい。そして、ニーズにあったプログラムの提供、政策の提言・策定をおこないたいと思う。いつか、カナダでの経験をもとに日本のソーシャルワークに貢献できるようになりたいと思う。

[参考文献]……………………………………………………………………………

板野美紀（2006）「子育て支援サービスの情報提供に関する実態の多角的分析―― A市における市民意識調査より」関西学院大学社会学部紀要、100号、155-166。

板野美紀（2011）「全国市町村の児童家庭相談を構成する要件――相談援助を担当する相談員による質問紙に対する回答を基に」社会福祉学、51巻、4号、69-79。

Itano Boase., M., Yamano N., Rippey M., C (2013) "School Teachers' Perspectives of School Social Workers: A Comparative Study of Chicago Area Schools and Osaka, Japan Schools." *School Social Work Journal*, 38-1, 64-75.

第2章

研究者としての基礎を培った芝野ゼミでの学びと今後の展望

榎本祐子
滋賀大学特任講師

はじめに

本書は関西学院大学で35年間奉職され、多くの研究者を輩出された芝野松次郎先生の長年の研究成果の詰まった貴重な本である。

今回、大変光栄なことに芝野ゼミで博士号を取得した者の1人として本書に寄稿させていただくことになった。私が関西学院大学の芝野ゼミで学んだのは2008年4月から2013年3月までの5年間である。2008年といえば、芝野先生が初代学部長を務められた人間福祉学部・人間福祉研究科が発足した年である。

芝野先生に研究者としてどのように育てていただいたのか、また芝野ゼミでの学びが現在の研究や生活にどのようにつながっているのかを述べたい。

Ⅰ　芝野ゼミでの学び

1　芝野先生との出会い

芝野先生との出会いは、関西学院大学大学院入学の前年であった。当時、私は滋賀大学大学院修士課程の大学院生として育児ストレスとソーシャルサポートに関する研究に取り組んでいた。滋賀大学大学院教育学研究科は博士課程がなく、また私の研究の興味関心は教育よりも福祉に近いことから芝野ゼミの門をたたいた。当時、人間福祉研究科は準備段階で、関西学院大学社会学部の事務室に連絡し、芝野先生につないでいただいた。芝野先生はすぐに連絡をくださり、夏休みに実施する大学院のゼミの見学に誘ってくださった。夏の暑い日であったが、関西学院大学のキャンパスは豊かな緑に囲まれとても美しかった。こんな素敵なキャンパスで学べたらどんなに幸せだろうと感じたのを覚えている。

見学させていただいたゼミでは20名を超える大学院生が熱心に議論していた。大学院のゼミというと少人数であるイメージであったが、芝野ゼミは大所帯で、芝野先生の下で学びたい学生がいかに多いのかを感じ取れた。また、大学院生の年齢の幅が広く、大学教員ですでに研究者として活躍している先生がさらに研究者として学びを深めるために芝野先生の下で学んでいるということであった。イメージしていたゼミの姿とは異なり、本当にやっていけるのか心配になったが、芝野先生は「しっかりサポートするのでぜひ頑張ってください」とおっしゃってくださり、芝野先生の人柄にも惹かれ受験することを決意した。

2　研究が進まなかった入学後の2年間

2008年度、まっさらなG号館の校舎に期待と不安を寄せて入学した。私は社会人経験をせず博士課程まで来たので当時24歳であった。先にも述べたようにそれまで教育学研究科で研究をしていたため、入学当初はソーシャルワークの基礎知識さえなく、思うように研究を進めることができなかった。ソーシャルワークの視点で研究したいと芝野ゼミの門をたたいたにもかかわらず、一からソーシャルワークを学ぶ決心がつかなかったのである。何をしたいのかはっきりせず霧のなかを歩いているような日々が2年ほど続いた。

博士課程3年生の時に、ソーシャルワークの基礎を学ぼうと決心し、通信の専門学校で社会福祉士の取得を目指すことになった。実はそれまでも芝野先生に「社会福祉士を取得したほうがいいですか」と何度か尋ねていたのだが、取得するようには一度もいわれなかった。おそらく芝野先生は私にソーシャルワークを学ぶ覚悟ができていないと気づいておられたのだと思う。

振り返れば芝野先生の下で学んだ5年間、何かをするようにいわれたことは一度もない。代わりにうまくいくようにさりげなく道を作ってくださっていたように思う。時間がかかっても自分で気づいて自分の意思で取り組む経験をしたことは私の宝になっている。

3　芝野先生にいただいたチャンス

社会福祉士の資格取得に動いた博士課程3年生の時、芝野先生から大きなチャンスをいただいた。

芝野先生が科学研究費（以下、科研）を取得され、新しい研究に取り組まれることになり、その研究の研究協力者にならないかと声をかけていただいたのである。その研究は、当時発売されたばかりのiPadを用いた子育て支援コーディネートの実践モデルの開発（平成22-24年度日本学術振興会科学研究費助成金（基盤研究B）（課題番号22330178）「ソーシャルワークとしての『子育て支援総合コーディネート』実践モデルの開発的研究」）であった。今でこそ利用者支援事業として子育て支援コーディネートは注目されているが、2010年当時は誰も注目していない事業で、ほとんど情報が得られないところからのスタートであった。芝野先生は子育て支援にはアパートのコンシェルジュのような何でも相談できる専門職が必要であるとの思いから子育て支援コーディネートを「子育てコンシェルジュ」と名づけて実践モデルの開発を進められた。

芝野ゼミに入ったからには芝野先生から学べることをしっかり学ぼうと決意し、何の知識もない事業であったがこの研究テーマで博士論文を書く覚悟をした。芝野先生にはその時、しっかり頑張るので指導してくださいとお願いしたことを記憶している。この研究テーマは現在も私の研究の柱となっており、これからも研究者人生を通して取り組みたいと考えているテーマである。芝野先生には子育て支援コーディネートという運命の研究テーマとめぐりあうきっかけをいただいたのである。

4　社会福祉実践モデル開発のおもしろさ

芝野ゼミの特色といえば、芝野先生が開発したM-D&Dの手法に則って社会福祉実践モデルの開発（以下、実践モデルと記す）を多数おこなっているところである。M-D&Dの詳細についてここでは割愛するが、M-D&Dの手法による実践モデル開発のために芝野先生が科研を取得し、ゼミ生はそれぞれ科研の研究協力者として実践モデル開発に携わりながら開発の実際について学んでいく。またそれぞれの研究に携わるなかで関連した自分自身の研究課題を見つけ、その成果を一部利用してオリジナルな発想に基づき、学位論文を執筆する。

私が参加させていただいた子育て支援コーディネートの科研の内容を簡単に述べると、全国の市区町の子育て支援担当部局職員と子育て支援総合コーディネーターに子育て支援総合コーディネート事業の実態を尋ねる調査を実施した。その結果を踏まえ、iPadのアプリケーションFileMakerを使用した実践モデルを作成した。実際に実践モデルの手順に則って研究することはとても楽しかった。子育て支援現場の職員、アプリケーション開発業者などに協力していただきながら科研のメンバーでアイデアを出し合ってひとつの実践モデルを作ることはワクワクする。実践モデルを開発するのは時間もかかり大変であるが、自分たちが開発した実践モデルが世に出て誰かの役に立つかもしれないと思えるとてもすばらしい研究だと感じた。当時はまだ今ほどスマートフォンも普及しておらず、iPad の操作ひとつをとっても慣れるところからのスタートであったが、時代の一歩先を行く芝野先生のアイデアに触れることができたのも貴重な経験であった。研究者として独り立ちしたときに時代のニーズを見極め、現場の役に立つおもしろい研究ができる研究者になりたいと強く感じたのを覚えている。

5　自主性を重んじる芝野ゼミ

芝野ゼミではこのように芝野先生の取得した科研の研究協力者として規模の大きな研究をさせていただいていた。時には芝野先生と一緒に厚生労働省に赴いて専門官の話を聞くなど、本当にさまざまな経験をする機会を与えていただいた。先に芝野ゼミは芝野先生の科研を、研究協力者として手伝いながらそれに関連したテーマで博士論文を執筆するスタイルがあると述べたが、強制されることはけっしてないし、他の方法で研究しているゼミ生もいる。芝野先生は必ず意見を聞いてくださり、どんな時でも自分で考えて決断することを大切にしておられた。たとえ、芝野先生であればすぐに気づくようなことであっても、自分で気づき判断することを大切にし、時間をくださっていたように思う。そうやって自分で考える力をつけてもらったことは芝野先生の下を離れてから大きな力になっていると感じている。

現在、芝野先生の下を離れ、自分自身で科研を取り研究を進めているが、おのずと研究の規模は小さくなった。しかしながら、大きな成果が出せなくても、すぐにはうまくできなくても自分で考えてチャレンジすることに意味があると思えている。芝野先生には研究の細かい手法を多く教えていただきとても力になっているが、自分で考えて研究することを教えていただいたことが最大の宝だと感じている。芝野先生にいつか自分の研究スタイルを確立したねといってもらえることが目標である。

Ⅱ　博士号取得後の研究

私の博士論文「ケースマネジメントとしての子育て支援総合コーディネートの推進要因と課題の検証」は、科研の成果の一部を使用して執筆したものである。子育て支援コーディネートとはどうあるべきかという理論的な枠組みを明確にし、その枠組みに基づいて市町村での子育て支援コーディネート実践の課題について論じた。その結果、子育て支援コーディネートはケースマネジメントに基づいて実施していくことが必要であるが、現場では子育て支援コーディネートの役割について共通認識があるとはいえず、実践のための環境も整っていないためにうまくいっていないことが示唆された。博士論文での研究はM-D&DでのフェーズⅠ部分にあたるため、博士号取得後はフェーズⅡ以降の子育て支援コーディネートに必要なさまざまな実践モデルの開発を進めていくことが私の課題となった。

1　博士号取得後の研究の方向性

2013年2月に博士号を取得し、2013年4月からは母校である滋賀大学教育学部で特任講師として働くことになった。

博士論文では、一貫して子育て支援コーディネートはケースマネジメント実践であるべきと主張し、あわせてケースマネジメント実践を担うための専門性を兼ね備えた人材として社会福祉士の活用の必要性を訴えた。しかしながら実際の現場では社会福祉士以外の人材が子育て支援コーディネーター（現在の利用者支援専門員）として活躍している場合が多い。博士論文では理想を追い求め、子育て支援コーディネートの軸の明確化を試みたが、この後は現場の実践者とともに試行錯誤することで事業がうまくいくように取り組むことが重要であると考えていた。先にも述べたように筆者の博士論文は芝野先生の提唱したM-D&Dのプロセスとしては フェーズⅠ問題の把握と分析の部分であるため、今後研究を進め、子育て支援コーディネート実践に役立つ実践モデルや実践マニュアルを作っていきたいと考えた。

そこで2015年度からは自身で科研を取得し、利用者支援事業のためのニーズアセスメントツールと実践マニュアルの作成に取り組んでいる。子育て支援コーディネートは2014年度から子ども・子育て支援法（平成24年法律第65号）59条第１項に法定化され、新たに利用者支援事業と名づけられ、多くの自治体が実施し始めていた。さらに利用者支援事業は2015年度からは基本型、特定型、母子保健型の３つの形態があるが、私は基本型の前事業である子育て支援総合コーディネート事業の研究をしていたので、利用者支援事業のなかでもとくに基本型について研究を進めていくこととした。

2　滋賀県東近江市子育てコンシェルジュとの出会い

ある程度の研究の方向性は自身のなかで固まっていたものの、具体的な研究の進め方について悩んでいた。そのタイミングで2015年度に滋賀県東近江市の子育てコンシェルジュ（利用者支援専門員）の方から声をかけてもらい、東近江市での子育てコンシェルジュ事業（利用者支援事業基本型）がうまく実施できるように協力させていただくことになった。

東近江市の子育てコンシェルジュとの出会いは私にとって非常に大きなものであった。はじめて東近江市の子育てコンシェルジュ会議に呼ばれたとき、利用者支援事業は何をする事業で子育てコンシェルジュはどのようなことを学び、実践していけばよいのかを尋ねられた。「利用者支援事業のあるべき方向性」について話したのだが、現場では理想の状態にたどり着くまでに課題があまりにも多く、現場の実践者が理論的なことを学んだところですぐにうまくいくわけではなかった。利用者支援事業に関する認知度は全国的にもほとんどなく、福祉や教育に携わる専門職であっても知らないことが多い。また、利用者支援専門員一人ひとりが努力したところでシステムが整っていないことから必要な情報も入ってこず、実践は想像以上に厳しいなかで行われていた。

東近江市子育てコンシェルジュの先生方には現在まで約２年間、会議に呼んでいただき共に事業がうまくいくように試行錯誤しているのであるが、私がいつも感じているのは自身が研究者として無力であるということである。現場で対応しているケースは利用者支援事業の当初の想定よりも複雑で難しいケースも多く、子育てコンシェルジュがやりがいを感じることは容易ではない状況にある。東近江市の子育てコンシェルジュは子育て支援に何年何十年と携わっているエキスパートばかりで、現場での経験が豊富な人ですら対応に苦慮しているのである。そのような状況で、経験の浅い研究者ができることを見つけるのは容易ではない。しかしながら研究者として頼っていただいている信頼に応えられるように微力ながらも力になりたいと考えている。

そのなかで現在取り組んでいるのは利用者支援事業のためのアセスメントシートと実践マニュアルの作成である。現場の抱える課題すべての解決には寄与できないが、子育てコンシェルジュが少しでも簡便にアセスメントできるように試行錯誤を重ねている。このアセスメントシートと実践マニュアルの作成にあたっては同じく芝野ゼミ出身の知念奈美子先生にも協力していただき共同開発している。

現場の実践者と関わり、研究者として現場の役に立つ研究をしたいと考えた時に、改めて開発的研究の重要性を感じた。これからは現場で働く福祉専門職を助けることができるような実践モデルや実践マニュアルを作成できる研究者になりたい。

Ⅲ　研究と生活

滋賀大学大学院修士課程から子育て支援の研究を始めてちょうど10年、32歳で結婚し、33歳で第1子となる男の子を出産した。子育て支援の研究者としてさまざまなことを学び感じた10年であったが、実際に当事者になってみて感じることや学ぶことはまた新鮮である。

息子が4カ月の時にはじめて親子で児童館に行った。教員として児童館に行くことは何度もあったが、母親として児童館に訪れるのは思いのほか勇気がいり、行ってはみたもののどう過ごしてよいのかわからなかった。そんな時、さり気なく職員の先生が話しかけてくださり、ほかのお母さんと話せるようにうまくつないでくれた。実際に援助を受けてみてそのありがたみを感じた。行政に対して不信を抱く出来事もあった。保育所の入所手続きをしたところ、待機児童の通知が来た。現在待機児童の問題が深刻化していることは百も承知であったが、復帰が決まっている状況で困り果て、役所に電話して待機児童になった場合どのようにすればよいのかを尋ねた。すると無認可の保育施設のリストを渡すから自分で探すようにといわれた。あまりにも無責任ではないかと追求したら、保育の定員の枠がないのだから仕方がない、市の責任は果たしているといわれ、こんなひどい対応がまかり通っているのだと身をもって知り、非常に悔しく情けない気持ちになった。息子はなんとか５月に保育所に入ることができたのだが、0歳児を預けて仕事をすることはけっして楽なことではなく、母子ともに何度も体調を崩し、たとえ保育所を利用できたとしても子育てと仕事の両立がどれほど難しいのかを感じた。また､親としての失敗もたくさんある。玄関前で鍵を開けようとしたときに腕に抱いていた息子を、コンクリートに頭から落下させてしまった。同い年の子どもがいて仲良くさせていただいている隣人に助けを求め、救急車を呼ぶようにアドバイスをしてもらった｡自分ではパニックになって何もできずにいたので大変ありがたかった。結果的に大事にはいたらなかったが、大きなタンコブのできた息子に対して申し訳ない気持ちでいっぱいになった。

毎日夫とともに協力しながら子育てをしている。そしてお互いの両親、保育所の先生、友人、近所の人、かかりつけの病院の先生や看護師さん、行く先々で声をかけて助けてくれる人、たくさんの人に支えられて子育てができていると感じている。子育てはけっして１人ではできないということの意味を経験を通して改めて知ることができた。

さて、私はこのタイミングで一度研究から離れる決意をした。息子が産まれて１年が経った。出産前は子育てと研究の両立ができればと考えていたが、私には難しかった。子育てと仕事の両立といえば聞こえはよいが、無理が生じていろいろなところがまわらなくなったのである。このような状況になった時に常に女性が選択を迫られることに疑問を感じるが、今の日本社会のなかでは小さな子どもがいることを理由に男性が仕事の調整をすることは女性以上に理解が得られず難しい。子育て支援の研究者として今こそ声を上げることは大切なことであるが、何を優先しなければいけないのか考えた時に、社会変革よりも家族と向き合う時間を大切にしたいと考えた。しばらく子どもを含む家族と向き合うなかで経験し、感じたことをまた研究に生かしたい。

芝野先生には博士号も取得させていただいていたので、しばらく研究者として活躍できないことに申し訳ない気持ちを抱えながらも一旦子育てに専念したいと伝えた。芝野先生はいつも通り、私の選択を後押ししてくださり、「驚いたけれど子育てを楽しんでください。」と言ってくださった。子育てが落ち着いたら、経験も生かしながら研究者としてまた努力していきたい。

おわりに

芝野先生の下で学んだのは５年間であり、そのなかで実践モデルの開発を最後まで終えることは難しかったが、実践モデルの研究は、１つの論文や短い期間で成し遂げるものではなく、研究者として人生をかけておこなっていくものであると感じている。

私はこれからも子育て支援コーディネート（利用者支援事業）を自身の研究の軸としたいと考えている。芝野先生は常々、「今の博士号は研究者としての切符である」とおっしゃっていた。だからこそ、芝野先生はゼミ生を育てる過程にこだわっていたと感じている。

芝野先生は博士課程終了後も時折食事に誘ってくださり、夫や息子まで大変よくしていただいている。芝野先生は今年度でリタイアされ、今までゆっくり取り組めなかったことを楽しまれると思う。芝野先生は子ども家庭福祉や関西学院大学に長く奉仕してばかりの日々だったと思うので、これからは好きなことをして過ごしていただきたいと思う。そして、時々元気な先生に会いたい。

［参考文献］…………………………………………………………………………………

榎本祐子（2017）「利用者支援事業基本型の実際と課題——東近江市子育てコンシェルジュ事業の取り組みから」滋賀大学教育学部紀要、66、55-67。

平田祐子（2015a）『ケースマネジメントによる子育て支援コーディネート——効果的なサービス提供のために』ミネルヴァ書房。

平田祐子（2015b）「子ども・子育て支援新制度における利用者支援事業の実施に向けての課題——ケースマネジメントの理論的枠組みを用いて」滋賀大学教育学部紀要、64、53-62。

芝野松次郎・小野セレスタ摩耶・平田祐子（2013）『ソーシャルワークとしての子育て支援コーディネート』関西学院大学出版会。

第3章

スクールソーシャルワーク実践モデルの開発

理論と実践をつなぐために

大塚美和子
大阪府教育委員会チーフソーシャルワーカー

I　博士論文関係の一連の研究をふりかえる

1　スクールソーシャルワーク研究の動機

私は、関西学院大学の修士課程を修了した後、医療機関のソーシャルワーカーやカウンセラーを経験し、その後教育現場でスクールカウンセラーの仕事をしていた。私の経験した教育現場は外から想像していた以上に荒れており、教職員の疲労感や無力感は相当のものがあった。学級や学校全体が荒れているなかで、カウンセリングという方法で対応するには自ずと限界があり、いじめや不登校などの問題が生じてから対応するのでは根本的な解決策にならないとも感じていた。また、1990年代は虐待防止、いじめ防止等に関する法整備もなされておらず、私が出会う子どもたちは、いじめ、虐待、貧困等のさまざまな困難をすべて背負って生きづらさを感じながら生活していた。子どもと環境のあいだを調整しマネジメントするソーシャルワークによる積極的なアプローチが必要だと痛感するようになった。そこで、再度古巣の関西学院大学に戻ってスクールソーシャルワークの研究をしたいと考え、芝野先生の研究室の門を叩くことにした。

スクールソーシャルワークの研究をすべく博士課程に入学した年の2000年に出会ったのが「学級崩壊」という問題であった。学級崩壊を経験した知人のある保護者から、自分たちの悔しい理不尽な思いを聞いて是非研究に活かしてほしいという依頼を受けた。それは、学級崩壊になったクラスの保護者が、学校と一緒に協力して活動しようとしたにもかかわらずまったく蚊帳の外におかれ、積極的に協力しようとすればするほど学校と教育委員会の壁にはばまれ、親の力を活かせなかったという事例であった。保護者のアプローチも虚しく学級崩壊は1年半も続いた。「親の思いがこんなにも学校に伝わらないとは思わなかった」「学校は親を協力者としてではなく、見ている存在としてしか考えていない」「学校はもうそろそろ『教育』とは何なのかということを真剣に考え直さなければならない」このような保護者の学校に対する不信感、怒り、そして無念の思いを、スクールソーシャルワーカーならばどのように学校現場に反映し、親と学校の関係を回復させることができるのか。スクールソーシャルワークの実践理論と実践モデルの開発についての研究は、そのような自問自答から始まり、2000年から2006年まで続けた。

2 「学級崩壊とスクールソーシャルワーク」の研究に取り組んで

1）一連の研究を本にまとめて

博士論文では、学級崩壊を経験した保護者を対象とした質的および量的調査をもとに、学級崩壊の未然防止のために学校と家庭間の信頼関係を構築することを目指した仲介理論（実践理論）をまとめた。また、博士論文には含めなかったが、学級崩壊を経験した教師を対象とした質的調査については、博士論文提出後に『学級崩壊とスクールソーシャルワーク』（相川書房、2008）にまとめ発表した。これは、博士論文にまとめた研究結果に、学級崩壊を経験した教師を対象とした研究の結果を加えて、学級崩壊に対する親と学校間の仲介モデル（実践モデル）の提示をおこなったものである。博士論文では保護者サイドからの調査結果をもとに仲介理論を構築したが、本来、仲介は親と学校間のインターフェイスに注目したものであり、学校サイドからの調査結果も加味する必要があった。本著書をもって、親と学校間のインターフェイスに注目した仲介をより具体的に提示できたと考えている。特に、実践モデル提示後に、１事例ではあるが、モデルに当てはめて試行した事例を示すことができたため、より実践的なモデルになったのではないかと感じている。「学級崩壊とスクールソーシャルワーク」の主軸の２つのテーマ、博士論文の調査結果である仲介理論の開発と実践モデルとしての仲介モデルについて以下簡単に紹介したい。

2）仲介理論の開発（博士論文の内容）

まず博士論文の内容、親と学校間の仲介理論（実践理論）の開発について述べる。この仲介理論は、学級崩壊を経験した親に対する質的、量的調査の結果を踏まえた上で仮説仲介理論を構築し、共分散構造分析によってその検証をおこなうことで開発した。仲介は、教育場面において、生徒と教師、教師と管理職、学校と親のあいだの問題解決に有効なスキルであり、スクールソーシャルワーク独自の実践理論が求められる領域である。本研究で浮き彫りになったのは、学級崩壊の背後に存在する教育課題であった。それは、教育現場の官僚的な体質と、学校と家庭間に存在する溝の深さであった。特に明確になったのは、学級崩壊を経験した親は、学校に対して危機感を持つだけではなく、無力感を感じ学校に対して距離を置く傾向があることであった。親の学校離れは、不信感、危機感、無力感という心理プロセスを経て生じるもので、一方的に突然起きるものではない。教師の態度への不信感が次に危機感を呼ぶ。学校の対応次第で怒りや失望感などの感情を親に引き起こすことになると思われるが、親と学校に最も損失を与える感情は無力感である。無力感は、親が学校を回避することを促進し、親と教師の協力の機会を失う要因となり、子どもの最善の利益につながらない。学校側が親のこの心理プロセスを理解し対処できるならば、親と学校の関係の修復が可能となり、子どもの問題の理解や解決につながる。学級崩壊という危機的場面に対して学校と家庭が連携し協力するのを妨げているのは、教育現場における学校と家庭のパートナーシップの欠如、つまりパートナーシップ構築のための取り組みやシステムの不在であるといえる。それゆえに、学級崩壊に対してスクールソーシャルワークに与えられた課題は、学校と家庭がしっかりと向き合い協力できるように「仲介」することであり、また未然防止のために、学校と家庭間のパートナーシップの構築を促すシステムやそのプログラム作りに貢献することである。

3）仲介モデル（実践モデル）の内容

次に実践モデルである親と学校間の仲介モデル（実践モデル）について述べたい。学級崩壊を経験した教師に対する質的調査から、[クラスが荒れていくプロセス]、[教師が荒れに対処するプロセス]、[教師が荒れと向き合う]の3つのカテゴリーが抽出された。そして、それらのカテゴリーの相互作用の分析から、教師が学級崩壊を経験していく状況とそれへの対処法、あるいは教育現場の問題の背景が明確になった。特に、スクールソーシャルワークの立場でまず注目したのは、荒れる子どもの背景に家庭的な問題などの〈重たい生活背景〉があり、教育現場ではその対応の仕方がわからずに手付かずの状態であること、そして、子どもの〈重たい生活背景〉がクラスのなかではいじめ問題として顕在化し学級崩壊となり、更にいじめを中心とした問題の渦がクラスを巻き込むと大きな二次災害までを起こしてしまうという状況である。第2に注目したのは、教師は、社会から求められる〈学校の使命〉、学校規律に基づく幅の狭い〈教師の裁量枠〉という外圧と、〈教師としての自負〉〈「ねばならない」教師文化〉という内圧という2方向からのプレッシャーを受けつつ、際限のない仕事に日々追われている状況にあるということである。スクールソーシャルワーカーは、子どもの問題を生活環境全体からアセスメントすることは勿論のこと、このような教師の置かれた状況もアセスメントし、学校現場の問題の状況を広い視野で見立てる必要がある。どちらの問題も、学級崩壊の背後にあるため、表立って取り上げられない問題である。教育現場の問題は、「教師の指導」「子どもの変化」など、表面化しやすい問題に目を奪われがちであるが、教師と子どもの背後にある環境の問題にこそ目を向けなければならない。

親と学校間の仲介モデルは、親を対象とした仲介理論から演繹的に導いた仲介モデルに教師を対象とした研究結果を踏まえたものである。この仲介モデルの特徴は、親や教師を対象とした調査結果で得られた概念をそのまま活用し、スクールソーシャルワーカーが学校と親の中間でどのような仲介をおこなうかをわかりやすく表記しているところにある。問題の潜在、問題の顕在化、問題の深刻化という学級崩壊のプロセスという横軸に沿って、スクールソーシャルワーカーが学校あるいは親に、そして親と学校の両者にどのような支援を展開するかを具体的に記述している。仲介モデルの意義は、学級崩壊という困難な状況に対して、親と学校が葛藤状況に陥ることなく、両者が信頼関係を構築しながら問題解決に取り組めるように働きかけることにある。親と学校の両者に働きかける仲介モデルは、学校と家庭のインターフェイス・マネジメントであり、仲介者としてのスクールソーシャルワーカーの本領が発揮できるところである。

4）研究でのこだわり

博士論文関係の一連の研究を通してこだわった点は、主に２点ある。１点目は、実践と理論をお互いにフィードバックしながら両者をつなぐ研究である点である。実践を理論に、理論を実践に反映させる相互の流れを大切に、演繹と帰納のルートを行き来しながらより実践に即したものなるように工夫した。著書の『学級崩壊とスクールソーシャルワーク』の方では、実践モデルを適応させた学級崩壊の事例を紹介している。実際に事例に適応するところまでできてはじめて現場に近い、あるいは現場で使える実践モデルになったと考える。しかし、まだ芝野先生の提唱するM-D＆Dの第３ステージまで来たところであり、研究の途上である（芝野 2002）。

２点目は、利用者のニーズに沿った実践理論や実践モデルを構築することである。理論やモデルが意味を成すのは適応することで当事者あるいは利用者が本来の可能性を発揮できるかどうかにかかっているからである。この点は研究で最もこだわった点であった。当事者の思いをしっかり聞いて理論やモデルに活かし、当事者主体の実践理論を構築するということを大切にしたいと思っていた。研究では、調査対象を当事者である学級崩壊を経験した保護者と教師の思いや考えにこだわって理論やモデル作りをおこなった。

Ⅱ　研究結果の実践への活用

1　学級崩壊研究の展開

1）研究結果を実践に活かして

1990年代後半にマスコミでよく取り上げられた学級崩壊であるが、最近ではほとんど話題に上ることもない。しかし、実際は、多くの学校で毎年のように学級崩壊が起き、その対応に追われる状況が続いている。私自身は学校現場でスクールソーシャルワーカーとして、あるいはスーパーバイザーとして学級崩壊状態にある学校のケース会議を沢山おこなっている。その際、研究結果の実践モデル、仲介モデルを意識して学級崩壊のプロセスを丁寧にアセスメントしている。

たとえば、学級崩壊の潜在期に子どもの個と集団のどのような課題を積み残してきたか、学級崩壊の顕在期に何が引き金となり教師と子どものボタンの掛け違いを生じさせたのか、いじめ問題の発見と対応ができていたのか、そして学級集団のストレングスは何か等のアセスメントを教職員と共有する。そして同時に、教職員のエネルギーが枯渇しないようにエンパワメントし、原因と結果という直線的な視点にならないようにソーシャルワークの視点を提供している。

また、仲介理論で示したように、教職員と保護者の溝を作らないパートナーシップの構築を意識して両者への働きかけをおこなっている。具体的なパートナーシップの構築の方法として、保護者とのケース会議を定例化している。保護者とのケース会議では、子どもの状態のアセスメントとプランニングをおこない、学校と保護者が協働して子どもの支援を実施できるようにするもので、そのほかのケース会議と同じようにアセスメントとプランニングをしっかりおこなう。その際にスクールソーシャルワーカーが両者の協働の促進役として関わり、パートナーシップの構築ができるようにする。学校と保護者のケース会議が実施されると、学校と保護者の関係性が変化し、子どもの思いを受け止める学校と家庭の環境づくりが進んでいくことになる。スクールソーシャルワーカーが担うべき役割は、親と学校のあいだの「信頼関係を構築する仲介」である。

2）子どもと教師のインターフェイスに注目して

現場で学級崩壊の事例に当たっていると、違う角度からのアセスメントが必要であることがわかった。実際に学級崩壊状態の学校を支援する際に最も重要になるのは、子どもと子ども、子どもと教師のあいだのインターフェイスである。私が開発した仲介モデルは、親と学校間のインターフェイスに焦点化したものであり、子どもと教師間のインターフェイスへの支援については十分に記載できておらず、もっと現状に即したアセスメントが必要であった。そこで、エコマップを応用した「学級集団の人間関係マップ」というアセスメントツールを開発し学校で使用している。このマップは、クラスで荒れの中心となっている子どもやその被害を受けている子どもなどをピックアップし、名前（イニシャル）をポストイットに記入してホワイトボードや模造紙に掲示し、相互作用をアセスメントしてプランニングの糸口を得るものである。ケース会議では、学級集団の人間関係マップを関係する教職員全員で共同作成する。この共同作業のなかでソーシャルワークの相互作用の視点を明確に示すことで、教職員が「担任の力量のせいだ」「荒れる子どもが悪い」などという原因、結果の視点から解放される。そこで、潜在化していた子どもの問題やいじめ問題が浮き彫りになってくることが多い。つまり、本当に支援が必要な子どもに焦点が当たり、支援の優先順位を明確化しなければならないことに気づく。スクールソーシャルワーカーは、教職員のもつ子どもの情報を引き出し、子どもの見立てが深まるように質問を投げかけ、子どもの困り感に迫るアセスメントを導く役割がある。しかし、相互作用を見立てる視点やチェック項目などのマニュアル作成までにはいたっておらず、スクールソーシャルワーカーがケース会議をおこなう際の具体的な指針を示すことが今後の課題となっている。

3）学級崩壊の予防のために

学級崩壊事例への対応で重要だと認識したのが学級崩壊にならないための校内システムの構築である。仲介モデルで提示した「問題の潜在」時期で大事なのは、この時期に子どものSOSに気づくことができる校内組織の構築である。学校には、職員会議、生徒指導委員会、学年会など、気になる子どもについての情報を共有する場が複数存在する。しかし、会議は開かれていても表面的な情報交換だけで子どもへの支援が具体化されないことも多い。あるいは、校内の各委員会が縦割り組織で横のつながりがないため、誰がどのように子どもの支援をするかが不明瞭となり具体的で有効な支援が開始されないこともある。このような縦割り組織を改め、支援が必要なすべての子どもについての情報が集まる校内組織が必要である。大事な点は、この校内支援委員会が子どもの支援計画の中核として機能するように定例化することである。校内支援委員会に校内教職員や関係機関の情報が集約され、支援が必要な子どもを発見し、アセスメントやプランニングができるようにする。そして、個別のケース会議や保護者や子どもとのケース会議（子ども支援会議）の必要があれば計画し、協議した内容を職員会議や各委員会などに上げて情報共有する。このように、縦割りで情報共有に偏りがある閉鎖システムを、情報が絶えずフィードバックされ共有される循環システム、開放システムに変革していくことが学級崩壊を予防することになる。今、国の動きのなかで、「チーム学校」でのスクールソーシャルワーカーの役割が期待されており、メゾ領域の実践である校内支援体制作りとスクールソーシャルワーカーの位置づけは重要なポイントになると思われる（大塚 2017)。

2　学級崩壊のもっと深淵の本質的問題へ

1）子どもの問題の背景にある愛着とトラウマ

現在まで教育現場で学級崩壊を含む多くの困難事例に取り組んできたが、支援が必要な子どもの生活背景の根底には、愛着とトラウマの問題があり、それらに焦点を当てたスクールソーシャルワークのアプローチや実践モデルが必要であると痛感するようになっていた。

学級崩壊の中心にいる子どもには大きく2つの背景がある。1つ目は虐待や家庭問題などによって親子間の深刻な愛着とトラウマを抱えているケース、2つ目は発達障害がベースにあって家庭内で障害受容がされず親子間の愛着関係が深まらないことで発達課題が悪化しているケースである。どちらのケースも中核にあるキーワードは愛着とトラウマの問題である。愛着とトラウマの問題を抱えた子どもたちは、自制能力の問題や人間関係の構成能力の問題が生じやすく、こうした子どもたちと信頼関係を構築するにはさまざまな支援と配慮が必要である（ヘネシー澄子 2004)。私は、学級崩壊の背景に、いじめ、不登校、人間関係の問題等があり、更にその背後に虐待や発達障害の問題があり、更にその中核に愛着とトラウマの問題があるという4層構造をイメージしている。スクールソーシャルワーカーが学級崩壊の問題をアセスメントするには、学級崩壊の中核にある愛着とトラウマの問題まで視野に入れて支援をする必要があると思われる。

2）いじめ問題の背景にある人権問題

「いじめ防止対策推進法」が2013年に成立し、学校内にはいじめ防止の組織を置くことや学校のいじめ防止基本方針を明確化しなければならないとされ、学校はますます組織的な対応が求められるようになっている。校内のいじめ対策委員会では、スクールカウンセラーやスクールソーシャルワーカーが専門的な立場からアドバイスをすることが求められており、いじめの早期発見、早期対応という点からも積極的な関わりが必要である。

学級崩壊の中心には必ずいじめ問題がある。クラスに人権侵害があるから学級崩壊になるのか、学級崩壊のクラスという土壌だから人権侵害が容易に生じるのかについては更に分析が必要である。いじめと学級崩壊が同時期に生じると、学校はどうしてもクラスの対応に追われ、いじめの問題への対応が遅れがちとなり、問題が更に悪化する。いじめの問題の背後には、人権問題や不平等の問題がある。子どもによっては、ハンディを持った子どもに対して上下優劣の意識をもっていじめをおこなうことがある。また、そうした子ども自身が、日常的に人権を尊重されていないことが多いのも事実である。

学級崩壊の背景に必ずいじめや排除などの人権侵害の問題がある。学級崩壊を支援する際には､表面の問題をおさめることに終始するのではなく、人権侵害の問題を正しくアセスメントし、子どもが等しく教育を受ける機会や権利が侵害された状況を改善し教育保障していくことが私たちスクールソーシャルワーカーの役割であり使命であると感じている。

Ⅲ　未来の研究と実践に向けて

1　実践経験を踏まえて再び研究へ

私は､博士学位取得後は学校現場での実践にこだわって仕事をしてきた。それは、当時、スクールソーシャルワーカーの仕事自体がまさにスタートしたばかりで、私自身が現場を十分に理解できていないという思いが強くあったからである。また、仲介モデルを含め、現場で自ら有効性を確認したいという思いをもっていた。現在までの10年余り、学校現場のあらゆる事例に関わることで、次に自分が取り組むべき研究課題が見えてきた。

今後の研究では、2つのテーマについての研究をおこないたいと考えている。1つは、スクールソーシャルワーカーが、虐待や貧困などの逆境的な環境にある子どもの問題の背景にある愛着とトラウマの問題について的確にアセスメントし、子どもを取り巻く家庭、学校、地域への包括的アプローチが実行できるように、実践モデルの研究および開発をおこないたいと考えている。具体的には、第1段階で、先行研究とこの10数年間に自分自身が教育現場で出会った虐待や貧困などの困難事例のケーススタディを通して、その問題点と対処法についての分析をおこなう。第2段階では、愛着理論やトラウマ理論、脳科学、ソーシャルワークの理論を参考にして実践モデルのたたき台を作成する。第3段階では、スクールソーシャルワーカー現任者や教師を対象に質的および量的調査を実施し、問題点や改良点を明確化して実践モデルを構築する。そして、最終段階では実践モデルを教育現場で試行してもらい、その汎用を目指したいと考えている。愛着とトラウマの問題はある意味ミクロレベルに注目したアセスメントであるが、子どもの困り感の根底にある問題であるがゆえに、その点をアセスメントすることなくメゾおよびマクロレベルの実践をおこなっていても本質からそれることになると考えている。

もう1つの研究テーマは、学級崩壊研究を継続、発展させることである。1つは研究途中になっているマニュアルの作成である。特に、学級崩壊の舞台となるクラスに焦点を当て、子どもと子ども、子どもと教師の相互関係に注目し、スクールソーシャルワーカーが支援するケースマネジメントの方法について、具体的な指針を示せるようにまとめたいと考えている。

2　スクールソーシャルワークの研究と実践をミッションとして

今後、スクールソーシャルワークが学校に定着し社会に認知されるためには、実践の積み重ねだけではなく、実践のための理論（実践理論）と、実践において有効な実践モデルが示される必要がある。そのことによって、スクールソーシャルワーカーが何をする専門職なのかを社会に対して明確に説明する責任、アカウンタビリティを示すこともできるからである。

私は、大学で助成金をいただくため、奨励研究員の審査を受けたことがある。全学部の担当教授が審査にあたるのだが、そこで指摘されたことを今でも思い出す。「あなたはなぜ姿かたちのないものを研究するのですか。もし研究するならばスクールカウンセラーの研究をされてはどうか」と。

確かに、2008年に文部科学省がスクールソーシャルワーク事業を開始し、今でこそ、スクールソーシャルワーカーという仕事は、子どもの貧困対策大綱や学校教育法施行規則にも記載されるようになっているが、その当時は社会的な認知度は低く、ほとんどそのような職種が存在することも知られていない状況だったので、このような質問をされても無理からぬことであった。その時は「今は姿かたちがなくても必ずスクールソーシャルワークが必要とされるときが来ると思いますので、そのために実践モデルを作るのです」と返事をしたことを懐かしく思い出す。道なきところに道を作る、パイオニアの精神を持ちつつ、スクールソーシャルワーカーとしての使命感を感じつつ、今後も研究に、実践に真摯に向き合っていきたいと考えている。そして、自ら実践と研究を行き来して、両者をつなぐ存在であり続けたいと願っている。

著書『学級崩壊とスクールソーシャルワーク』（相川書房、2008）は、幸運にも、日本ソーシャルワーク学会（当時の日本社会福祉実践理論学会）の学術奨励賞をいただいた。芝野先生の暖かい励ましとご指導のお蔭でいただいたもので、この紙面を借りて改めて感謝を申し上げる。

[参考文献]……………………………………………………………………………

大塚美和子（2002）「『学級崩壊』に対する保護者の対処プロセスについての調査研究――スクールソーシャルワークの役割と課題」子ども家庭福祉学、2号、1-10。

大塚美和子（2002）「『学級崩壊』を経験した親の意識――家庭と学校の関係についての親の意識調査から」関西学院大学社会学部紀要、92号、115-125。

大塚美和子（2004）「スクールソーシャルワークにおける親と学校間の仲介モデル――『学級崩壊』を経験した親の無力感を中心に」関西学院大学社会学部紀要、97号、107-117。

大塚美和子（2005）「スクールソーシャルワーク実践モデルの構築に関する研究――『学級崩壊』を経験した保護者への仲介モデルの検証」『厚生の指標』第52巻11号、1-6。

大塚美和子（2008）「スクールソーシャルワーク実践理論の開発――学級崩壊を経験した親と学校間の仲介理論」人間福祉学研究、第１巻、第１号。

大塚美和子（2008）『学級崩壊とスクールソーシャルワーク――親と教師への調査に基づく実践モデル』相川書房。

大塚美和子（2017）「スクールソーシャルワークの実践展開Ⅰ――ケースの発見と情報収集」『ソーシャルワーク研究』、43-1、169号、相川書房、50-56。

ヘネシー・澄子（2004）『子を愛せない母　母を拒否する子』学習研究社。

芝野松次郎（2002）『社会福祉実践モデル開発の理論と実際――プロセティック・アプローチに基づく実践モデルのデザイン・アンド・ディベロップメント』有斐閣。

第4章

自身の研究を振り返る

博士学位をとるまでとこれから

小野セレスタ摩耶
滋慶医療科学大学院大学准教授

はじめに

「自身の研究をデザイン・アンド・ディベロップする」というキーフレーズをいただき、正直なところしばらく思考停止状態となってしまった。果たして今まで、自分で自分の研究をデザイン・アンド・ディベロップできてきたのであろうか。修士課程のときは、研究テーマが定まらず先生からいただいた調査のチャンスのおかげで、修士学位を取得できた。博士課程に入っても修士論文をベースとしながらどう進んでいくべきか悩んでいるときに、委託調査のお話をいただき、そこから博士学位論文のテーマへとつながった。常に芝野松次郎先生がチャンスをくださったのだ。

しかしながら、せっかくいただいた貴重な機会である。ほかの方のように高尚な文章では表現できないが、自身の研究プロセスを先生にご指導いただいたことから振り返り、現在の研究にどう繋がっているのかを書かせていただきたい。

I　先生との出会いと修士課程での指導

1　出会い

はじめて芝野先生にお目にかかったのは、大学院受験のための事前面談であった。確か場所は、神戸市勤労会館。神戸市の仕事の合間を縫っていただいた面談時間だったと思う。もう夏だったが、先生がダブルの明るい色のジャケットを着ていらっしゃり、緊張でガチガチの私に穏やかに、大学院ゼミと研究内容をご紹介くださった。そのとき、なんと物腰の柔らかい先生なのだろう、この先生のところであればできの悪い私でもついて行けるかな、と思ったのをよく覚えている。まともな研究内容を考えることができていなかった私の話を聴いてくださったのだ。

大学４年の夏も近づくころ、大学院に進学することを決めたものの、どこに進学すべきか悩みながら過ごしていた。学内を鬱々とした気持ちで歩いていたところ、「君、悩んどるやろ」と岩田泰夫先生（元神戸女学院大学教授）に声をかけていただき、ぜひ連絡をとってみなさいとご紹介くださったのが芝野松次郎先生だった。入試まで余裕のないなか、大緊張しながら研究室に電話をした。何度電話をしてもつながらず、結局社会学部事務室に電話をし、先生からご連絡をいただいての事前面談となった。駆け込みでの事前面談と受験。まったく受かる気がせず３月の入試でもう一度頑張ろうと、合格発表の日も忘れて友人たちと大学最後の夏休みを惜しむように遊んでいたところ、母から書類が届いたと慌てた様子で電話があって合格を知ったのである。

入学してわかったのは、連絡を取り始めてわずか２週間程度で芝野先生と連絡がとれ、面談の時間いただけたこと自体が奇跡に近かったということ。当時先生は多忙をきわめていらっしゃり、気を付けていないとダブルブッキングどころか、トリプルブッキングさえも起きていたからである。もちろん岩田先生がきっちりとつないでくださっていたからこそであるが、それでもよくぞあの短期間に面談できたものだと思う。

2　ゼミでの指導 —— Catch Positive で自由な雰囲気

大学院ゼミは、E号館地下のロの字型に机が並んだ教室でおこなわれていた。1つ上の修士課程の先輩が5名、私の学年が3名とそれだけでも院ゼミとしては大所帯であったが、さらに博士課程の先輩方も一緒になってゼミをおこなっていた。前半は洋書購読、後半は発表。確か最初はそのようなスタイルであった。E号館地下は、いつも湿度が高くじっとりとしていたが、毎回自分のゼミ発表の時期が近づくと一段と湿度が高く感じられた。特に修士課程のころは、芝野先生はもちろんであるが、博士課程の先輩方にどのような質問やコメントをいただくのかと何日も前から緊張し臨んでいた。毎回、今回も不十分だったと落ち込みながら帰宅していたものである。

しかしながら振り返ってみると、それら質問やコメントは、けっして批判や否定に溢れたものではなく、どうすれば本人の研究のよい側面を生かしながら修正できるのか、足りない部分をどうしたら補えるかという視点であったことに改めて気づかされる。これは、芝野先生がいつも「Catch Positive に行きましょう」とおっしゃっていたことが大きいと思う。今から思えば、かなり自由に、そして好き勝手に発言をさせていただいていた。また、ゼミ運営も大らかな雰囲気でゼミ生の自主性に任せてくださっていた。ゼミ時間の先生のご発言は、全体の1割程度。先生が直接多くをご指導なさるというよりは、ほとんどの時間を各人の研究についてゼミ生同士で自由に議論をした。熱心な議論のあまり、話が発表者の研究の根幹からずれたり、その議論がその研究の向上につながらないとご判断なさったりした場合のみ、先生がタイミングをみて方向修正や指導をしてくださる、そんなゼミであった。

このゼミスタイルは、人間福祉学部が新設されG号館に移ってからもしばらくのあいだ続いた。多い時には20名近くで時間を忘れていろいろな議論をした。

"Catch Positive"は、自分が院生を持つ立場になった現在、大いに役立っている。ゼミ生指導では研究についてのみではなく、どうすれば本人の強みや個性を活かすことができるかを考えること、そして、研究の改善・修正点などを最初から明確に指摘するのではなく、院生自身で気づけるようにすることが重要だと改めて気付かされた。先生は、いつも自分で気付くことができるよう、ヒントを出しながらギリギリまで待ち、どうしても必要な時だけ指導（時には叱咤激励）してくださっていたのである。なんと気が長いのだろうか（個人的には先生はけっして元来、気の長い性格ではいらっしゃらないと感じている）。教職についてから、先生にどうしてそんなに待つことができるのかと質問させていただいたことがある。その時の先生のお言葉は、「自分で気付かないと意味がないでしょう」というシンプルなものだった。指導を受けながら自分で考え、自分で気付き、修正を図れるようにならなければ自立できない。これは論文云々だけの話ではなく、人間教育でもあり、また、対人援助に関わる者にとって欠かせない基本姿勢でもあると思う。

3　はじめての社会調査――行政との関わりのはじまり

話は戻るが修士課程1年の11月ごろ、先生からA市の保育調査をやってみないか、うまくいけば修士論文になるとお誘いをいただいた。1年の秋になっても十分にテーマを絞り切れていなかった私は、よくわからないままやってみることにした。当時すでに保育所の待機児童が大きな問題となっており、その数は2万人とも3万人ともいわれていた。A市でも待機児童解消は喫緊の課題であり、保育施策展開の根拠の1つとして保育実態調査をおこない、児童育成計画を策定することになっていたのである。担当職員との打ち合わせ、質問紙づくりと調査の実施、データ入力に分析、そして報告書作成と、今では科学研究費助成（以下、科研費）等の外部資金による研究で当たり前のようにやっているすべてのプロセスが、新鮮かつ高い壁のように感じられた。A市の保育ニーズの高さに驚きながら分析し、慣れない報告書作業に苦労した。

基本的な社会調査や分析の知識も何もかも欠落していた私にとってはかなりのハードな体験であったが、調査データを使って苦労しながら修士論文を書いた。テーマは、「保育利用に関する実態と保育需要に関わる要因の分析」。実態調査で明らかになったニーズから、保育需要を予測する内容であった。修士論文の口頭試問後、芝野先生から「良い出来だった。いつも厳しい評価をされる副査の故浅野仁先生（関西学院大学名誉教授）が大変高く評価してくださった。私もとてもうれしく思っている」という旨のメールをいただいたときには、論文の評価はもちろんだが、先生が喜んでくださったことがとにかく嬉しくて涙した。今でもそのメールは大切に保管している。

Ⅱ　関わる機会をいただいた研究

1　はじめてのM-D&Dによる開発的研究

修士課程に在籍して以降、一応の独り立ちをして大学に務めている現在まで、芝野先生が代表研究者をなさった研究には多く参加させていただく機会があった。複数の研究が同時並行で動いていた時期もあり、ここに書かせていただくものは私が関わらせていただいたもののみであることを断っておく。

はじめは、「児童福祉専門職の児童虐待対応に関する専門性向上のためのマルチメディア教育訓練教材および電子書式の開発的研究」（平成13-15年度厚生労働科学研究子ども家庭総合研究事業）（芝野 2002a）であった。本研究で先生のModified-Design and Development（以下、M-D&D）によるソーシャルワーク実践モデルの開発的研究（芝野 2002b; 2015）にはじめて関わらせていただいた。むろん研究協力者としてであり、大した役には立てていないが、さまざまな打ち合わせをおこない、実態を明らかにし理論をもとに必要な実践モデルを、まさにデザインし開発していくプロセスを垣間見ることができたのは貴重かつ新鮮な経験であった。この時ほど大きなチームで動いた研究はなかったと思う。

2　関わる機会をいただいた研究

その後を時系列でみてみると、先述したA市からの委託調査、B市からの次世代育成支援行動計画策定にかかる委託調査と計画設計（詳細は次節）、A市からの次世代育成支援行動計画にかかる委託調査、「IT活用による次世代育成支援行動計画推進評価と総合的コーディネート・システムに関する開発的研究」（平成19-20年度厚生労働科学研究費補助金政策科学推進研究事業）（芝野 2008）（詳細は、次節）、B市の次世代育成支援行動計画後期計画策定のための委託調査、そして平成22-24年度日本学術振興会研究費補助金（基盤研究B）課題番号22330178「ソーシャルワークとしての『子育て支援コーディネート』実践モデルの開発的研究」（芝野 2012）と続く。そのほか、関西学院大学が取得していた文部科学省21世紀プログラムにおける研究もある。基盤研究Bでようやく研究協力者から研究分担者になることができた。またこの科研費では、成果としての本を共著[1]させていただく機会も得た。

いかに研究環境に恵まれていたかがよくわかる。研究フィールドに苦労することなく研究を進められたのだ。それぞれの調査や研究が進捗していく様を、研究姿勢、研究手法、行政や関わる研究者･協力者等との交渉術、打ち合わせ方法などさまざまな事柄その一つ一つを、間近で先生の姿を見て学び、また、時には実体験できたのである。基盤研究Bでは、分担研究者として研究協力者とは違う責任や研究推進力の必要性を学ぶ機会も得た。そのほか、科研費取得のための申請書類も申請のたびに見せてくださり、大いに勉強させていただいた。

たくさんの学びを得た研究のなかから、特に博士学位論文に直接つながったB市からの委託調査と厚生労働科学研究について触れてみたい。

Ⅲ　博士学位を取得するまで

1　行政からの委託調査―― B 市との出会い

1）　前期計画

博士課程に入ってはじめての調査は、次世代育成支援行動計画策定（以下、計画策定）のための実態調査（以下、ニーズ調査）であった。B 市から芝野先生にニーズ調査および計画設計の委託依頼が来て、教育委員会所管部分を同期の板野美紀さんが、そして子育て支援課所管部分を私が担当することになった。

待機児童対策から子育て支援全般に関心の広がっていた私にとっては、とてもありがたい調査であった。B 市は、次世代育成支援対策推進法（以下、次世代法）に基づく次世代育成支援行動計画（以下、行動計画）の先行モデル市として 1 年早く計画策定に取り組むこととなっており、行政としては高額な委託金額から考えても、かなり気合が入っていた。次世代法は、これまでの少子化対策の集大成といえる法であり、子育て支援のみならず仕事と子育ての両立、住宅、経済的支援など広範な内容となっており、2003 年当時、鳴り物入りで成立した法であった。しかしながら次世代法に基づく計画策定の手引き（以下、手引き）（厚生労働省雇用均等・児童家庭局 2003）等の内容を見てみると、相変わらず待機児童対策一色であったことは鮮明に覚えている[2]。また手引きに沿った手続きでニーズ調査をおこない、計画を立てるだけでは、市の独自性のある計画にはなりにくいとも感じた。

B 市の先行モデル市としての気合を感じながら、芝野研究室としては金太郎あめのようなニーズ調査や計画ではなく、市の独自性を出す方向で動いていた。芝野先生は、審議会の中心的メンバーとして計画立案や方向性の検討、そして今回の委託の責任者を、私は市の事務局に入り、立案や調査に必要な事柄を一つ一つ準備していく役割を担うことになった。最も先生と行動を共にする機会を多くいただいたのは、この時期であったと思う。A市の時以上のプレッシャーを感じながらの毎日となった。

話はやや前後するが、先行モデル市であったがために、計画策定の指針や手引き、ニーズ調査の分析の方向性など、国の方針は我々の動きのあとから公にされることも少なくなかった。市としての独自性も出したいが、国の方針にある程度沿う必要性もあり、当初は方向性の決定に苦慮したと記憶している。

B市に多いときは週5日通い、調査に向けて当時の事務局の課長、主査等と打ち合わせしたり、ヒアリングに行ったりし、家に帰ってはそれをまとめる作業を繰り返した。大変ではあったが、課長や主査が気持ちよく対応してくださり、勉強になることばかりであった。夜遅くまで市役所に残って作業することもあった。しかし当時24、5歳だった私が、いくら委託先の者とはいえ、毎日のようにやってきては発言し、一連の準備や調査等をおこなうことを快く思っていない方々もいた。ご挨拶をしても一切口をきいてくださらない方、私のことを叱責するときのみ口をきいてくださる方もいて、つらい思いもした。若かった私は必死で回りが見えておらず、その方々からすれば大した知識も経験もないのに発言する傍若無人な者に見えたのだろう。芝野先生に委託したのに、なぜあのよくわからない院生が担当しているのだと。確かにそのとおりである。あまりにストレスがたまり、芝野先生との打ち合わせで愚痴を聞いていただいたことも少なくない。先生からはストレスとは上手に付き合うようにご指導いただいていたが、当時はなかなかできずにいた。

ニーズ調査については、教育委員会所管のものも併せて約4300件の調査をおこなった。本調査については、B市と協議を重ね、かなり独自性のある調査を実施できたと自負している。また、量的調査のみでは捉えられないニーズを把握するためにヒアリング調査もおこない、時間と相手方の許す限り市職員に同行した。当時301人以上の規模の事業主にも計画策定が義務付けられていたことから、企業へもアンケート調査を実施した。これ以上調査や調査結果ならびに報告書等のことについて詳細に述べることは避けたいが、すべての経験が学びであり、現在の私を創っていることには間違いがない。Ｂ市という１つの市に深く関わることができ、市独自の文化や個性を知ることもできた。あるいは行政に共通して流れるもの、在るものを感じ取ることもできた。また行政には独特の意思決定プロセスがあり、それはとても表面化しにくいものであることもよくわかった。いろいろな行政の方々と仕事をさせていただくにあたって、この経験は本当に役立っている。本調査がきっかけとなり、のちに関西学院大学とＢ市は包括連携協定を結ぶにいたったと記憶している[3]。

2）　後期計画

ここまで述べた委託調査は、前期５年計画の策定のためであった。その後、後期計画のためのニーズ調査も芝野研究室に委託された。前期計画からの５年間に当時の担当者はみな異動なさり、市としての子育て支援への力の入れようにも変化があったように思われた。そのようななか、委託調査過程で非常に理不尽だと感じ、どうしても納得のいかないことが起きた。今思えば幼く恥ずかしく、また反省すべき行動なのであるが、当時の私には限界が来ていた。大変なご迷惑をおかけすることは重々承知のうえで、もう調査から手を引かせていただきたいと思いつめ、めったなことではかけない先生の携帯電話にお電話をして、涙ながらに辞めさせてほしいと申し出たことがある。先生はお忙しいにもかかわらず、私の普通ではない状態に非常事態だと判断してくださり、お話をきいて下さったことは忘れられない。すぐに動いてくださったのだと思うが、次のＢ市との打ち合わせの際にはすっかりと事態が変わっていた。大変驚いたのでよく覚えている。先生の前で仕事や研究に関して涙したのは、これ１度きりだと思う。

2　素朴な疑問から博士学位論文のテーマへ

話はまた少し戻るが、Ｂ市の前期計画策定に関わるなかで、次のような疑問を持つようになる。行政独得の意思決定プロセスがあるなかで、果たしてニーズ調査は本当に計画に生かされているのだろうか。計画策定後この計画の進捗確認や評価はきちんと行われるのだろうか。この２つが博士論文のテーマを選ぶ大きなきっかけとなった。さらに、B市では住民ニーズを重視したいとアンケート調査やヒアリング、市民によるタウンミーティング実行委員会の立ち上げとタウンミーティングの実施等、地域福祉計画策定に匹敵するのではないかと思うほど、住民参加を重視して計画づくりをおこなった経緯がある。住民参加も博士論文のキーワードにならないかと考え始めていた。

前期計画策定のころは、芝野先生と行動を共にさせていただく機会が特に多く、素朴に感じたことや疑問に思っていたことなどを知らず知らずにお話ししていた。本当にいろいろな話をせていただいた。上記疑問についてもおそらくお話していたと思う。そうしたところ、なんと先生は、計画策定後の評価について厚生労働科学研究を取得してくださったのである。しかもちょうどB市の前期計画が動き始めたばかりの時期に、である。

3　計画策定プロセス分析と計画の評価——博士学位の取得

厚生労働科学研究のタイトルは、既出のとおり「IT活用による次世代育成支援行動計画推進評価と総合的コーディネート・システムに関する開発的研究」。タイトルの前半部分は私、後半部分は同期の板野美紀さんが担当することになった。本研究の平成19年度報告書（芝野 2008）から私担当部分の研究目的を引用すると「次世代育成支援行動計画推進に関して1）①庁内評価と②利用者評価をデータベース化して実施されている事業の費用対効果を総合的に評価するシステムを開発すること」であった。

この研究は今から振り返っても大きなチャレンジであったと思う。B市のこども部こども室（当時）に研究会のメンバーになっていただき、話し合いを重ねた。すでにPDCAサイクルの重要性は指摘されていたが、現在ほどその実行はなされていなかった。2002年に「行政機関が行う施策の評価に関する法律」が施行されて以降、急激に全国に行政評価はひろまったが、本計画のような個別計画においてはほとんど機能していなかった。行動計画そのものは総合計画の一部に確かに紐づけされていたが、各事務事業との関係を個別に見ていくと、事務事業と紐づけされていない事業、予算がついていない事業など、行政評価では考えられない状況が多々明らかになった。特に予算がついていない事業が驚くほどあり、芝野先生、開発協力者とともに頭を悩ませ、費用対効果を測る難しさを思い知った。

利用者評価についても、必要性の理解を得るのは当時まだ難しかった。事業によっては独自で利用者にアンケートを取っているから必要ないとか、個別性が高く評価になじまない事業があるとか、実施するといわゆる欲求型の利用者が増えるから困るなどの意見があり、なかなか積極的な評価実施にまではいたらなかった。計画策定プロセスで住民参加を重視して来たにもかかわらず、進捗確認や評価において利用者の意見を聞かないのは不自然である、納税者への説明責任としても評価はおこなうべきだと伝え続けた。データベースシステムについても行政であるが故の課題が多く、何度も協議を繰り返した。試行錯誤の末、2年間の研究で庁内評価と利用者評価のデータベースシステムの試行版を開発するにいたった。

随分と長くなったが、B市での前期次世代育成支援行動計画策定のためのニーズ調査（計画策定プロセスの分析）と本研究での研究成果（計画の評価）が、博士学位論文の内容に直接つながっている。タイトルは、「A市次世代育成支援行動計画の総合的評価――住民参加を重視した新しい評価の試み」である。1つの行政の計画策定から実施を追った研究が果たして博士学位論文として認められるのだろうかと悩みながらであったが、そのたびに芝野先生にご指導いただき、また、励ましていただいて何とか授与にたどり着いたのである。

Ⅳ　現在の研究と今後に向けて

現在は大きく2つのテーマについて研究している。1つは、博士学位論文でも取り上げた、利用者評価に関する開発的研究である。B市には2003年にはじめて関わってから、今まで研究に常にご協力いただいている。もちろん、後ろに芝野先生がどんと構えてくださっており、困ったことがあれば相談に乗ってくださり、対応してくださるからこそである。行政においては研究開始当時とあまり変わらず、事業や計画のPCDAサイクルのなかに利用者による評価や利用者の声を盛り込む仕組みができていないことが多い。本研究は、現在3回目の科研費で研究継続中であるが、計画や事業の利用者評価をシステマティックにおこない、現場にフィードバックするシステムを作ることで（利用者評価は評価の一端であり、そのほか進捗評価や実践評価等は当然行われるべきものである）、利用者視点にたったサービス提供や支援を行えるような実践モデルを開発するものである。利用者評価結果を現場にフィードバックし、それを研修等で活用することで、次の評価時に利用者評価結果が大きく変わった経験もあり、実際に利用者と接する支援者が、利用者評価結果を取り入れながら実践ができるようになっていくことが必要だと考えている。現段階では、主に利用者評価体制づくりとその一般化を目指しており、実践現場というより行政の体制づくりに注視しているが、今後は現場実践に視点を移していきたいと思っている。

もう1つは、福祉職の多職種との連携に注目した実践モデル開発である。これは、科研費の分担研究者として研究[4]をさせていただいたなか、あるいは所属大学での研究指導や学内研究において必要性が明らかになったものである。連携の必要性についてはいうまでもないが、私の関わる児童や医療分野では、実際のところ福祉職と福祉職以外の職種とのあいだで「連携」の意味するところや必要性の認識、その内容がかなり異なっている。それが連携の妨げとなり、必要な支援が必要なタイミングで届きにくい実情がある。また必要な資源に繋ぐこと、連携すること自体がソーシャルワーカーとして重要な資質のはずであるが、先に述べた違いから困難を感じている場合も少なくない。その点に着目し、連携がうまくいくような実践モデル開発を将来的におこなっていければと考えている。

上記2つの研究テーマはいずれも行政の協力を得て実施するものであり、体制づくりを中心としたテーマと実践現場を中心としたテーマの両方をおこなっていくことで、政策・計画立案の側と現場とのあいだにあるズレを少なくすることや利用者の立場にたった支援につながっていくよう努力していきたいと考えている。

何よりも私は芝野先生のゼミ生でありながら、M-D&D によるソーシャルワーク実践モデルの開発的研究によって博士学位を取得していない。これは私の力量不足であり、大きく後悔していることの 1 つである。何とかこれから研究を進めていきたいと強く思っている。

おわりに

振り返れば振り返るほど、いかに芝野先生に支えていただいてきたかがよくわかった。私の研究は芝野先生が、私自身で考えて実行したかのように感じられるよう、デザイン・アンド・ディベロップしてくださっていたのである。最近になってようやく少しずつ自立できてきたのではないかと感じている。

限られた紙面では書ききれない学びやエピソードが多々あり、どの研究について書こうか迷った。もし大学 4 年の夏に芝野先生と面談できていなかったら、私はまったく別の人生を歩んでいただろう。先生にはどのような感謝の言葉を並べても足りることはない。これから研究・教育で成果を出していくことで少しでもお返しをしていきたい。

ご退職後もしばらくは、お仕事等でご一緒できる機会があると聞いて少し安心しているが、正直なところ、あの研究室に先生がいらっしゃらなくなることにまだ実感がわかない。先生は第二の人生として芸術家としての道をひらいていかれるとうかがっている。しかしこれからも変わりなく、研究や教育やさまざまな事柄についてご相談に上がらせていただきたく思っている。最後に、このような大変貴重な機会をいただいたことに改めて心よりの感謝を申し上げる。

[注]……………………………………………………………………………………

1　芝野松次郎・小野セレスタ摩耶・平田裕子（2013）『ソーシャルワークとしての子育て支援コーディネート――子育てコンシェルジュのための実践モデル開発』関西学院大学出版会のこと。

2　次世代育成支援対策推進法成立までの少子化対策の流れや対策については当時の情報であるが、拙著（2011）『次世代育成支援行動計画の総合的評価――住民参加を重視した新しい評価手法の試み』関西学院大学出版会に詳しい。

3　2009年1月に関西学院大学はB市との包括連携協定を結んでいる。当時の「関学ニュース」の内容（抜粋）は次のとおり。「同市の次世代育成支援施策の充実を図るため、包括的連携協力の協定を結んだ。（中略）今回の連携は、芝野松次郎・人間福祉学部教授のグループが、2005年にB市が策定した次世代育成支援行動計画『愛あいプラン』に協力したことに端を発する。」（https://www.kwansei.ac.jp/news/2009/news_20090130_002326.html）

4　2012-2014年度日本学術振興会研究費助成金（基盤研究C）課題番号:24530752「子育て支援・家庭訪問　ソーシャルワーク実践モデルの開発――実践モデルの原版づくり」（研究代表者 木村容子）および2014-2016年度日本学術振興会研究費助成金（基盤研究C）課題番号：26380813「地域子ども・子育て支援事業実施におけるアセスメント指標作成の開発的研究」（研究代表者　中川千恵美）のこと。

[参考文献]……………………………………………………………………………

厚生労働省雇用均等・児童家庭局（2003）「地域行動計画策定市町村等担当課長会議」資料。

芝野松次郎（2002a）「児童福祉専門職の児童虐待対応に関する専門性向上のためのマルチメディア教育訓練教材および電子書式の開発的研究」平成14年度厚生労働科学研究報告書。

芝野松次郎（2002b）『社会福祉実践モデル開発の理論と実際――プロセティック・アプローチによるD&D』有斐閣。

芝野松次郎（2008）「IT活用による次世代育成支援行動計画推進評価と総合コーディネート・システムに関する開発的研究」平成19年度厚生労働科学研究費補助金・政策科学推進事業総括・総合研究報告書。

芝野松次郎（2012）「ソーシャルワークとしての『子育て支援総合コーディネート』実践モデルの開発的研究」平成24年度日本学術振興会研究費補助金（基盤研究B）課題番号：22330178調査研究報告書。

芝野松次郎（2015）『ソーシャルワーク実践モデル D&D ――プラグマティック EBP のための M-D&D』有斐閣。

第5章

修士論文・博士論文と取り組んだ開発研究

木村容子
日本社会事業大学准教授

I　芝野松次郎先生のもとで学んだ歩み

私が芝野松次郎先生のゼミに所属したのは学部からのことである。私の学年は学部芝野ゼミの7期生にあたる。学部時代は勉学には大して身を入れていなかった私であるが、就職を意識し始めた頃、福祉の道に進みたいと一念発起した。私の大学院進学希望に一度は「ノー」とおっしゃった芝野先生ではあったが、当時、まだ大学院の指導教官ではなかった芝野先生は武田建先生を紹介してくださり、私は武田先生のゼミに所属し、武田先生と芝野先生に指導をいただいた。修士課程では、各先生方の授業科目を通じ、さまざまなソーシャルワークとその関連領域の理論を学んだが、一番は行動療法とThomasのDevelopmental Research and Utilization（DR&U）であり、芝野先生からのお声かけでともに取り組ませていただいたスモーキング・コントロール・プログラムの開発研究で、私は修士論文を書かせていただいた。

その後、武田先生の勧めもあって、私はアメリカに留学し修士課程を卒業した。帰国後、専門学校に3年勤め、2000年に博士課程へと戻る。途中挫折しかけながらも芝野先生の指導と叱咤激励により、10年後の2010

年、当時の課程博士取得期限ぎりぎりでなんとか博士号をいただいた。

本書の趣旨は、芝野先生のご指導のもと関西学院大学大学院より甲号博士を取得した門下生の、研究プロセスのふり返りと、現在・未来への歩みについてしたためる、ということであるが、私の場合はdesign & developmentを教わり始めることとなった修士時代のふり返りからはじめさせていただくこととする。

Ⅱ　修士論文「DR&Uにもとづく効果的禁煙プログラムの開発」からのふり返り

1991年に修士課程に入学してまもなくの頃、西宮市健康開発センターから行動療法を用いた禁煙講習会を実施したいとの依頼が芝野先生にあった。もともと行動療法やソーシャルグループワークに関心のあった私に、芝野先生は、本講習会プログラムの企画と実施に参加しないかとお誘いくださった。一から介入プログラムを開発し実施、評価できる機会というのは、現場とのつながりのない私にとって自力では得がたいものであり、迷わず参加させていただくこととした。

修士課程に在籍する2年間に本講習会は3回開催され、プログラムの開発段階から試行・評価と改良をくり返し、普及に向けての課題を含め、これを修士論文とした。

1　本プログラム介入手続きの開発に向けての勉強

本禁煙講習会の最初の開催は、1991年6月下旬であった。そこに向け、約1-2カ月のうちに芝野先生とともにプログラムを詰めたことになる。

芝野先生からは、ThomasのDevelopment Research and Its Utilization（DR&U）の手続きと、行動原理にもとづく喫煙行動のメカニズムやそれを踏まえての行動変容の介入方法、評価方法等の原案についてご教示いただき、参考となる研究者とその研究の概略について紹介いただいた。このご教示をもとに、先行研究の文献等を集め、レビューをおこなった。また当時禁煙コンテストを実施していた大阪ガン予防センターを紹介してくださり、そこで行われている指導内容や方法、教材等を知り入手することができた。

武田先生のゼミではKazdinの“*Behavior Modification in Applied Settings*”を教材に行動療法を学んでいたこと、そして実習では芝野先生が手がけていらっしゃった、神戸市児童総合センターでのペアレンティングプログラム「親と子のふれあい講座」に関わらせていただいていたことは、行動療法や開発研究についての理解に多いに役立った。とりわけ、芝野先生の最初のお弟子さんであり、若くしてお亡くなりになった桑田繁氏の、「親と子のふれあい講座」を通じた母子の愛着行動形成に関する修士論文は、私の最大のお手本であった。

2　本プログラム介入手続きの開発――創造性

本プログラムは実施主体となる西宮市健康開発センターの予算や要望等により、一開催につき参加者定員を25名に、開催期間を1カ月、週1回の全4回でおこなうこととした。

介入方法の主軸は、ニコチン・フェイディング法による節煙手法である。参加者個々に本数やたばこブランドを変えていくことにより、ニコチン量を段階的に減らす計画を立て、次のセッションまで実行していただく。その記録を次のセッションで提出していただき、セッションのなかで一人ひとり分をフィードバックしていく。行動療法による喫煙行動の変容にはほかにもさまざまな手法がある。先行研究から効果的と期待されうる手法を芝野先生と検討し、強化子、刺激統制法、cue（キュー）カード、アクセスコントロール、ソーシャルサポート、契約等を採り入れることにした。

それらをセッション中にいかに説明し、どのような媒体（教材）を用いて進めていくかというところが、創造性が要求されるところであろう。上述した手法に関する記録物、ツールやキット、その説明文書等々の原案づくりを私がさせていただいたのであるが、非常に頭をひねる作業であり、苦労があった。媒体そのものを考えること、また説明したり、活動したりする時間をセッション時間内に収めること等々、考慮すべき点は数多くあった。

芝野先生はこのようなプロセスを大いに楽しまれる。私の出す案をとにかく否定しない。関心を寄せ、ほめてくださったりと、それもオリジナリティの１つであると奨励してくださる。それが私にとって大いに励みになり、心強かったことを今でも覚えている。

3　本プログラム開発研究からの学び

本開発研究では、Thomas の DR&U にもとづき、「問題の選択・分析（analysis)」から「介入方法・手続きの開発（Development)」「試行と評価（Evaluation)」までをおこなった。「宣伝（Diffusion)」「採用・実施（Adoption)」については芝野先生の「親と子のふれあい講座」の先行研究を参考に考察するにとどまったが､この開発手続きに沿って研究を進め、論文にしたからこそ、研究の一連のお作法を系統立てて学ぶことができたと思う。

１つは、ある生活上の課題とはどのように起こるのか、またその解決のためにどのような理論を用いるか、介入の基盤となる理論の選択に、それまでのエビデンスを固めるということ。どのような文献や資料を収集してレビューすればよいのかについて、「問題の分析」や「介入手続きの開発」のフェーズがあるからこそ､その手順に沿って押さえていくことができた。2つ目に、介入方法・手続きは、参加者にとっても実践家にとってもわかりやすい、扱いやすい、実行しやすいものでなければ、そのプログラムの効果を発揮することはできないであろうし、普及させていくこともむずかしくなるということ。本研究では、３回の開催を通じた試行と評価で、各参加者の喫煙行動の分析と講習会に関する参加者アンケートからの検討をし、介入方法や手続きを改善していった。３つ目に、データを丁寧に見て、量的また質的に何が変化をもたらしたのかを分析すること。統計解析による効果の検定だけでなく、質的に各ケースの喫煙行動を分析することで、とくにどの介入手法が効果に影響を与えるのか、また、どのような介入計画（節煙行動計画）を立てていくべきなのかが見えてくることを学んだ。

Ⅲ　博士論文「専門里親の資質向上を目指す支援のための実践モデル―― M-D&Dによる開発的研究」からのふり返り

アメリカ留学後帰国してから専門学校に勤めたものの、日々の業務に追われる私にとって、研究する場に戻って研究力をつける必要性を感じたというのが、私が大学院博士課程に戻ることにした理由であった。

2000年に博士課程に入ったが、ちょうどその頃2002年に向けて里親制度が改革される動きがあった。私は、大阪市児童相談所の里親審議会のお手伝いや家庭養護促進協会神戸事務所の里親向けハンドブックの作成に参加する機会をいただき、里親制度について知ることとなった。里親制度の改革では被虐待児の養育を担う専門里親制度が創設された。これまで里親制度がうまく活用されてこなかったなか、より高い資質が要求される専門里親制度に関し、専門里親支援における実践モデルの開発をやってみようと、これを博士論文の研究につなげることとした。

1　芝野先生のM-D&Dとご研究に影響を受けて

芝野先生がM-D&Dをはじめて発表したのは、私が博士課程に入学した年である2000年の論文である。M-D&Dの理論的基盤やその手続きの全容がはじめて明らかにされたのは、2002年に刊行された『社会福祉実践モデル開発の理論と実際』であった。ThomasのDR&Uは、行動理論を基盤にしているのに対し、芝野先生のM-D&Dは、岡村理論や生活モデルをもとにした人と環境の視点と、行動理論やケースマネージメントの理論が融合しているものである。とりわけ、プロセティック・アプローチは芝野先生独自の理論として発展している。私たちゼミ生(少なくとも私)にとって、それらは難解で、芝野先生の著書を読み漁り、ゼミ生で自主勉強会を開いたりして何とか把握しようと努めたものである。

さらに、芝野先生は、2000年から厚労科研でビッグ・プロジェクトに取り組まれた。それは、児童福祉専門職が子ども虐待ケースに対応していくための実践モデル（ナビゲーションシステム）の開発研究である。私たちにとってM-D&Dと芝野先生のご研究を直に学べる機会となったが、開発なさろうとしているナビゲーションシステムは、人工知能（AI）のエキスパートシステムを採り入れた構想であり、これまた難解なものであった。熟練した児童福祉司の経験や勘を含んだ意思決定プロセスを分析して法則を見出しプログラミングし、またそのデータを蓄積しては分析し、改良していくことでシステムを発展させていくというものであり、壮大なものであった。

芝野先生が提唱した新たな実践モデル開発のためのM-D&Dや先生のご研究の偉大さを実感する反面、そうすると、自身の研究に照らした場合、一体どこまでやれば博士論文として出せるのか、果たして自分にできるのか、何年かかるのかという不安と疑問が湧き上がり、途方もない道のりのように感じたものだった。この点については、ゼミ生個々が、博士論文としてどこに焦点づけるとか、どこまでの段階でまとめるか等々について、芝野先生から指南を仰ぎ、進んでいくこととなる。

2　専門里親支援モデルの開発研究における苦難

1）「芝野松次郎研究」?!

修士時代に芝野先生のご指導のもと、ThomasのDR&Uに沿ってスモーキングコントロール・プログラムの開発研究に取り組んだ私は、本研究では芝野先生のM-D&Dに準じ取り組んでいきたいと考えていた。しかしながら、前述したように、芝野先生のM-D&Dをまずはつかまなければならない。私は芝野先生がそれまで執筆なさった論文等を片っ端から集めなおし、芝野先生のそれまでの開発研究の変遷を追い、それらの理論がどう発展し構築されていったのかを整理することにした。この作業は専門里親支援モデルの開発研究に直接関連するものではないが、せっかく勉強したものを論文のなかに入れておきたい気持ち、また、論文を読んでくださる方々にとっても、M-D&Dに関心があるなら参考になるであろうとの気持ちがあり、この「芝野松次郎研究」を、私の博士論文のなかに1つの節として置いた。

2）依拠理論を探し求めて

専門里親支援モデルの依拠理論としてどのような理論を用いるべきか。先行研究では、ライフモデルやソーシャルサポートにもとづく実践モデルやプログラムや、里親養成のための研修では愛着理論やペアレンティングにもとづくものがあった。一方で、私のなかには、専門里親が委託された子どもを養育するプロセスで直面する困難と解決における次のような発想、イメージがあった。困った事が起こった時、それを解決するための自分のニーズとは何か、またどのようなリソースを求め、入手することで解決できるのか、それがわからない、そのようなリソースにアクセスできないと困った状況が起こる。それが解決できないと悪化さえしてしまうことになる。反対に、自分のニーズが明確になり、それに応じるリソースにアクセス、入手できるようになることで、自分でその困難を解決していくことができるというものであった。

どのような理論を用いればより説明できるか。ソーシャルワークの実践理論をいろいろ見てみる。本研究のモデルはWebサイト上にプログラミングしようと考えていたため、コミュニケーション、言語学や情報学等々にも広げてみた。そこで行き着いたのが情報行動学である。情報を環境からの刺激ととらえる。行動主体である人は、環境との相互作用から必要な情報を探したり、行動主体の１つの行動として情報を伝えたりすると説明される。ライフモデルに代表されるソーシャルワークの実践理論と通じ、M-D&Dとの相性も良い。上述した状況が説明できると考えた。

ただし、情報学の分野でもこの情報行動論に関する文献や情報行動論にもとづく研究というのはあまりなされていないようだった。芝野先生に、依拠理論に関して執筆したパートを見ていただいた時、芝野先生からこの理論の精緻さ等について質問を受けた。それに対する説明をすると、それでいいとおっしゃり、オリジナリティについても述べられた。おそらく、理論のもつ事象の説明力や予測力等々に関し、強みや欠点といったことを押さえているか、そのうえで使っているかを確認なさろうとしたのではないかと思う。

3）情報通信技術（ICT）を採り入れるうえでの困難

芝野先生のご研究から察すると、情報通信技術（Information and Communication Technology; ICT）」を用い、データベースを組み込むことで、実践モデルを使用しながらデータが蓄積され、いつでもどこでも分析できるということは、非常に魅力的だと思われた。また、自身の研究において開発する専門里親支援モデルをWeb上で使うことのできるものにすれば、容易に入手でき普及もしやすい。

2005年頃このモデルの叩き台をプログラミングしたのであるが、数々の困難に突き当たった。当時の技術とそれに伴う費用によるものなので、現在ではより安価で自由にできる面も多々あるだろうが、1つは、プログラミングは業者委託するため、初期費用がかなりかかるものであり、予算上搭載したい機能をすべて入れ込むことはできず、何がどこまでできるのかについて、業者とかなり相談する必要があったこと。2つ目に、詳細にわたってそのデザインをすべて描き出して業者にオーダーしなければならず、やり直しは予算上時間上できないため、ほぼ完全なものをつくらなければならなかったこと。3つ目に、モジュールは複数あるものの、一般的には同じデザインで同じ使い方ができるようにするものであり、統一性をもたさなければならないこと等々である。私にとっては、調査研究に必要なデータベースを組み込むことと、実践モデルのコンテンツを組み込むことの難しさを痛感した研究であった。

3　本専門里親支援モデルの開発研究からの学び

残念ながら、博士課程の期限内に本叩き台モデルのすべてのモジュールの開発までにはいたらず、一部の試行と評価のフェーズまでで博士論文を仕上げた。それでも、チャレンジしたことから得た教訓は数知れない。

自分のなかで最も培ったものは、説明力かと感じる。論拠を明確にし、筋道を立てて説明すること。そのためには、知識が必要であり、また調査から得られたデータを丁寧に見ること。統計解析をおこなったとしても、なぜそのような結果が得られるのかを、ローデータや記述的統計から、そして知識を駆使して、実証あるいは推察することである。もちろん、博士論文を通じ高い説明力を身につけたというわけではないが、「論じる」ことの意味や方法、その重要性が理解できてきたかと思う。

教訓となったことは、M-D&Dの前提条件にも取り上げられているが、開発研究には集団による作業が必要不可欠だろうということである。当時の私には自身の研究にチームをつくる力はなかったが、いつの頃からか、芝野ゼミのゼミ生間で頻繁に行われるようになっていた「裏ゼミ」と呼ばれる自主勉強会では力を貸していただいた。私自身の研究では、試行の評価にあたり、調査対象者からの評価アンケートの自由記述の分析にグループKJ法を用いることにし、ゼミ生に分析メンバーとしてご協力を賜った。このような他院生や研究者等々とのつながりをもっとつくっていれば、上述したようなWebサイトでのプログラミング等の問題もクリアしていくことができたのではないか、叩き台モデルの全モジュールをつくることもできたのではないかと思う。

少々話は逸れるが、開発研究だからというだけでなく、院生にとってこのような集まりは大変心強く有益なものである。「裏ゼミ」は、ゼミ時間だけでは勉強が足りない、個々の研究に関する相談や助言等の機会も増やしたいということで始められたものであったが、自分が学びたいこと、自分の研究に関する助言等が得られるということだけでなく、他ゼミ生が学びたいことやその方の研究を共に考えることで、気づきが得られ、力もついた。そして、何より、励まし合うことで前に進む元気が出たものだ。

Ⅳ　現在から未来へ

本書の趣旨として、「研究成果としての博士論文が現在の研究、実践、生活にどのように繋がっているか」また、「自身の研究をデザイン・アンド・

ディベロップする」とある。それこそ、研究の立て直しを図らねばならないと切に考えていたところで、奇しくも芝野先生の退職記念の書でこのようなテーマをいただき、ハッとする思いである。そう、自身の研究をデザイン・アンド・ディベロップしなければと。

1　現在の研究

博士課程に戻り、博士論文を出すまで10年かかったことは前述したが、その後2012年にこの博士論文をもとにした著書を出版した。それまで、研究といえば、芝野先生の厚労科研の調査や自身の研究のきっかけとなった調査研究に参加させていただき、その後は専門里親支援モデルの開発研究一本に集中していたに等しい。そこから5年のあいだ、所属大学も変わり、研究にもいろいろあることを知った。一研究者として自身が取り組む研究のほか、所属大学のミッションにもとづく共同研究事業やその延長にあるともいえる国策に反映するための調査研究等々。単年度のものもあれば3年計画のもの、なかには実質3-4カ月で成果物を出さねばならないものもある。単年度でも発展性のある研究もあれば、テーマ、対象領域・分野が変わるものもある。

ここ5年間に携わっている研究では、①子ども保護・社会的養護や子どもの貧困に関する国際比較研究、②社会福祉現場の現任者のスーパービジョンや実習指導に関する研究、③自身の研究領域である子ども子育てに関する研究の3つに大別される。

①の研究における子ども保護と社会的養護に関する国際比較研究では、各国の発展プロセスを分析し、そこから得られる教訓を見出すことを目的としている。M-D&Dに近づけていうと、各国において、子どもにまつわるどのような社会的問題が発見され、それに対しどのような議論がなされ、どのように検討されたか、そしてどのようなシステムがつくられ、運用してみてどうであったか等を把握、分析しようとするものである。そこから得られた教訓を、日本において他国の取り組みやシステムを参考にするとき、社会的養護にまつわる問題の個別性や国の理念・文化やシステムの個

別性を踏まえ、この問題に対してどのようなシステムを採るべきか、また、うまく運用・機能させるためにはどのような点を踏まえなければならないか、定着・標準化させていくために何をしなければならないか等々の戦略に役立てることにねらいがある。

②の現任者のスーパービジョン研究は、人材育成・人材開発の視点からのモデルづくりに役立てるための基礎的な調査を実施している。③では、M-D&Dによる芝野先生や芝野門下生が手掛けた先行研究に倣い、市町村による家庭訪問型の子育て支援事業に関する実践モデルづくりを目指し、叩き台のための調査研究をおこなった。

2　研究に関する課題

この５年に携わった研究には、実態を把握するにとどまる調査研究もあったが、実証的研究をおこなっていくことを念頭に、研究の切り口（理論を踏まえた視点）をもって研究に取り組むよう努めてはいる。しかしながら、それは先行研究に倣ってのものや、共同研究者の発案によるものが多く、自分には発想力が足りないと、つくづく思うようになった。自身の研究者としての課題としては、発想力を高めていくこと、そのためには自分の引き出しを増やすよう、ソーシャルワークの理論やその基になっている理論等をより習得していくことであると考えている。

研究に関し、もう少し大きな枠組みで考える側面もある。大学のミッションにおける研究事業のあり方、とくに組織体制や実施体制について考えさせられることが増えてきた。大学に所属する一教育研究者としては、自身が大学に、あるいは大学のミッションの遂行にどのように貢献できるのかをデザイン・アンド・ディベロップすることが必要だ。それが、組織レベルでのデザイン・アンド・ディベロップにもつながっていくような貢献ができなければならない、そういうキャリアステージに入ってきていると認識しはじめている次第である。

3　教育面での活かし方

「親の背を見て子は育つ」というが、私の場合、まさしく「師の背を見て育つ」といったことが、学生への教育面に反映されている。自身の院生時代の研究を通じて、このようにしてこういったことをおしえていただいたと感じているものを、学生に伝えたいと考えながら、学生にかかわっている。

院生についていえば、芝野先生（2002）の「実践理論システム」やM-D&Dの手続きは、自分が何を明らかにしようとしているのか、演繹的研究なのか帰納的研究なのか、M-D&Dのフェーズでいえばどこの段階に焦点づけた研究なのか、自身の研究の位置が解りやすい。また根拠ある研究にとって理論が必要であることも認識できる。また、エビデンスのレベルを踏まえた芝野先生（2015）の「SW実践モデルの生成プロセス」などは、自身の研究テーマや問いに関し、どのようなエビデンスを踏まえなければならないかもよくわかる。とかく「先行研究が大事」と言われ、文献を集めて読み進めようとしているが、何のために先行研究のレビューをおこなうのかがあまり理解できていないがために、文献検索データベースで自身が掲げた研究テーマにあるキーワードだけできわめて機械的に検索してくるという院生の姿もよく見受ける。また、自分のテーマや問いを論じるうえで、その問題意識や背景をとらえられていないということもある。M-D&Dは、そういったところの筋道を立てていくことにも役立つ。また、院生のなかには現場に従事する方々も多く、自らの、また事業所等組織の実践に役立てたいと、M-D&Dや開発研究に関心を抱き、修士課程から博士課程にかけての研究に役立てようとする方々もいる。

私には学生の「アセスメント」や、学生の発想をどのように理論立てていくかの指導等々はまだまだうまくできず、師のようにはいかない。しかしながら、自分自身の、芝野先生はじめ芝野門下生の方々の、最近では所属大の院生等の研究を通じ、そのプロセスでの発想やアイディア、苦労、工夫等々の事例を教材として、教育指導に役立たせていただいている。

おわりに

学部ゼミで芝野先生のゼミに入っていなかったら、きっと研究者の道には進まなかっただろう。社会福祉とは別の道を歩んでいたかもしれません。研究者としては実力も実績もまだまだではありますが、芝野先生には長年に渡って博士号をいただけるまでに育てていただき、感謝するばかりです。これからも私どもの師として末永くお見守りいただければと存じます。芝野先生が教育研究の場から離れたとしても、芝野先生のご健康とご多幸をお祈りし、時には先生のお顔を見に参上させていただきたい。

芝野門下生のみなさま方とも、卒業してからもゆるやかにつながり、共に研究をしたり、何かにつけ連絡を取って情報や助言をいただいたり、動向を気にかけていたりとしていますが、今後とも研究仲間として、友人としておつき合いいただきたい。

［参考文献］……………………………………………………………………………

Kazdin, A. E.（1989）*Behavior Modification in Applied Settings*（*4th ed.*）Brooks/Cole Publishing Company.

木村容子（1993）「DR&Uにもとづく効果的禁煙プログラムの開発」関西学院大学大学院社会学部研究科修士論文。

木村容子（2010）「専門里親の資質向上を目指す支援のための実践モデル―― M-D&Dによる開発的研究」関西学院大学大学院人間福祉研究科博士論文。

木村容子（2012）『被虐待児の専門里親支援―― M-D&Dにもとづく実践モデル開発』相川書房。

桑田繁（1987）「短期母親指導プログラムによる母子愛着行動の形成――ソーシャル・ワーク実践におけるResearch & Developmentの一試み」関西学院大学大学院社会学部研究科修士論文。

芝野松次郎（2000）「児童・家庭福祉実践のイノベーション――実践モデルと実践マニュアルの研究開発について」関西学院大学社会学部紀要、85、55-65。

芝野松次郎（編）（2001）『子ども虐待ケース・マネジメント・マニュアル』有斐閣。

芝野松次郎(2002)『社会福祉実践モデル開発の理論と実際――プロセティック・アプローチに基づく実践モデルのデザイン・アンド・ディベロップメント』有斐閣。

芝野松次郎（2015）『ソーシャルワーク実践モデルの D&D ――プラグマティック EBP のための M-D&D』有斐閣。

Thomas, E. J.（1978）“Mousetraps, Developmental Research and Social Work Education,” *Social Service Review* 52, 468-483

Thomas, E. J.（1984）*Designing Interventions for the Helping Professions*, Sage Publications, Inc.

第6章

遺族支援における
デザイン・アンド・ディベロップメント

黒川雅代子
龍谷大学短期大学部教授

はじめに

博士論文のタイトルは「救急医療における家族・遺族支援の試み――悲嘆理論をふまえたジェネラリスト・ソーシャルワーク実践の枠組から」である。筆者が、本研究に取り組みたいと考え始めたきっかけは、20年以上前にさかのぼる。当時救命救急センターの看護師をしていた筆者は、毎日何人もの人が亡くなっていく現場に立ち会っていた。医師が乗るドクターズカーにも同乗し、事故現場等にも出動していた。まさに多くの人の人生が目の前を駆け抜けていくようであった。人々の人生の最期に立ち会うなか、ひとりひとりの人は今までどのように生きてきて、どのように最期の時をむかえたいと思っていたのだろうか、突然大切な人との別れを経験するご家族は、その後どのような人生を歩まれるのだろうか、そんなことを立ち止まって考えてみたいと思ったのが、看護師を辞めて大学への進学を志した理由であった。それが1994年のことである。「救急医療における家族・遺族支援の試み――悲嘆理論をふまえたジェネラリスト・ソーシャルワーク実践の枠組から」という形で、2015年3月にやっと博士論文としてまとまるまで、21年の道のりがあったということになる。まさに受胎から出産、そして成長し20歳の成人をむかえやっと完成したことになる。成人を迎えた研究を、今後どのように成長させていくのか、これからの研鑽が重要である。

まさに博士論文の執筆がスタートラインだとすると、「自身の研究をデザイン・アンド・ディベロップする」ということをきちんと考えていくことが、研究者としての使命であろう。それが博士号を授与された者の義務ともいえる。芝野先生は、弟子たちに今後どのような研究人生を歩もうとするのか、本書を通して発表の場を提供してくださった。芝野先生の懐の深さに感服するとともに、究極の厳しさも与えてくださっているようにも感じている。なんとかそれに答えるべく、筆を進めて行きたい。

I　フェーズI——問題の把握と分析

博士論文で筆者がもっとも明らかにしたかったことは、「救命救急センターで突然家族と死別した遺族がどのようなニーズをもっているのか」ということであった。そのうえで、救命救急センターで突然大切な人を亡くした家族・遺族の支援方法について提案できたらと考えていた。

近親者との死別後、時に遺族に悲嘆反応として、うつ症状や心身の症状が出現することは過去の先行研究でも述べられている（Shuchter & Zisook 1993）。さらに、予期せぬ死によって突然大切な人を亡くした場合、闘病生活が長かった人に比べて、複雑な悲嘆の経過をたどる可能性が高いことが報告されている（Parkes =1993）。

救命救急センターで家族を亡くした人々は、予期せず突然最愛の人との死別を体験する。しかも、救命救急センターの場合は、医療従事者との人間関係を構築する時間もないなかでの死亡宣告となる。そのため一般病院よりもより家族の支援が重要であると考えていた。しかし、救命救急センターで死別した家族・遺族と、医療従事者が関われる時間はほんのわずかであり、患者の死で医療機関との関係性が途絶えてしまう。筆者の研究では、心肺停止状態で救命救急センターに搬送され入院にいたらずに亡くなった人の病院滞在時間は、4時間未満が全体の80%であった。家族が患者と同時に救命救急センターに到着しない場合は、家族の病院滞在時間はもっと短い。筆者がインタビュー調査した人のなかには、患者との対面は警察の霊安室で、救命救急センターには治療費の支払いの時に足を運んだだけという人もいた。その場合は、医療従事者とも会うことはない。そのため、患者の遺族が救命救急センターの医療従事者にどのようなニーズを持っているのか、どのような支援が必要なのか、医療従事者は想像することしかできない。

筆者は看護師時代、目の前を通り過ぎていく多くの人たちの人生とその後の家族の生活、そして自分たちのおこなっているケアがどのように評価されているのか、その後の家族の生活にどのようにつながっているのか、そこを知ることなく、またすぐに新しい患者と対面していくことに対して、不全感をおぼえていた。そのため、博士論文で取り組んだ調査の数々は、その時の答えを遺族から教えてもらっているようであった。そこで調査結果を踏まえて、家族・遺族が、救命救急センターの医療従事者に対して好意的に感じ取っていた支援内容については、できるだけ医療従事者にフィードバックした。患者が抱く医療従事者への不満ではなく、好意的に捉えていること、これを多くの医療従事者に提示することで、救命救急センターの家族・遺族支援のスタンダードになればと考えた。

博士論文は、遺族への量的･質的調査を実施し、悲嘆理論をふまえ、ジェネラリスト・ソーシャルワーク実践の枠組でわが国の救急医療における家族・遺族支援についてまとめた。

博士論文は、筆者が救命救急センターで看護師をしていた時から持ち続けていた宿題のようなものであった。そのため、遺族の調査で明らかになったひとつひとつが、看護師として働いていたときの実践と重なり合い、その時には想像もできなかった答えを得ることで、はじめて家族の思いに触れることができた。特に22名の人のインタビューでは、働いていたときには知りえなかった家族・遺族のその後の思いや生活を、生の声で聞くことができた。インタビューのなかで出会った遺族の方に、「亡くなった息子があなたと出会わせてくれた」と言ってもらった時は、本当にうれしかった。これらの調査研究が、その後の研究・実践活動につながっていったことは間違いないと考えている。

筆者は、実践から研究の道を歩みだした者である。そのため、筆者の研究は実践活動とともにあるといってもよい。答えはすべて遺族が教えてくれた。そして研究を続けていく力を与えてくれたのも遺族の方たちであった。

筆者が博士論文のテーマに明確にたどり着くプロセスのなかで、学部の卒業論文、大学院の前期課程の修士論文で取り組んだのは、遺族のセルフヘルプグループについてである。筆者は、遺族のセルフヘルプグループの活動に共に参加することで、遺族の研究に対するモチベーションが高まっていった。セルフヘルプグループには、さまざまな遺族の方が来られている。病気、事故、自死等で大切な人との別れを経験した人が、その後、どのように悲嘆のプロセスに向き合い、故人なき後の人生を歩んでいかれるのか、活動していくことで筆者のなかで理論と実践が円環的に形作られていった。

Ⅱ　フェーズⅡ――叩き台のデザイン

博士論文で得られた結論で最も重要な点は、第３次救急医療施設で受けた医療や医療スタッフの支援が、その後の遺族の悲嘆に影響を及ぼす可能性があるということである。救急領域において、家族・遺族の支援は重要であることが明らかになった。論文では、複雑性悲嘆尺度、抑うつ尺度を用いて、遺族の調査時点での悲嘆や抑うつ状況を調査し、それと救命救急センターでの支援がどのように関係しているのかについて分析した。「医師の説明」「看護師の配慮」「受けた医療に満足」と複雑性悲嘆の尺度に関連性が認められた。また受けた医療についての満足度と救命救急センターの支援の関係においては、「医師の説明」「十分なお別れの時間」「医師の配慮」「看護師の配慮」「解剖の選択に納得」に有意差が認められた。遺族の悲嘆のプロセスは受けた医療の満足度に関係しており、受けた医療の満足度については医療スタッフの関わり方が重要であるということが示唆された。

遺族になってからの現状については、死後の生活について「体調を崩した」と回答した人が36％であった。死別後、生活の助けとなったものは「家族」「友人」「趣味」等のインフォーマルなサポートが上位であった。しかし、望む支援については「経済的支援」「医師」「カウンセラー」「心療内科・精神科医」等のフォーマルなサポートが上位であった。インタビュー調査を実施した人のなかには、家族との死別後に脳血管疾患やがんといった生命に危険を及ぼすような病気になった人もいた。しかし、遺族のニーズとは異なり、公的な資源に結びついていない現状が明らかになった。これらの結果をみても、サービス調整機能がなければ、遺族が公的な社会資源に結びつく可能性は低いと考えられる。インタビュー調査のなかでソーシャルワーカーと関わっている人はいなかった。社会資源に遺族が結びつくためには、患者治療中から医療機関において、社会資源と結びつけるために何らかの関与が必要である。そのためには、患者治療中に家族をアセスメントし、ニーズを予測し、社会資源の情報提供をおこなうことが望ましい。第３次救急医療施設における家族・遺族支援とは、患者治療中の家族の支援のみならず、遺族となってからのことも念頭において支援していくことである。そのためには、ジェネラリスト・ソーシャルワークの視点で家族・遺族に対して、全体的・包括的に捉えて支援していくことが重要である。論文は、救急医療における家族・遺族の支援について、ソーシャルワーカーの役割を提案するものであった。

救命救急センターの看護師を辞めて大学に進学し、卒業後医療ソーシャルワーカーとして救命救急センターに戻りたいという思いを当初は持っていた。結果として実現はしなかったが、博士論文を通してまずは当初の目的としていた救命救急センターにおける遺族支援について、ひとつの結論を導き出すことはできた。

Ⅲ　フェーズⅢ――試行と改良

博士論文の救急医療における家族・遺族支援の研究を基盤として発展的に取り組んだ研究が、2011年3月11日、三陸沖を震源に国内観測史上最大のM9.0の地震(以下、東日本大震災)の津波被害によって行方不明になった方たちの家族の支援である。それまで、筆者を含めて悲嘆をあつかった実践や研究をしてきた者たちにとっては、あくまでも対象は死別経験者であった。そのため行方不明者家族に対する支援方法については、ほとんど知識として持ち得ていなかった。

その時、ミネソタ大学名誉教授のPauline Bossが提唱する「あいまいな喪失理論」を提案してくれたのが甲南女子大学の瀬藤乃理子氏であった。

あいまいな喪失とは、喪失のタイプを表すもので、不明瞭なままの喪失のため、解決することも終結することもない喪失を指し、身体的喪失と心理的喪失に分類される。身体的な喪失とは、代表的な例としては行方不明者のことで、死が確定していないため心理的には存在しているが身体的には存在しない状態のことである（タイプⅠ）。心理的な喪失とは、代表的な例としては、認知症等で、身体的には存在しているが、以前のその人とは異なってしまっている（家族のこともわからなくなる等)、つまり心理的に喪失してしまう状態のことである（タイプⅡ)。愛着関係にある人が行方不明の状態である、先祖代々からの土地はあるが、その場所には住めなくなったといった東日本大震災後の日本の現状について、あいまいな喪失理論は、課題を整理して、その対処方法について説明してくれるものであった。あいまいな喪失は、喪失そのものが不確実なため悲嘆が凍結し、より複雑化する可能性が高く、通常の悲嘆の支援だけでは不十分であると指摘されている（Boss 2006=2015)。

瀬藤氏の呼びかけで、2012年3月に筆者らはBoss博士のところに出向き、直接あいまいな喪失理論とその実践方法について指導を受ける機会を得ることができた。Boss博士は多忙ななか、筆者らのためだけに3日間という時間をかけて理論と実践方法について指導してくださった。その後2012年11月から12月にかけて同博士を日本に招聘し、宮城県仙台市、福島県福島市で講演会、事例検討会を開催した。以降、毎年スカイプでミネソタと被災地を結び、同博士に直接コンサルテーションを受ける形で事例検討会を開催、2016年度よりは筆者らが事前コンサルテーションをe-mailで受けることで、事例検討会を開催している。

Boss博士のコンサルテーション内容は、長年の実践経験を理論化したもので、毎年事例検討会を開催しているが、いつも新たな知見を得ることができる。博士は「あいまいな喪失理論」の考え方について、ニューレンズという表現をする。あいまいな喪失の状況を「あいまいな喪失理論」という新たなレンズを通して見ることで、また違った視点が見えてくると説明する。あいまいな喪失とは、喪失のタイプを示しているものであり、けっして対象者を病理化するものではない。問題を外在化し、その人の持っているレジリエンスを高めることで、あいまいな喪失に向き合う力を養っていくというものである。問題の解決をゴールに持ってくるのではなく、たとえ問題が解決しなくてもよい人生を送るための支援ということに焦点を当てた支援方法は、とても現実的であった。愛着関係にある人が行方不明の状態である、福島第一原子力発電所の事故による放射能汚染で、家や土地は存在するにもかかわらず、いつになったら帰還できるのかわからない、またはたとえ避難解除されたとしても、以前のような安全で安心して住める地域ではなくなってしまった等、解決がつかない状況のなかで、どのように支援方法を見出せばいいのか、途方に暮れていた筆者らにとって、あいまいな喪失理論はそこに光を当ててくれるものであった。

しかし、Boss博士のコンサルテーションを受けるなかで、どうしても越えなければならないことがあった。それは日本とアメリカの文化差である。そしてそこに日本のなかでの文化差（東北の文化）もミックスされる。そのため、「あいまいな喪失理論」を日本のなかで活用するためには、コンサルテーション内容を日本人のそして東北のもつ文化に当てはめて解釈する必要があった。本理論を普及させ、日本のなかで定着させるためには、そこは超えなければならない壁であると考えている。Bossのあいまいな喪失理論を日本語に翻訳した書籍が現在3冊ある。筆者らは、翻訳本ではなく日本の文化に当てはめて検討したBossのあいまいな喪失理論の書籍を出版するために、現在執筆作業を進めているところである。

あいまいな喪失理論は、災害支援でも中長期を含めての研究になる。災害急性期の家族・遺族支援については、筆者は日本DMORT（Disaster Mortuary Operational Response Team）研究会（代表：吉永和正）に所属し、救急医療に携わる医療従事者や法医学者、警察関係者らと災害急性期の家族・遺族支援の整備について検討してきた。研究会では、DMORTを災害死亡者家族支援チームと訳し、啓発活動をおこなってきた。アメリカでは災害急性期においてFamily Assistance Act（家族援助法）により、DMORTが主に遺体の身元確認、検視と遺族サービスを提供している。わが国では、現在も正式なチームは存在せず、研究会がその形を作っていこうとしている途上である。日本DMORT研究会は2017年に一般社団法人化（理事長：吉永和正）し、さらにその活動を実践レベルに落とし込むための準備段階に入っている。現在までの日本DMORT研究会の活動は、災害急性期の家族・遺族対応のためのマニュアル整備、研修会の開催、一部の被災地（台風26号による伊豆大島土砂災害、熊本地震）へのメンバーの派遣である。筆者は、日本DMORT研究会では幹事として、一般社団法人化されてからは理事として、災害急性期の家族・遺族支援についての研究に取り組んでいきたいと考えている。

Ⅳ　フェーズⅣ——普及と誂え

遺族への支援の必要性についての社会的な認知は高まっていると考える。筆者も京都府自殺対策推進協議会委員や京都府警察犯罪被害者等支援アドバイザー等の役割を担うことができた。また公益社団法人大阪府看護協会の救急看護認定看護師教育課程で遺族支援の講義も担当させていただいている。こういったニーズがあること、それが社会的認知の高まりを表していると考える。現場で直接遺族に関わる可能性が高い職種への普及活動は、即実行につながるため、今後も実践していきたいと考える。

また筆者が幹事を務めていた日本DMORT研究会でも、国民保護訓練や空港での航空機事故等の救助訓練において、研究会メンバーが訓練に参加する機会が増えてきた。負傷者の救助だけではなく、死亡後の遺族への支援が訓練に入ってきたことは画期的なことである。突然家族を亡くした人の支援について研究してきた者として、事件・事故・災害等で家族を亡くした人々の支援の必要性について普及活動に努め、実践に寄与していきたいと考える。

V　「自身の研究をデザイン・アンド・ディベロップする」ということ

筆者の研究のなかでの大きな基軸は、ひとつは博士論文でも取り組んだ突然家族を亡くした人たちに対する支援について、実践および研究することである。

もうひとつは、遺族の研究として当初から取り組んできたセルフヘルプグループを中心とした遺族会の実践および研究をしていくことである。

筆者は、前述しているように、実践のなかで研究していくという立場をとる。どちらかというとウエイトは実践にあるかもしれない。常に実践のなかに身を置きながら、研究活動をしていきたいと考えている。それが筆者の研究スタイルである。

そしてその実践の基盤は、遺族会の活動にある。遺族会の活動は、喪失の悲嘆に向き合いながら、故人とともにその後の人生をどのように生きていくのかというプロセスが常にそこにある。筆者自身は、遺族会「ミトラ」の代表を務めながら、「神戸ひまわりの会」、公益社「ひだまりの会」にも関わっている。これが筆者の実践の場である。

遺族会の活動は、急性期から中長期の遺族支援の原点であると考えている。地域にある遺族会は、まずは遺族支援の最前線であり、重要な社会資源のひとつである。そこで、地域の遺族会が協力し、①相互扶助の関係性を築きお互いに高め合っていくこと、②遺族が遺族会にアクセスし易い環境を整備すること、③新たに遺族会を立ち上げたいと考える人たちの学びの場となること、これらのことを目的として、2011年10月に関西遺族会ネットワークを「JR西日本あんしん社会財団」の協賛を受け、遺族会の実践者らと立ち上げた。現在1年に2回、遺族会の運営者たちが集い、情報交換会を実施している。共同でホームページも立ち上げた（http://izoku-net.com/）。関西遺族会ネットワークは、参加する遺族会がフラットな関係で話し合える場所となることを大切にしている。このような取り組みは日本でも本ネットワークだけである。こういった実践活動をおこないながら、突然家族を亡くした人たちに対する支援およびセルフヘルプグループを中心とした遺族会の実践および研究に今後も取り組んでいきたい。

突然家族を亡くした人たちに対する支援については、DMORTの活動をわが国で定着させるためのシステムつくりを検討していきたい。また同時にあいまいな喪失理論研究についても取り組んでいきたい。あいまいな喪失は、死別による喪失悲嘆にある人の支援について取り組んできた筆者らにとっては、また別の取り組みとなる。しかし、行方不明者家族への支援は重要な課題である。また、あいまいな喪失理論は遺族にも十分活用できる理論であると考えている。そのため、あいまいな喪失理論をさらに深めて研究することで、遺族を含めたさまざまな喪失をかかえる人の支援方法について、新たな知見を得るものになるのではないかと考えている。

関西遺族会ネットワークの活動は、まだ研究レベルにはいたっていない。しかし、本活動は日本のなかでほかに例がないものである。死別の原因、対象等を問わず、遺族会の運営者が一堂に集まるネットワークは世界でもめずらしい活動であると考えている。そのため、本活動がどのように遺族会の活動に寄与するのか、研究レベルに落とし込み、より活動を充実させることと、全国への波及を目指したい。

筆者の研究スタイルは、実践先行型であるため、実践活動を続けていきながら、研究に結びつけることができたらと考える。

おわりに

博士論文を含めた自身の研究としての歩みを考えると、看護師としての臨床の場面での思いが発端となった。それは救命救急センターで突然家族を亡くすという体験をした人々の支援方法について考えたいということであった。大学、大学院と進学するなかで、当初はセルフヘルプグループの実践活動をしていたこともあり、セルフヘルプグループの遺族支援についての研究が先行していた。そして博士論文という形で原点に戻ることができた。そこではじめて臨床経験が生きた研究となった。しかし、救命救急センターでの家族・遺族支援を検討する前に、地域で遺族の方たちに関わり、セルフヘルプグループに参加することで遺族の思いに触れることができていたことは、研究を進めていくうえで貴重であった。それは特にインタビュー調査などで生かされたと考える。臨床経験、セルフヘルプグループでの実践経験と研究が重なり合って博士論文への研究に発展した。本書を執筆することで、それらがつながっていたということをあらためて実感した。そして博士論文に取り組んだことで、災害急性期から中長期にかけての遺族支援やあいまいな喪失理論と出会うことができた。これらは、筆者の今後のライフワークとしていくべく研究であると考えている。

また研究を続けていくなかで、多くの仲間に出会うことができた。それは臨床現場での実践家であったり、研究者であったりする。特にあいまいな喪失理論との出会い、関西遺族会ネットワークの設立は、共同研究者、共同実践者なくしては成立しなかった。

ソーシャルワーク研究は、多くのつながりや共同研究者なくしては、研究や実践は成り立たない。研究や実践を進めていくなかで出会った人たちのひとりひとりの顔を思いながら、本書を執筆した。本当に多くの仲間に研究を通して出会えたことにあらためて感謝する。

これからも多くの人たちとのつながりを大切にしながら、ソーシャルワーク研究・実践に寄与していきたいとあらためて決意した。

このような場を提供いただいたこと、そして多くのご指導をしてくださったことに対して、芝野松次郎先生にあらためてお礼を申し上げ、この場を締めくくりたい。

[参考文献]……………………………………………………………………………

Parkes, C. M.（1972）The Tavistock Institute of Human Relation, Bereavement.（=（1993）桑原治雄・三野善央・曽根維石訳『死別――遺された人たちを支えるために』メディカ出版）。

Pauline Boss（2006）*LOSS, TAUMA, AND RESILIENCE*: Therapeutic Work with Ambiguous Loss. W. W. Norton & Company.

Pauline Boss（2006）*LOSS, TAUMA, AND RESILIENCE*: Therapeutic Work with Ambiguous Loss.（=（2015）中島聡美・石井千賀子監訳『あいまいな喪失とトラウマからの回復』誠信書房）。

芝野松次郎（2002）『社会福祉実践モデル開発の理論と実際――プロセティック・アプローチに基づく実践モデルのデザイン・アンド・ディベロップメント』有斐閣。

Shuchter, S. R. and Zisook, S.（1993）*The course of normal grief.* Stroebe, M. S., Stroebe, W. and Hansson, R. O.（Eds）Handbook of bereavement: Theory, research and intervention. Cambridge University Press, 23-43.

Well, Paula J.（1993）Preparing for Sudden Death: Social Work in the Emergency Room, National Association of Social Work, 38（3）, 339-342.

第7章
リサーチストーリーワークの試み

曽田里美
神戸女子大学准教授

はじめに

私の研究テーマは社会的養護児童、なかでも児童養護施設で暮らす子どもへのライフストーリーワーク（以下、LSW）である。LSWは、子どもが過去に起こった出来事や家族のこと、施設で暮らさなければならない理由を理解し、自身の生い立ちやそれに対する感情を信頼できる大人と一緒に整理していく活動である。過去を受け入れ、現在の自分と織りあわすことにより、未来に向かって生きていく力を得る。

今回、私も芝野門下生として自身の研究について過去から現在、そして未来への歩みを語るという機会を与えていただいた。このテーマは私がこれまで取り組んできたLSWのライフ（生い立ち）を、リサーチ（研究）に置き換えて考えることができる。よって「リサーチストーリーワーク」と名づけて自身の研究を振り返ってみたい。

なお、LSWでは子どもは大人と一緒にワークをおこなう。過酷な過去に向き合い、それを乗り越えていくために「信頼できる大人」という伴走者が必要なのである。私は今回のワークを1人でおこなったが、自身の研究を振り返るなかで芝野先生の温かいご指導とお言葉、ゼミの先輩方の励ましという記憶が常に伴走してくれていた。

本章では研究プロセスを過去（研究テーマとの出会い）、現在（博士論文の内容とそれに対する現場の反応）そして未来（今後の課題）に分けて語っていく。

I 過去

1 LSWとの出会い

私がLSWを知るきっかけを作ってくれたのは芝野先生だ。約20年前、私が児童指導員として勤めている児童養護施設（K施設）に芝野先生から連絡があった。内容は、修士課程学生の実習依頼であり、その学生がライフストーリーブックを研究しているので実践や調査も併せてお願いするかもしれないというものであった。この実習を受け入れ、実習生からLSWを学び、施設内で実践を試みたのが自身の研究の始まりである。実は芝野先生は電話のなかで「このようなことを頼める施設はほかに無い。そちらの施設がダメなら、あと頼めるのはS1施設とS2施設ぐらいだろう」とも言われた。3施設候補があったなかで、K施設を一番に選び、直接連絡をくれたことに今更ながら感謝せずにはいられない。当時、LSWという手法は私が知る限り日本では見受けられず、生い立ちの記（ライフストーリーブック）を子どもと作成するという取り組みが一部の著書（たとえば、Thoburn 1998=1998）に記載されていた。恥ずかしながら私自身LSWもライフストーリーブックもこのとき知らなかった。

2 当時の私の問題意識

当時の施設における私の主な仕事は今でいうファミリーソーシャルワークであった。まだファミリーソーシャルワーカーが法規定されていない時代である。ファミリーソーシャルワークを担うようになったのには以下のような背景がある。私がK施設に就職した翌年に神戸は大震災に見舞われた。これにより児童相談所内の一時保護所はライフラインが絶たれて機能しなくなり、市は数カ所の施設を一時保護所に指定した。このときK施設は中高生男子の一時保護所となったのである。一般に一時保護をする目的には緊急保護、行動観察、短期入所指導の3つが挙げられる。そのなかでK施設の一時保護児童はほとんどが短期入所指導を目的としていた。1カ月から2カ月のあいだ、施設生活を通して子ども自身が抱える問題の沈静化を図るとともに、家庭・学校・地域等の関係を調整して家庭復帰に向けて支援していくのである。

児童相談所と協働して一時保護児童の短期入所支援をおこない、ある程度K施設は成果をあげた。この実績により、児童相談所内の一時保護所が再開した後もK施設には短期入所指導を目的とした入所が続いた。このような短期入所ケースを担当し、ファミリーソーシャルワークをおこなうのが私の主な役割であった。私が直接担当するケースには、入所理由や家族の状況を知らない（知らされていない）という子どもはいなかった。

3　LSW実践

施設でファミリーソーシャルワークに夢中になっていたときに芝野先生から依頼された学生の実習が始まった。実習生を通してLSWについて学び、知るにつれて私はショックを受けることになる。今までLSWの必要性に気づかず、子どもに対してそのような支援が抜け落ちていたことに対するショックである。施設全体をみるとLSWを必要とするケースは確かにある。すぐにLSWをテーマとした施設内研修を実施し、職員間の共通理解の醸成に努め、ケースカンファレンスを通して必要なケースを見つけ出しワークの実施を試みた。

LSWを実施したのは以下の2ケースである。1つは、入所以来12年ぶりに母親から面会希望の連絡があったケースである。本人に面会の意思を確認し、母に会う準備としてアルバムを作成しながらこれまでの施設での生活を振り返るという作業をおこなった。そのなかで乳児院入院時代の職員やこれまでの季節里親に再会し、過去の自分の様子や出来事について聞く機会をつくった（曽田 2005）。2つ目は、仕事が続かず、自分の将来に見通しを持てないまま悶々とした日々を送っていた退所者（20歳）である。入所理由や入所前の生活、家族の状況を確認しながら振り返っていくなかで、本人の希望により祖母との再会を果たした。祖母と再会はしたものの訳あってその祖母から今後2度と会うことはないと言い渡される。辛い再会となったが、その本人から「振り返りの時間はとても貴重だった。こういうことをほかの子にもしてやって欲しい」と言われたことが今でも忘れられない。

LSWを実施していたころ、K施設は地域でグループホームを始めた。グループホームは、入所児童のなかでも家族との関係が希薄で、将来は施設からの自立を余儀なくされる子どもたちが主に利用する。グループホームでの生活を必要とする子どもは、LSWを必要とする子どもと重なる。

このころ私は施設での実践に関して次のような考えを強く抱いていた。家庭復帰を目標としている子どもが家族再統合に向けた支援を展開しているように、施設からの自立を目指す子どもにも固有の支援が必要である。それが、①特定の大人との信頼関係を構築していくための家庭的養護、②入所理由や家族との関係を理解し、その事実を現在の自分とつなぎ合わせていくLSWである。この2つが子どもの自立支援には欠かせないと考えていた（曽田 1998）。この考えは、博士論文のなかでLSWを定義するために文献研究から導いた理論モデルの趣旨と重なる。実践から生まれた理論と研究から生まれた理論が繋がったといえる。

LSWの実施については、その後も必要性を強く感じるケースがあったが、実施に向けての家族の同意、施設内での合意を得られず実施に踏み切ることができなかった。

4　LSW研究

その後、私の所属は児童養護施設から児童家庭支援センター、そして大学へと変わっていく。児童養護施設から離れた距離は、私とLSWを隔てる距離となった。大学では施設での現場経験が高く評価された。その現場経験は学生を教育するうえでは強みとなったが、研究するうえでは弱みとなった。つまり、現場経験に縋り、現場経験の上に胡坐をかくような状態が何年も続いた。そしてそれは「研究していない・できない」という自身のコンプレックスを作り出した。このコンプレックスが刺激され、まず科研費申請に挑戦することになる。研究テーマを探るなかで、児童養護施設における援助として必要性を強く感じながら、当時私が所属していた施設に浸透させることができなかった LSW に行き着いた。

申請書を作成したのは今から 9 年前である。LSW に出会ったころとは異なり、日本でも数は少ないものの LSW 関連の翻訳本や研究論文が出されていた。その第一人者は才村眞理先生である。才村先生が書かれた文献を読み漁ったことが思い出される。その才村先生に博士論文の副査をお願いすることになるとは夢にも思わなかった。その年（2009 年）の日本社会福祉学会秋季大会は法政大学で開催され、才村先生が LSW に関する口頭発表をされた。当時、私の息子は幼児であり、遠方の学会に参加するのは憚られた。そこで学会日程に合せて家族で東京に行く計画を立て、私は数時間だけ別行動を許してもらい学会に参加した。その翌日には息子の念願だったディズニーランドに行った。当時の私がどれだけ研究から疎遠であったかを物語るエピソードである。

科研費は思いがけず採択され、LSW 研究のスタートとなる。そして、この研究をしっかり形にしていきたいという思いから、指導を受けるために芝野研究室の門をたたいたのである。「社会的に意義のある研究だと思います」と後期課程に迎え入れてくれた先生の言葉が、家庭・仕事と両立させながら博士論文に取り組むという重圧に押しつぶされそうになっていた私の背中を押してくれた。

II　現在

私が博士論文を書き上げてから まだ 1 年を経ていない。よって博士論文を現在に位置づけ、ここでは博士論文の内容の一部とそれに対する現場の反応を取り上げたい。

1 LSW 実践の現状

1）調査結果の概要

日本における LSW は注目され始めたところであり、実践は手探り状態であった。また、LSW のような支援に対して「寝た子を起こすな」という考えが根強く残っていることも推察された。そこで実践現場における LSW の必要性と実施度を把握するために、LSW 実践に関する全数調査（アンケート調査）をおこなった。

調査の結果、全国的にみて LSW を実施している児童養護施設（児童相談所も含め）は少ないことが明らかとなった。しかし、実施している内容については、ライフストーリーブックや振り返りシート等を用いた生い立ちの整理、子どもとのアルバムや年表づくり、生い立ちを扱った心理面接などさまざまなものがみられた。そこで LSW を実施している施設への聞き取り調査をおこなった結果、よりさまざまな形態の LSW が実践されていることが浮き彫りとなった。

2）日本における LSW の特徴

LSW 発祥のイギリスでは、一般的に子どもの過去を整理していく過程として、家系図やエコマップを作成したり、過去の出来事を年表や移動歴など時系列で整理したり、子どもとゆかりのある場所を訪れたりする。そして成果物として、それらを記入したり、写真や証明書等を貼付したりしてライフストーリーブックを作成する。また、イギリスではこのような活動をセッション形式で子どもとおこなっている。子どもが信頼できる大人と定期的に一貫した環境のもとでワークを進めていくことを重視している。

一方、まだ導入段階ではあるが、日本における LSW は、先駆的実践者および研究者により 3 段階の LSW が示されている（山本ほか 2015; 才村ほか 2016）。①生活場面型 LSW は、生活場面で子どもの生活上の出来事や生い立ちに働きかけることや、子どもの生活環境をLSWの視点から構築すること（アルバムの整理､思い出の品や記録の保管など）を意味する。②セッション型LSWは、日常とは異なる特別な時間や場を設けて、計画的に少しずつ子どもが実施者と一緒に生い立ちを整理していく。内容はイギリスから学んだものである。③セラピューティックなLSWは、かなり統制された空間においてトラウマ等の治療目的でおこなうものであり、日本の現状では実施は困難とされている（ここでは取り上げない）。

このように日本におけるLSWは、セッション型LSWの前段階に生活場面型LSWを位置づけている。セッション型を主とするイギリスに比べ、生活場面における子どもとの関わりや生活環境の構築を１つのLSWの形態と捉えているところに日本版の大きな特徴があるといえる。

3）新たなタイプのLSWの導出

本研究では、児童養護施設に対する聞き取り調査の分析の結果、上記の

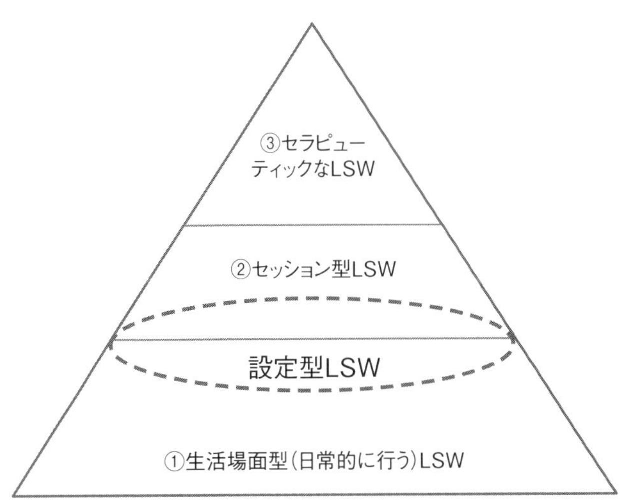

図 7-1　児童養護施設における LSW 実践の現状

（出典）才村ほか（2016）『今から学ぼうライフストーリーワーク』福村出版、8頁を参考に筆者加筆。

「生活場面型LSW」と「セッション型LSW」に加え、新たに「設定型LSW」を抽出した（図7-1参照）。「設定型LSW」は、日常とは異なる場面で1回から数回の面談のなかで行われる。たとえば、児童相談所の職員や施設長から新たな事実を告知する、進路指導や問題行動の反省のなかでこれまでの生活や成長を振り返る、生活担当職員と自立支援計画を立てる過程で入所理由や家族のことを確認するなどの内容が含まれる。「設定型LSW」は「生活場面型LSW」と「セッション型LSW」の中間に分類できる。そして「セッション型LSW」を実施するのは困難だが、施設の実情に応じた方法で子どものニーズや知る権利を保障しようと施設が生み出したLSWの形態と考えられる。

2　本研究に対する現場の反応

自身の研究に対して現場から次のような感想や意見を聴くことができた。

上記の研究を学会発表したときのことである。発表前に抄録を読んだ時点で、ある児童相談所の職員が声を掛けてくれた。「自分たちがやってきた実践に『設定型LSW』という名前がついた。これで堂々と自分の実践をLSWだと言える」という内容であった。その方は児童相談所が施設に措置したケースに対し、「入所理由の再説明・明確化」や「措置機関である児童相談所の役割説明」を意識的に取り入れた真実告知を中心とした実践を先駆的におこなってきた。その実践は正に「設定型LSW」である。

もう1つのエピソードは、LSWの導入を考えている児童養護施設からLSWをテーマにした職員研修の講師に呼ばれたときのことである。研修では広くLSWを捉えてもらうために、上記の「設定型LSW」を含めた3形態のLSWの具体的な中身を紹介した。すると、参加していた職員から、「自分たちも同じようなことを実践している。これまでやってきたことをLSWと呼ぶとともに自分たちの実践をLSWの視点からじっくり見直してみよう」という意見が出た。LSWに関して自分たちは何もできていないという引け目が、自分たちも実践してきたという自信に変わったのである。

このように自身の研究に対して「現場の実情を反映している」というフィードバックをもらえることはこのうえない喜びである。本研究の大きな成果は、現場において子どもたちの課題の解決・ニーズの充足のために大切にしてきた実践に光を当てたことだと感じている。

Ⅲ　未来

私自身の今後の課題は研究者としてのアイデンティティをもつことである。これまで私は所属が大学に変わった後も現場(児童家庭支援センター)の仕事を兼務していたため、自分は現場の人間（実践者）と思い続けてきた。研究者としての自信も自覚もまだ持てていない。そのような自分を変えたくて、乗り越えたくて博士論文に挑戦したのだと思う。論文指導の際に芝野先生から「博士論文は研究者の入り口」とよく言われた。学位取得により研究者としての資格を得る。だから大事なのは博士論文よりむしろその後の研究であると。よって私も研究者としての自分をつくるのはこれからなのだと自分に言い聞かせている。

今回の研究を通して、私は「現場は優れた実践の宝庫」であることを再確認した。そして、私の役目はその宝庫に埋もれ、まだ光の当てられていない実践を見つけ出すこと、さらにその実践に意義を与えることだと思う。しかし、私が今回の研究でできたことは光を当てるところまでであり、その次の意義を見出すことまではできていない。

ソーシャルワーク実践における研究上のハードルとしてエビデンスが求められる。エビデンスに依拠しない実践は、たとえ優れていても「経験」のみに基づく“practice wisdom”といわれる実践にすぎない。芝野（2015）は、ソーシャルワーク実践では、このような“practice wisdom”が数多く存在し、そうした実践も重要と捉えている。そして“practice wisdom”に実践としての意義を付与する（可視化しアカウンタブルなものとする）ために、リサーチにより有効性を実証していく努力が必要だと述べている。私がすべきことはこの努力だと思う。現場に埋もれている実践をリサーチの対象とし、それをデザイン・アンド・ディベロップすることを今後の課題としたい。

おわりに

本章ではリサーチストーリーワークと題して自身の研究というよりは自分自身を振り返った。正直しんどい作業であった。けれども、研究の節目に芝野先生の存在があり、先生に支え導いていただいたことを再確認することができた。深謝したい。博士論文のなかで示した理論モデルによると、LSW が目指すゴールは、子どもの自立支援である。よって、このリサーチストーリーワークを終えた私が自立した研究者に一歩でも近づけることを願いたい。

[参考文献]……………………………………………………………………………

才村眞理 & 大阪ライフストーリー研究会編（2016）『今から学ぼう！ライフストーリーワーク――施設や里親宅で暮らす子どもたちと行う実践マニュアル』福村出版。

芝野松次郎（2015）『ソーシャルワーク実践モデルの D&D ――プラグマティック EBP のための M-D&D』有斐閣。

曽田里美（1998）「児童養護施設における自立支援――自立への準備として必要なこと」世界の児童と母性、45 号、34-37。

曽田里美（2005）「児童ソーシャルワークの実際と課題」望月彰・谷口泰史編『子どもの権利と家庭支援――児童福祉の新しい潮流』三学出版、193-208。

曽田里美（2017）『児童養護施設におけるライフストーリーワーク実践の現状分析と推進要因に関する研究』関西学院大学人間福祉研究科博士論文。

Thoburn, J（1998）*Child Placement : Principles and Practice*(2nd*ed.*).（＝（1998）平田美智子・鈴木真理子訳『児童福祉のパーマネンシー――ケースマネジメントの理念と実践』筒井書房）。

山本智佳央・楢原真也・徳永祥子・ほか編（2015）『ライフストーリーワーク入門――社会的養護への導入・展開がわかる実践ガイド』明石書店。

第8章
ソーシャルワーカーとしての研究者を目指した芝野ゼミでの学び

知念奈美子
元龍谷大学非常勤講師

Ⅰ　プレ研究期

1 「ソーシャルワーク」との出会い

ソーシャルワーカーと聞いて、実際にどんな仕事なのか、何をする職種なのかをイメージできる人は少ない。かくいう私自身も、専門を尋ねられた後に、「ソーシャルワークって何ですか？」と重ねて聞かれると、情けないことだがいまだに上手に説明できた試しが無い。このように情けない状況ではあるものの、私はソーシャルワーカーとしての誇りを持っている。

はじめて「ソーシャルワーク」なる学科があることを知ったのは、ミシガン州の大学で３年生になり、専攻の選択を迫られていた時期のことである。アメリカの大学の仕組みも大きく様変わりしたようなので、現在も同様かは不明であるが、当時は大学１・２年生の頃は一般教養科目の修得に勤しみ、３年生に進級した頃から興味のある専門科目の履修に移り、専攻を大学に届け出ることが多かった。進路が明確な学生は早めに申告していたが、遅い学生では、単位取得後の卒業間際に申請する者もいたと記憶している。

当時の私は心理学専攻で、カウンセラーを目指していた。大学では専攻のほかに副専攻も決めなければならなかったため、当初はコミュニケーション学を修めるつもりで数科目を履修済みであった。卒業を急いでいた私であったが、カウンセラーになるには、少なくとも大学院修士課程に進学しなければならないことが、その時点で判明したのである。

ミシガン州で専門職としてカウンセラーになるには、大きく分けて３職種が存在する。１つ目が、私がもともと目指していた心理学者である。しかしながら、心理学専攻の場合、博士号まで取得しなければ、専門職として独り立ちできないという事実が判明した。学部卒業後、スムーズに進級・修了できたとしても５年は続く学生生活にかかる資金的・時間的なゆとりの無かった私は、心理カウンセラーへの道を諦めるよりほか無かった。２つ目の職種は精神科医であり、これは医学部入学が当然必須となるため、資金的・時間的な面のほか、英語ですら四苦八苦の私には目指すことすら想像できなかった。

３つ目の職種が、結果的に私の職業アイデンティティとなったソーシャルワーカーである。「ソーシャルワーク」「ソーシャルワーカー」と、どちらも耳慣れない言葉ではあったが、修士号のみで専門職として働けると知り、まずは副専攻からその道へ足を踏み入れることとなった。

はじめて履修したソーシャルワークの授業は、驚くほど興味深く、面白かった。人は、その個人だけで存在しているのではない。その人の中にある人格や特質は、物理的・社会的環境と常になんらかの交流をおこなっている。その人の生活や人生を真に理解しようとしたとき、その人がどのような環境・状況に身を置いているのか、誰と関わっているのかまでも含めて見なければならないというエコロジカルな視点は、心理学という、個人の内面のみに焦点を当てる学問に身を浸していた私にとっては、衝撃的な目から鱗、アハ体験であった。

冷静に考えてみれば、ソーシャルワークほど人、そしてその人の生活を、揺らぎや歪みだけでなく、ストレングスを含めて現実的に正確に把握しようとする学問はないのではないだろうか。心理学や医学のように、患部や歪み、弱さのみを拡大してしまわない、人間に対して愛情のある学問だと当時は上手に言葉にできなかったものの、強烈に感じたのである。

2　ソーシャルワーク修士課程の日々

喜び勇んでソーシャルワーカーへと進路を変更し、副専攻単位を取得後は、無事に大学院に進学することができたが、時間割の月曜と火曜の朝から夕方までをぎっしり占める授業と、金土日の週末しか時間のとれない課題の数々、水曜木曜は一日８時間の現場実習という作業量に押しつぶされそうになりながら、クラスメートたちと励ましあい、どうにかプログラムの修了にこぎつけた。アメリカのソーシャルワーク修士課程はかなりハードなものとして知られている。通常の修士課程修了単位数が30数単位程度であるとすれば、ソーシャルワークは60単位前後が課せられているからである。学期中の作業量もそれに伴った時間数をこなすことになるため、一旦学期が始まると期末試験が終わるまで全速力で走り続けることになる。

そのような毎日を無我夢中で過ごし、どうにかソーシャルワーク修士号を取得した私は、ミシガン州で希望通り「メンタルヘルスセラピスト」という肩書きのソーシャルワーカーとして、２年ほど働くことができたのだった。帰国後は、ちょうど精神保健福祉士に注目が集まっていた頃だったため、専門学校や大学等で主に精神保健福祉援助技術担当の講師職を得ることができ、専門職教育に十年以上携わることになった。

3　プレ研究期

以上が、私がソーシャルワークというフィールドに入るきっかけと概要であるが、私はこの時期を私の「プレ研究期」としている。実は、大学院で修士号を取得したにもかかわらず、私は卒業論文・修士論文というものを、一度も書いたことが無かったからである。これはアメリカと日本での大学教育カリキュラムの違いから来ている。日本では、大学・大学院のどのような課程においても、修了する際には論文が要求されるケースが多い。

しかし、アメリカの場合、学士号は必要単位さえ取得してしまえば、即卒業が認められるのである。そのため、「ゼミ」という概念も無い。

文系学科専攻の場合は、各授業内の課題で、学年に応じて2-3頁から、10頁程度のエッセイ、あるいはペーパーと呼ばれる小論文が課されるため、ソーシャルワーク分野の論文書式として使用されるAPA（The American Psychological Association）フォーマットなどには親しむことができた。しかしながら、日本の大学院生が経験するような、折々に指導を受けながら年単位の時間をかけて研究活動をおこない、その過程や結果を数十頁に及ぶ論文にまとめるという作業は、博士課程入学までおこなう機会が私には訪れなかった。それというのも、修士課程において私が専攻したのは、臨床ソーシャルワークであり、ソーシャルワークとは実践の学問であるという認識を体現するカリキュラムであったため、修了条件に研究論文は課されておらず、代わりに在学期間の半分は現場で実習に勤しんでいたからである。そのような点においても、私にとって関西学院大学人間福祉研究科への入学は大きなチャレンジであった。

Ⅱ　博士研究と論文執筆

1　ソーシャルワーク教員としてのジレンマ

日本に帰国した後、ソーシャルワーク教員として私が大きく関わってきた分野は2つあった。1つ目は認知症高齢者とのコミュニケーション方法である「バリデーション療法」である。アメリカのソーシャルワーカー、ナオミ・フェイルが開発したもので、認知症高齢者の持てる力を伸ばそうとするような、寄り添うようなコミュニケーション理論と技法が、実際に認知症高齢者と接している者ならば胸にすとんと落ちる内容としてまとめられている。超高齢化が進む日本で必要とされるソーシャルワーカーや介護福祉士にとって、必須の視点と実践可能な技法である。

もう1つのフィールドは、ホームレス支援紙ビッグイシュー日本である。

1990 年代に「突然現れた」ように見えた路上生活者問題を、施しでは無く仕事を提供することによって解決しようと、2003 年に設立された雑誌出版卸し販売の有限会社である。Big Issue とは「大きな（取り組むべき）課題」という意味合いがあり、元々はイギリスのロンドンで生まれた路上販売雑誌であったが、その日本版を大学時代からの友人らが大阪で立ち上げたのである。

ホームレス問題という、本来なら私たちソーシャルワーカーが取り組むべき課題を、一般の人たちがタックルしていた事実、そこに日本のソーシャルワーカーである社会福祉士も精神保健福祉士もまったく関与していなかった事実が、私にとっては耐え難いほど悔しかった。そこで 2007 年春の阪神間への転居を期に、直接関わり、精神科ソーシャルワーカーとしてのスタッフへのコンサルテーションや、雑誌ビッグイシューを販売している路上生活者のカウンセリングをおこなうことになった。

そこで見えてきたのが、文字通り体当たり支援を行わざるを得ないホームレス支援現場の実情であった。「ホームレス」という言葉は実は非常に意味が深い。住居だけを喪失した者を指すのであれば、「ハウスレス」で済むはずなのである。ホームレスとは、ホーム、つまり家庭という、本質的居場所を失った人たちのことを指すのである。失われた家庭や居場所とは、当然家屋や住所のみを意味するのではなく、家族関係、親友、そのほかの友人知人、職場など、社会人として暮らす上で必須の社会的・物理的資源がことごとく失われているといって良い状態なのである。そうなると、持ち込まれる相談事も、「雨が降っているが今夜寝る場所が無い」「3 日間何も食べていない」といった緊急的な問題から、「就職活動がしたいが、住所が無い」「住所となるアパートに入居したいが保証人を頼める人がいない」というように問題が芋づる式につながっているものまでさまざまであり、画一的な対処法では間に合わない。

先に述べたように、ビッグイシュー日本のスタッフは福祉関係者ですらなかったため、支援は手探りの状態であった。ソーシャルワーカーとしての私が関わった時、一番に必要だと感じられたのは、病院であれば問診票のように、迅速かつ簡潔に問題点を洗い出すための「アセスメントシート」であった。

インテイク時に必要な、問題の概要や資源などの情報収集、解決・緩和すべき問題の内容把握、分析、優先順位決定、解決のための社会資源のピックアップといった作業を、紙面に、簡易かつ見やすくまとめることができれば、スタッフの問題解決のための批判的思考・分析的視点などといった技術の向上、他スタッフや、他機関との連携の際の情報共有に役立つのではないかと考えたのであった。

しかし、アセスメントシートのような重要ツールの開発を、現場にいるからといって、気軽に、単純に、直感的におこなってしまっても良いのだろうかという思いも過ぎった。ホームレス状態という、極限的な状況にある人たちの支援に使用するツールである。きちんと吟味のうえ、クライエントだけでなく、現場に携わる支援者たちにも益のあるものを提供するのが、ソーシャルワーカーではないかという思いがあった。その吟味のため、大学院へと博士課程を修めるために舞い戻ることになったのである。実践の学問であり、博士課程へ進む者が少ないことからターミナル・ディグリーと呼ばれるソーシャルワーク修士過程を修了した際の、もう学校へは戻らないという誓いはあっけなく破られることとなった。

2　博士研究と論文執筆における葛藤

博士課程在籍期間を振り返ると、「とにかく苦しかった」という感情が押し寄せてくる。アセスメントシートを完成させ、ホームレス・クライエントの相談時の負担を減らしたい、ひいてはビッグイシューだけでなく、さまざまなホームレス支援現場で、手弁当でがんばっている志高い支援者たちの負担を少しでも軽くしたいという情熱だけで始めた研究であった。しかし、研究活動に必要な統計の知識など、15年も前に履修した研究手法の授業でさらりと学んだ程度で、身についてなどいなかった私にとっては、本当に一からの出発だったからだ。

また、ソーシャルワーク研究の多くがそうであるように、私がおこなったのは、クライエントという相手の在る研究である。ビッグイシューのスタッフとともに叩き台として作成したアセスメントシートの妥当性や信頼性を探るため、当時ビッグイシュー誌を販売していた販売者109名の路上生活者たちと対話する機会を作った。多くの人たちは、休憩がてらコーヒーショップで30-45分程度の時間に話を聞かせてくれた。しかしなかには、その日の売り上げに響くからとのことで、路上での販売中に、横に立たせてもらってのインタビューしか受け付けないという販売者もいた。ここにしか書けないエピソードであるが、販売中に書類記入をしながら横に立っている私を、妙な宗教や商売の勧誘ではないかと警戒を露わに販売者を庇おうとする客がいたり、Yes/Noの質問であっても回答が逸れてしまうために本来30分程度のインタビューに数時間を要する販売者がいたりと、路上インタビューはおもしろい経験が多かった。しかしまた、わずか30分の休憩であっても、生活にダイレクトに響く商売を、文字通り一所懸命やっている彼らの覚悟を思い知らされた機会でもあった。

そのようななか、「自分の人生は研究者のおもちゃではない。調査には絶対参加しない」という販売者が1名おり、多少の勧誘は試みたものの、本人の気持ちは変わらず、アセスメントシート抜きで少しだけおしゃべりをさせてもらったこともあった。彼だけが、アセスメントのインタビューを拒否した唯一の販売者となったが、彼の出会った「研究者」たちは、「研究」という名の大義名分をふりかざし、調査協力者のプライバシーや気持ちをどれだけ蹂躙してきたのだろうかと考えさせられた。

このような販売者たちの生の声を聴き、記録し、アセスメントを実施できたことは、ソーシャルワーカーである私にとって、最も自然でやりがいのある作業であり、喜びでもあった。しかしながら、その後のデータ分析と、博士論文のための文章化が、自己嫌悪するほど困難を極めることになった。

統計学は、科学としてのソーシャルワーク研究で得た知見を、他領域の研究者たちにも納得の行くように説明する手段だと理解している。また、研究協力者たちのプライバシーを保護しつつも、有用な研究結果を導き出すためには数値化は有効であると考える。しかしながら、研究者としては失格かもしれないが、データを数値化することで、貴重な人生経験を私と共有してくれた販売者一人ひとりの顔や思いが見えなくなってしまうことが、私にはとても苦しかったのである。

ビッグイシュー販売は、雑踏で立ちっぱなし、衆人環視のなかにありながら、周囲に無視される時間も長いというきつい仕事である。販売者の多くは、休憩がてら気軽にコーヒーショップに同行してくれたが、彼らは貴重な商売の時間を割いてまで、一学生につきあってくれたのである。ホームレスとしての彼らは、家族や故郷に対する愛憎や、仕事に対する誇りと売れない時の悔しさなどを聞かせてくれ、さまざまな趣味や笑いのツボを持つ人たちであった。彼らは社会には「ホームレス」とレッテルを貼られていたけれども、帰る場所のある人たちと、当然何ら変わるところのない人間であることが、数値化されることであいまいにぼやかされてしまうように感じられ、割り切ることが何年もできなかった。

研究者としては、未熟過ぎるであろう理由から、自分には書く資格がないとまで落ち込み、研究期間の大半を無為に過ごした私を、芝野先生は待ってくださった。自らの力で方向性を掴み、研究者本人である自分だけでなく、ビッグイシューのスタッフら研究協力者たちと、販売者たちが時間とエネルギーをかけて集めたデータを、きちんと世に送り出す覚悟を決めるまで忍耐強く待ってくださったことは、言葉にできないほど感謝している。「研究」や「博士論文」がどういうものなのか、抽象的にしか理解していなかった私の、ホームレス者にソーシャルワークアセスメントをおこなうためのアセスメントシート開発研究を、芝野先生はおおらかに指導・支援してくださった。途中、現場と研究の乖離に悩みながらも、最終的に論文を書き上げることができ、なおかつ学位取得まで達成できたのは、ひとえに芝野先生のご指導、そして博士課程在籍期間中に幸運にも縁の繋がった研究仲間たちのおかげである。

Ⅱ　博士研究を終えて

1　新天地で直面した社会問題

一時は諦めかけた博士号を、幸せなことに芝野先生を始め周囲からの支えによって無事に取得することができた私は、現在カリフォルニア州ロサンジェルス市にて認知症を患う家族を介護する日々を過ごしている。昔取った杵柄の、認知症高齢者とのコミュニケーションスキルや知識を、24時間年中無休の体制で実践する機会を得ている。また、医療や福祉のインフラがほぼ完全に営利主義の民営企業によって成り立っているアメリカの、人口比に対して認知症高齢者向け社会資源が圧倒的に乏しい地域における認知症の社会的ケアの問題点に直面し、ケアのマネジメントに頭を悩ませる毎日でもある。

現在は多少生活も落ち着いているものの、渡米後永住権を取得するまでの約１年間は、現政権による極端な移民政策によって私自身右往左往させられ、不安な日々を送る経験もした。アメリカで留学生活を送っていた身としては、はじめてではないとはいえ、外国人として身分や人権が不安定な生活はストレスがたまるものである。この政権が次々と引き起こしている限定された地域からの移民への差別的な扱いや、すでにアメリカにしか生活基盤のない若い世代への排除運動など、移民によって成立している国を自負するアメリカが、あらゆる差別撤廃を目指して作り出した流れの方向をここへきて大きく変えようとしている状況に戦慄を禁じ得ない。もし今自分が、国内においても多民族社会であるこの地域のソーシャルワーカーだったとしたら、今、ここで何をなすべきなのかと考え込むことが多い。

それだけではない。ロサンジェルスでは、近年ホームレス人口が増加の一途をたどっており、今年５月末にはロサンジェルス郡のホームレス数が、野宿者・シェルター利用者合わせて５万7794人も確認され、『衝撃的な』

23%もの増加が見られたとのヘッドラインが地元紙を飾ったばかりである(2017年5月31日、Los Angeles Times)。博士研究をおこなっていた7年間もホームレス問題に関わっていた私の目には、ロサンジェルスはホームレス問題のメッカのように映る。ソーシャルワークという学問と、ソーシャルワーカーの専門職としての立場を確立させているはずの先進国の大都会が、ホームレスの増加を食い止めることにまったく非力な現状は、日本で感じた無力感に似た感情を喚起させる。

2　今後に向けて

留学時代を過ごした中西部の中都市とは、まるで国境を越えたかのように違う地域性を持つ南カリフォルニアに移り、今が20世紀末ではなく、21世紀だからこそ表面化しているのかもしれない社会問題の数々を目の当たりにしながら生活している現在、ソーシャルワーカーとしての自分がうずうずとしているのを感じている。果たして研究機関に所属する研究者としての道が開けるのか、それとも新卒のM.S.W.たちとともに現場経験を積むところから始めて、改めてカリフォルニア州のL.C.S.W.(Licensed Clinical Social Worker)を目指すのかは現在のところ未定である。どの道を選んだとしても、もともとの私の職業アイデンティティに変わりはないであろうし、まったく別の職業に就くことになったとしても、博士研究、論文執筆を通して得た客観的な視点や批判的思考をソーシャルワーク実践技術と併せることで、社会的弱者の生活場面における一助になることを目指したい。

[参考文献]……………………………………………………………………………

知念奈美子(2016)「ソーシャルワーク視点を持つホームレスアセスメントツールの開発」関西学院大学大学院人間福祉研究科2016年度博士論文。

Feil, N. (2012) *The Validation Breakthrough: Simple Techniques for Communicating with People with "Alzheimer' s-type Dementia." 3rd Ed.*, Health Professions Press.（＝（2014）高橋誠一・篠崎人理監訳『バリデーション・ブレイクスルー――認知症ケアの画期的メソッド』全国コミュニティライフサポートセンター）。

L.A. County homelessness jumps a 'staggering' 23% as need far outpaces housing, new count shows. *Los Angeles Times*. 5/31/2017.

第9章

地域子育て支援拠点におけるファミリーソーシャルワーク実践教育モデルの開発的研究

新川泰弘
関西福祉科学大学准教授

I　研究の背景

少子高齢化、核家族化、子育て観の多様化などによって、子どもの育ちや子育てを取り巻く環境は大きく変化してきている。たとえば、子育てをしている親が、自分の親や親族の協力を得られず、近所の子育て仲間との交流もなく、地域社会から孤立してしまうことがある。そして、地域社会から孤立して子育てをしている親のなかには、子育ての不安やストレスを抱え、それが引き金となって、子どもの健やかな育ちが脅かされる事態へと状況が悪化していくことがある。そして、児童虐待やネグレクトなどによって子どもの生命が危ぶまれる事件も生じており、喫緊の対応が必要となっている。

子育てをしている親の孤立を予防する支援、子育て不安やストレスを軽減させる相談援助など子育て家庭へのさまざまな支援が必要であることから、厚生労働省は、子育て家庭を支援する地域子育て支援拠点の整備に取り組んできた。厚生労働省は1993年に保育所地域子育てモデル事業を創設し、1995年に地域子育て支援センター事業に名称変更した。また、2002年につどいの広場事業を創設した。そして、2007年には児童館による子育て支援事業を加えて地域子育て支援拠点事業を再編した。さらに、2013年度にも地域子育て支援拠点事業を再編し、一般型、連携型に地域機能強化型を加えた。なお、安川（2014）は2011年度の地域子育て支援拠点事業（ひろば型）の実施場所別実施状況が、全2081カ所の内、公共施設32.0%、保育所32.1%、児童館6.1%であることから、保育所実施率が高いと指摘している。

地域子育て支援の重要性は年々高まり、保育現場においても非常に重要な業務になってきた。しかし、保育所における地域子育て支援は、子どもの保育をおこなう際に片手間で行えるような業務ではない。そのため、保育士のなかには、急激な業務の増加に耐え切れず、バーンアウトしてしまう者がいる。

ところで、地域子育て支援拠点は、児童福祉法において子育て支援事業のひとつとして地域子育て支援拠点事業のなかに位置付けられている。子育て支援事業の全体像は児童福祉法第六款子育て支援事業[市町村の責務]第二十一条の八に示され、事業の詳細は[子育て支援事業の実施]第二十一条の九に明記されている。これにより、市町村には各種の子育て支援事業に関する情報提供、相談・助言、コーディネートが求められ、市町村がその役割を担っている。そして、地域子育て支援拠点事業においては、①子育て親子の交流の場の提供と交流の促進、②子育て等に関する相談援助の実施、③地域の子育て関連情報の提供、および④子育ておよび子育て支援に関する講習等の実施の4つの事業が実施されている。このように子育て支援事業の実施主体としての市町村の役割と、地域子育て支援拠点事業の役割は異なっている。

しかし、子ども子育て支援新制度における新たな動向として、内閣府（2015）は、地域子育て支援拠点事業の「地域機能強化型」を示した上で、地域子育て支援拠点に連絡調整、連携・協働の体制づくり、地域の子育て資源の育成、地域課題の発見・共有、地域で必要な社会資源の開発等、すべての子育て家庭を地域で支える取り組みとその拡充を求めた。また、厚生労働省（2014）は、「利用者支援事業」における「利用者支援」と「地域連携」をともに実施する「基本型」を提示し、利用者支援専門職員によって、地域子育て支援拠点など利用者支援実施施設で、個別ニーズの把握、情報集約・提供、相談を実施することを明記した。これにより、子育て家庭に関する個別ニーズの把握、情報集約・提供、相談といったファミリーソーシャルワークの機能を果たす事業としての実践が地域子育て支援拠点など利用者支援実施施設において求められるようになった。

しかし、地域子育て支援拠点の多くが保育所に併設される際に、ファミリーソーシャルワークの役割を担うことができる専属のソーシャルワーカーを配置してこなかったという経緯がある。そして、保育士に対してファミリーソーシャルワークの実践理論に基づいた教育も十分行われてこなかったため、地域子育て支援拠点の現場でファミリーソーシャルワークが必要とわかってはいるが、何をどのようにしたらよいかわからないという状況が生じていた。

Ⅱ　研究の意義

子育てをしている親が地域社会から孤立し、子育て不安やストレスの増大が引き金となって、児童虐待やネグレクトなどを引き起こすことは看過できない社会的な課題である。高橋（2007）は、親の子育て不安や育児ストレスの高まりによって引き起こされることもある児童虐待によって、家族・家庭が崩壊し、イルビーイング（ill-being：病理）が顕在化してきたときに、全体としての家族関係を健康化するためのファミリーソーシャルワーク等の、個人や家族のウェルビーイング（well-being）を促進する方向へ家族・家庭を支えるプログラムが必要になるとしている。また、芝野（2004）は、総合ファミリーソーシャルワークについて、社会福祉が子どもと家庭の well-being を包括的、計画的、継続的に支援するシステムのなかで担わなければならない機能の総称として定着されるべきものであること。また、地域子育て支援センターなどで行われる限定的なファミリーソーシャルワークについて、地域における子育て支援として児童福祉法のなかに位置付けられ、市町村の支援サービスにおいて求められていることを論じている。そして、柏女（2008）は、市町村の支援サービスとして求められているファミリーソーシャルワークについて、子どもや子育て家庭が抱える個別の生活問題に対して、その人に必要なソーシャル･サポート･ネットワークづくりをおこないあるいはケースマネジメントによる問題解決を志向し、かつサービス利用後の関係調整等をおこない、更に同種の問題が起きないように福祉コミュニティーづくりを目指す一連の活動と定義している。

しかし、柏女ら（1999）は、必ずしも地域子育て支援センターが地域の関係機関、サービス調整の中核としての機能を果たす姿はみえてこず、要保護性の高い児童や子育て家庭に対して地域レベルでケースマネジメントや在宅サービス調整をおこない、ソーシャル・サポート・ネットワークを形成・活用しつつ援助をおこなういわゆるファミリーソーシャルワークの機能を果たすところまでは、現状では期待しがたいことを明らかにし、そのうえで、地域子育て支援センターの運営強化を図るとともに、いわゆるファミリーソーシャルワーク機能を果たす事業としても充実すべきことを挙げている。また、才村（2005）は、児童福祉施設には入所児童の援助のみならず、親子関係の再構築をめざした家庭支援、さらには地域における子育て支援等、ファミリーソーシャルワークの取り組みが強く求められていると述べている。さらに、山縣（2002）は、地域子育て支援サービスの拠点機能を担う地域子育て支援拠点には、親子を対象とした直接支援事業以上に、子育てサークル等のインフォーマルなグループへの支援、さらには幼稚園、児童館、公民館での機関支援が求められ、地域における子育てのマネジメントの拠点となる必要性を主張している。

しかし、わが国においては、地域子育て支援拠点でファミリーソーシャルワークをおこなうことについて、法制度上明文化されたものは存在しない。さらに、地域子育て支援拠点にファミリーソーシャルワーカーを配置しなければならないといった規定もない。ここに、子育ち子育てニーズに対応したファミリーソーシャルワーク実践教育モデルを開発する必要が生じてくる。

Ⅲ　ファミリーソーシャルワーク実践理論に基づいた実践教育モデルの開発的研究

地域子育て支援拠点におけるファミリーソーシャルワーク実践教育モデルの開発的研究を進めるにあたって理論的拠り所としたのは、岡村（1983）によって構築されたわが国固有のソーシャルワーク実践理論（以下、岡村理論とする）、芝野（2015）による人と環境との接点に介入する実践モデル「PEIM（Person Environment Interface Management）」（以下、PEIMとする）開発研究理論、山縣（2011）による子どもと家族を巡る社会関係の二重構造理論、Germain, C. B. & Gitterman, A.（1996）による生活モデル、Pecora, P J.et al.（2009）による子ども家庭中心サービスの総合的な枠組み等である。

この内のまず、岡村理論では、社会福祉の対象が、サービスを受ける個人や集団でも、個人や集団を取り巻く環境でもなく、個人と環境との接点にある「社会関係」であるという固有性があり、その「社会関係」の二重構造について、把握することができる客体的、制度的側面と、捉えられない主体的、個人的側面の二重構造のあることが明らかにされ、「社会関係」において生じる社会福祉の対象とする問題を解決する５つの機能（評価、調整、送致、開発、保護）が示されている。次に、芝野（2015）は、岡村理論の機能がケースマネジメントに近いことを指摘し、ソーシャルワークにとってきわめて重要なPEIMの開発研究理論を提唱している。また、山縣（2011）は、子どもと家族（保護者）について、主体と客体の関係で捉えられるとともに、両者が一体として主体となり、主体化した子育て家庭と社会制度とのあいだの「社会関係」が調整されるとして、子どもと家族を巡る「社会関係」の二重構造理論を示している。さらに、子どもと子育て家庭を援助する際、子育て家庭と環境との交互作用に着目した実践がきわめて重要になってくるが、人と環境の交互作用に着目して実践するエコロジカルアプローチ（Ecological approach）が、Germain, C. B. &

Gitterman, A.（1996）によって提唱され、生活モデル（The life model）として体系化されている。また、Pecora, P J.et al.（2009）は、「子ども家庭中心サービス」（Child and family-centered services）の考え方に基づいて「家庭中心の児童福祉実践」（Family-centered child welfare practice）を提唱し、エコロジーの視点、コンピテンスの視点、成長･発達の視点、パーマネンシーの視点、リスクと保護的要因から構成される子ども家庭中心サービスの総合的な枠組みを示している。

上記の諸理論において、とりわけ着目しなければならないのが岡村のいう５つの機能。そのなかでも、開発的機能なのであるが、ここに社会福祉における理論と実践の関係という根本的な問題が提起されてくる。しかし、一般的に理論と実践は乖離する傾向にある。この場合、子どもと家庭を支援する実践者の日々の実践が理論と乖離しているのであれば、そうした問題を解決しなければならない。そして、地域子育て支援拠点におけるファミリーソーシャルワーク実践を推進していくため、子育ち子育てニーズに対応した「実践モデル」が必要となる。

そこで、こうした「実践モデル」に取り組んだのが芝野である。この芝野（2002）による「実践モデル」においては、親子がともに育ち合う方向性が明確にされた上で、親が子どもの成長・発達を育む環境となるように親と子の育ちが支援され、実践現場で活用することができる「理論」と「実践」をつなぐ研究開発の必要性が主張されている。また、岡村理論に基づいて、子育てをしている親のニーズに対応したグループ・ペアレント・トレーニング（GPT）実践モデル（親と子のふれあい講座）が研究開発されている。これに対して、岡本（2016）は、芝野松次郎は、児童福祉の分野を中心に新たなソーシャルワークの理論モデルを構築しているとし、渡部（2009）は、芝野の「実践モデル」が、「中理論」の応用であり、その研究開発と普及が必要不可欠であると指摘している。

この「中理論」の応用に関わって、保育相談支援の体系化に取り組んだ柏女・橋本ら（2011）の試みに触れておく必要がある。

2003年の児童福祉法改正および2009年の改定保育所保育指針において、

保育所保育の特性と保育士の専門性を生かした地域の子育て家庭に対する支援を担う社会的な役割が以前よりも強調されることになった。これを受けて、柏女（2011）は、保育者がおこなう保育相談支援とは、「子どもの保育の専門性を有する保育士が、保育に関する専門的知識・技術を背景としながら、保護者が支援を求めている子育ての問題や課題に対して、保護者の気持ちを受け止めつつ、安定した親子関係や養育力の向上をめざしておこなう子どもの養育（保育）に関する相談、助言、行動見本の提示その他の援助業務の総体」と明示している。そして、橋本（2011）は、児童福祉施設に多様な社会資源との連携・協力が求められ、地域子育て支援拠点事業には、入所児童の保護者に対して行われる支援や保育所独自の地域子育て支援よりもソーシャルワークの活用が求められると指摘している。

以上のような文献研究の結果から、地域子育て支援拠点におけるファミリーソーシャルワークを、「子育て家庭の交流促進、地域の子育て関連情報の提供、ニーズを把握して資源とつなぐコーディネーション、時系列的にケースの進捗管理をおこなうケースマネジメント、子ども・子育て支援に関する講座の開催及び相談援助」と定義し、子育ち子育てニーズを明らかにする調査研究をおこなった。

その結果、子育て支援ネットワーク、アウトリーチが重要な機能であり、ファミリーソーシャルワーク教育の必要性が示唆された。そのため、文献研究と調査研究の成果に基づいて、子育て家庭支援専門職を対象とする地域子育て支援拠点におけるファミリーソーシャルワーク実践教育に取り組んだ。

その結果、子育て家庭への直接的な支援とともに、子育て家庭の孤立を防止するための社会的支援に取り組み、重視していることが示唆された。そして、孤立する子育て家庭など支援を必要とする子どもと家庭の抱える多様な問題を解決するためには、反省的思考（Dewey 1910）に基づいた深い探究が、必要不可欠であると思われた。そこで、佐藤（2012）による学びの共同体や志水（2009）による力のある学校の教育ヴィジョンに基づいて、南（2009）により示された概念および理論レベル省察に焦点をあてたSchön（1984）によるリフレクティブ研究に取り組むことが求められると考えた。そして、地域子育て支援拠点におけるファミリーソーシャルワーク実践教育の成果を分析する実践教育研究に取り組み、芝野（2015）によるM-D&Dの研究開発プロセスにおけるフェーズⅠ（問題の把握と分析）に基づいたフェーズⅡ（叩き台のデザイン）に該当する地域子育て支援拠点におけるファミリーソーシャルワーク実践教育の理論的構造を示した（新川 2016）。

Ⅳ　実践教育モデルの試行と改良

芝野（2015）によるM-D&DにおけるフェーズⅢ（試行と改良）に取り組むため、2016年11月から2017年3月に亘って計3回、奈良県の子育て支援の現場で働く専門職を対象として、ファミリーソーシャルワーク実践教育の理論的構造に基づいた実践教育を試行した。次に、地域子育て支援拠点事業再編後における地域子育て支援拠点利用者の子育て環境と利用者ニーズの構造とそれらの関連性を明らかにするため、一般型の地域子育て支援拠点を対象とする調査を実施した。研究の結果、利用者の個別ニーズを的確に把握して、求めるサービスへと確実につないでいくソーシャルワークをおこなう必要性が示唆された。

芝野（2015）は、市町村で行われている子育て支援事業のあっせんなどの実施の働きを岡村の言う社会福祉固有の「送致的機能」であると述べている。また、保護者と子どもがもっとも必要とするサービスを的確に選択し、もっとも必要とするときに確実にリンクするという子育てコンシェルジュの働きでもあると指摘している。しかし、平田（2015）は、子育て支援総合コーディネート事業の実施状況を調査し、同名の事業がわずか45件（6.1％）の実施であったことを明らかにし、「子育ち」と「親育ち」の支援を求める親と子に対して、必要とする適切なサービスが継続的・計画的に行われているとは言い難い実情を示している。それゆえに、子育て支援に関するさまざまな利用者ニーズを個別に把握して、サービスに的確につないでいく送致的機能に基づいたソーシャルワークをおこなう必要がある。

V　実践教育モデルの普及・採用とカスタマイズ

芝野（2015）は「SW 実践モデルという広義のエビデンスを『つくる』プロセスを踏まえた上で、広義のエビデンスを『つかい』、クライエントの問題解決を援助するために実践する。そうした実践からのフィードバックを利用して再び実践モデルを改善・生成する」と述べており、M-D&D とプラグマティック EBP の再帰的（reflexive）な研究開発の重要性を指摘している。

それゆえに、研究開発した実践教育モデルを実践者が実践に活用できるように、実践的知識と技術を新たに創出していく必要がある。そのため、M-D&D におけるフェーズⅣ（普及・採用とカスタマイズ）に取り組み、ファミリーソーシャルワークの担い手である実践者が研究者とともに応答的かつ主体的に深く学び合うファミリーソーシャルワーク実践教育を実施していく。

2017 年度からは、奈良県こども・女性局女性活躍推進課による「地域の多様な人材活用による子育て支援」を推進するための実践教育モデル事業（以下、実践教育モデル事業とする）のアドバイザーとして、事業の計画と実施、評価に携わっている。そして、2018 年度からは奈良県こども・女性局女性活躍推進課が、奈良県下の各市町村と連携して、必要性の高い実践教育モデル事業を実施する予定になっている。そのため、地域子育て支援拠点におけるファミリーソーシャルワーク実践教育の理論的構造（新川 2016）に基づいた実践教育を実践教育モデル事業に取り入れていきたいと考えている。

実践教育モデル事業の検討会議において、まず、地域子育て支援拠点を利用していない子育て家庭の方が、利用している子育て家庭よりも、深刻なケースへの相談援助を求めていた調査結果について説明した。次に、どのようにアウトリーチ、子育ての仲間づくり、相談援助を日々の実践に取り入れていくか、実践者と研究者の共同により、主体的かつ対話的な意見交換をおこなった。その後、地域子育て支援拠点などで実施されている利用者支援事業が子ども･子育て支援事業における制度の要であるとともに、ファミリーソーシャルワークが利用者支援事業に必要不可欠であることを指摘し、実践教育モデル事業に取り入れていくべき重要な視点であることを提言した。

なお、Polanyi, M.（2003）は、私たちは言葉にできることより多くのことを知ることができると述べ、暗黙知の概念を提唱している。実践者には無意識におこなう実践やうまく言語化できない暗黙のなかにある知を手に

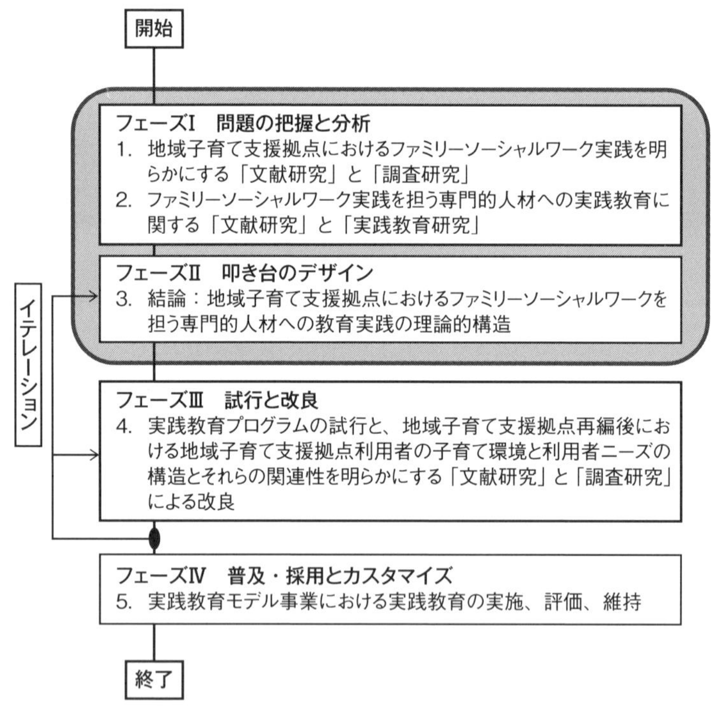

図 9-1　芝野（2015）による M-D&D に基づいた地域子育て支援拠点におけるファミリーソーシャルワーク実践教育モデル開発研究のプロセス

入れるため、理論と実践の関係を整理して、実践知を言語化するための努力が求められる。そのため、まず社会福祉学、教育学、心理学、医学などの分野における科学的、学術的な理論知を習得していく必要がある。次に、日々の実践を吟味、検証して、実践のなかにどのような知があるか深く探究することが求められる。それゆえに、実践者と研究者が共同で実践知を明らかにする反省的研究に取り組み、学び合いと省察の成果を分析、検討する。その後、実践現場との共同により実践効果を測定し、ファミリーソーシャルワーク実践教育モデルの普及・採用と維持するための現場に適ったカスタマイズに取り組んでいきたい（図9-1）。

[参考文献]……………………………………………………………………………

Dewey, J.（1910）*How We Think,* Boston, D.C. HEATH&Co.

Germain, C. B. & Gitterman, A.（1996）*The Life Model of Social Work Practice, 2nd Ed.* Columbia University Press.

橋本真紀（2011）「第2章　保育相談支援の基本」「第3章　保育相談支援の展開」柏女霊峰・橋本真紀編『保育相談支援』ミネルヴァ書房、28-56。

平田祐子（2015）『ケースマネジメントによる子育て支援コーディネート――効果的なサービス提供のために』ミネルヴァ書房。

柏女霊峰（2008）「第1部保育指導の原理」柏女霊峰・橋本真紀『保育者の保護者支援――保育指導の原理と技術』フレーベル館、12-150。

柏女霊峰・山本真実・尾木まり ほか（1999）「子ども家庭サービスの供給システムのあり方に関する研究（3）――保育所実施型地域子育て支援センターの運営及び相談活動分析」日本子ども家庭総合研究所紀要、36、29-57。

柏女霊峰（2011）「第1章保育相談支援の意義と基本的視点」柏女霊峰・橋本真紀編『保育相談支援』ミネルヴァ書房、1-27。

厚生労働省（2007）「地域子育て支援拠点事業実施要綱（平成19年6月29日第67号）」

厚生労働省（2007）「地域子育て支援拠点事業実施のご案内（実施ガイド）」

厚生労働省（2014）「資料5-1 利用者支援事業」『子ども・子育て支援新制度説明会』（平成26年9月11日）

南彩子（2009）「社会福祉士養成教育における自己省察学習教育の有効性の検証」関西学院大学大学院総合政策研究科2008年度博士学位論文。

内閣府（2015）『平成27年版少子化社会対策白書』日経印刷。
内閣府（2015）「地域子ども·子育て支援事業について――『利用者支援事業』について」（平成27年1月22日第21回子ども・子育て会議資料）
新川泰弘（2016）『地域子育て支援拠点におけるファミリーソーシャルワークの学びと省察』相川書房。
岡本民夫（2016）「第1章　日本におけるソーシャルワークの理論と実践――過去·現在·未来」岡本民夫監修、平塚良子・小山隆・加藤博史編『ソーシャルワークの理論と実践――その循環的発展を目指して』中央法規、2-19。
岡村重夫（1983）『社会福祉原論』全国社会福祉協議会。
Pecora, P. J., Whittaker, J. K., Maluccio, A. N., Barth, R. P. & Depanifilis, D. with Plotnick, R. D.（2009）*The Child Welfare Challenge : Policy, Practice, and Research, Third Edition-Revised and Expanded,* Aldine Transaction.
Polanyi, M.（1966）*The Tacit Dimension,* New York: Doubleday and Company, Inc.（=（2003）高橋勇夫訳『暗黙知の次元』ちくま学芸文庫）。
才村純（2005）『子ども虐待ソーシャルワーク論――制度と実践への考察』有斐閣。
佐藤学（2012）『学校を改革する――学びの共同体の構想と実践』岩波ブックレット。
Schön, D. A.（1984）*The Reflective Practitioner: How Professionals Think In Action,* Basic Books.（=（2001）佐藤学・秋田喜代美訳『専門家の知恵――反省的実践家は行為しながら考える』ゆみる出版）。
芝野松次郎（2002）『社会福祉実践モデル開発の理論と実際――プロセティック·アプローチに基づく実践モデルのデザイン・アンド・デベロプメント』有斐閣。
芝野松次郎（2004）「施設ケアとファミリーソーシャルワーク」『社会福祉研究』90、77-87。
芝野松次郎（2015）『ソーシャルワーク実践モデルのD&D ――プラグマティックEBPのためのM-D&D』有斐閣。
志水宏吉編（2009）『「力のある学校」の探究』大阪大学出版会。
高橋重宏（2007）「子ども家庭福祉の理念」高橋重宏・山縣文治・才村純編『子ども家庭福祉とソーシャルワーク第3版』有斐閣、2-29。
山縣文治（2002）『現代保育論』ミネルヴァ書房。
山縣文治（2011）「子ども家庭福祉とソーシャルワーク」ソーシャルワーク学会誌、21、1-13。
安川由貴子（2014）「地域子育て支援拠点事業の役割と課題――保育所・保育士の役割との関連から」東北女子大学・東北女子短期大学紀要、53、79-88。
渡部律子（2009）「ソーシャルワークの研究方法――ソーシャルワーク研究の発展に向けて」『ソーシャルワーク研究』35（2）、相川書房。

第 10 章

虐待的養育環境にある子どもの「育む環境」の創造

スクールソーシャルワークの実践と研究と教育との循環

西野　緑
大阪府教育委員会チーフスクールソーシャルワーカー

I　市民活動から研究にいたるプロセス

1　スクールソーシャルワークに行き着くまで

1）　トークタイムで出会った子どもたち

子どもの暴力や事件が起こるたびに、新聞等のコメントでは必ずといってよいほど、コミュニケーション能力の低下や相手の気持ちを察する力の弱さなど、子ども自身の問題を指摘する声がある。このような指摘に対して長い間居心地の悪い思いをしてきた。筆者はCAPプログラムの最後にある「トークタイム」と呼ばれる子どもとの1対1のお話の時間に、いじめや虐待等に遭っている多くの子どもの声を直接聴いてきた経験から、子どもの行動上の問題は家庭や学校および地域や社会からの人権侵害にあっている子どもたちのサインやSOSであることを実感していたからである。CAP（Child Assault Prevention：子どもへの暴力防止プログラム）とは、子どもの人権意識を育て、暴力に遭いそうになったとき、何ができるか行動の選択肢を一緒に考えるワークショップであり、地域の市民が学校の授業時間におこなう。CAPでは、子どもたちに「あなたは大切な人だよ」

ということを、「あなたには安心して自信を持って自由に生きる権利があるよ」とわかり易い言葉で伝える。「安心・自信・自由」の権利は「生きていくためになくてはならない権利」すなわち「人権」である。

トークタイムで、家庭内の暴力的な人間関係のなかで生活したり、衣食住が保障されていなかったりする子どもたちの声を毎日のように聴くうちに、子どもの人権の視点から虐待問題にのめり込んでいった。介入が必要な問題は、子どもの了解を取って子どもの信頼できる学校の先生につなぎ、場合によっては学校と児童相談所をつなぐというソーシャルワーク的な活動をしていた。子どもの話を聴き、先生につなぐことによって、子どもに対する先生の見方や対応が変わり、問題が改善や解決に向かったことは枚挙にいとまがない。トークタイムを通して、子どもの力と学校という場の力を実感したことが、今の研究と実践の根底にある。

2) 学校における新たな子ども支援システム

外から学校に入る活動では、子どもの思いを学校につないでも改善に向かわないことがあり、無力感に陥ることもあった。筆者は子どもに関する本を貪るように読み、行き着いたのが「スクールソーシャルワーク（以下、SSW）」である。特に山下英三郎先生の『スクールソーシャルワーク――学校における新たな子ども支援システム』は何度も繰り返し読んだ。子どもの話にしっかり耳を傾け、子どもの思いを学校につなぎ、学校と地域をつなぐということは、今までやってきたことではないか。それが子どもの最善の利益を保障するための仕事であることにわくわくした。このころ、TPC教育サポート研究会（現在「NPO法人TPC教育サポートセンター」）の代表である峯本耕治弁護士との出会いがあった。TPC教育サポート研究会で、「子ども、親、先生を支援したい人」たちが活発に議論しあうのを目の当たりにし、「こんなにも子どもや学校のことを考えている人たちがいるのか」と感動したことを今も覚えている。

これらのさまざまな出会いやCAPでの実践を通して、ひとつの思いが心から離れなくなった。「学校が子どもの居場所になるために何ができるのか」という問いである。筆者は、「子ども虐待」と「SSW」をキーワードに、この問いを明らかにすべく、大学院で研究することを決意した。ある日、子ども虐待の分野で名高い関学の芝野松次郎先生の講演会があることを知った。早速、芝野先生のお話を聴きに行き、大変感動し、その場で講演者の芝野先生の所へ行き、大学院で研究したいことを訴えた。

その頃大阪では、2004年に岸和田市児童虐待事件、2005年2月に寝屋川事件が続いて起こり、大学院入学を目前に控えた2005年2月の大阪府議会で「スクールソーシャルワーカー（以下、SSWr）配置事業」が予算化され、大学院進学と同時にSSWrになった。

II　12年間の研究を振り返って

1　博士前期課程から博士後期課程へ

1）　なぜ、「虐待的養育環境」にある子どもなのか？

社会人大学院生として、最初の半年間は大学院の授業とゼミについて行くのにせいいっぱいだったが、実践では心から信頼できる校長先生と教頭先生に巡り合い、「合言葉はチーム」をキーワードに、先生たちや地域の人たちも巻き込んでSSW実践をおこなった。現場の先生たちの「SSWrのように一緒に考え、一緒に動いてくれる人が欲しかった」という声が、3年後に筆者が活動している市のSSW単独予算につながったと感じている。余談ながら、当時の校長先生は、後に教育長としてSSWr全中学校区配置を実現させた人である。校長先生との出会いがなければ、今もSSWrを続けていたかわからない。

岸和田市児童虐待事件は、不登校の背景にある虐待の問題をはじめてクローズアップさせるものであり、問題行動の背景としての不適切な養育環境の問題を指摘する文献も見られるようになった（峯本2004・藤原2004）。藤原（2004：30）は、非行を起こした少年の「児童期」を調査し、「経済困難、親の離婚やそれにつながる争い、度重なる転居や同居家族の変化、親の犯罪や病気などどれかひとつがあっても、子どもの体や心の発達に影響が出るであろう。（中略）そこから保護者自身が精神的に不安定になって心のゆとりを失った結果、子どもに愛情を失う、また愛情を持っていてもそれを注ぐ力がなくなるという問題があり、実はこのことの与える被害のほうが大きいのである」と述べている。

現実に、大きな痣や怪我がなくても、上記のような家庭環境にある子どもは想像以上に存在し、学校がこれらの子どもへの対応や支援に日々悩み、そうした子どもの「俺なんか死んだ方がいいねん」等というつぶやきを聴くなかで、前期課程1年の12月には、研究テーマも「虐待的養育環境にある子どもに対するSSWrの援助プロセス」とした。

2） コーディネーター（教職員）の援助プロセス

修士論文で最も悩んだのは、調査協力者と分析方法である。当時、自治体レベルで制度的に採用され、かつ学校に配置されているSSWrは、大阪府のSSWr7名以外には全国で数えるほどしか存在せず、実践を始めたばかりのSSWrを調査協力者にするには無理があった。当時、校内の気になる子どもの情報を集約し、校内で中心となって支援や調整をおこなうコーディネーター役の教職員がSSWrに一番近い活動をしていると考え、調査協力者とした。

分析方法については、当時グラウンデッド・セオリー・アプローチ（GTA）が一世を風靡していた。その手法を学ぶべく研究会に参加したが、難解故に自分が取り組めるとは思えなかった。しかし、研究協力者のコーディネーターの先生たちの涙が出るような実践を聞き、なんとかコーディネーターの先生たちの実践を形にしたいと考え、膨大なデータの分析に取り組んだ。

教員といえども、担任ではないコーディネーターには〈小学校の「学校文化」という壁〉があり、〈校内のまかせてもらえる体制作りと関係作り〉によって子どもや親に関わり、〈校内スタッフの巻き込みによる早期対応〉が担任をはじめ教職員の成功体験になる。このことは、分析者自身にとって興味深く、実践にも役立った。博士論文提出以降、校内のチーム・アプローチの研究を進めてきたのも、この分析経験が根底にあると感じる。

こうして、修士論文「虐待的養育環境にある子どもに対するスクールソーシャルワーク実践モデル構築に関する基礎研究―― M-GTA による帰納法とジェネラリスト・アプローチによる演繹法とのトライアンギュレーション」を完成させた。未熟ながら研究のおもしろさに取りつかれ、2 年で大学院を修了する予定が、そのまま博士後期課程へ進学することとなった。

2　博士論文を提出するまで

1）　配置校型スクールソーシャルワーカーの援助プロセス

博士後期課程 1 年目は、コーディネーターではなく、SSWr の援助プロセスを形にすることが目標であった。SSWr 活用事業も 3 年目になり、配置校型 SSWr の導入時の援助を明らかにする意義があると考えた。大阪府の SSWr のうち筆者を除く 6 名へのインタビュー調査を実施し、修正版グラウンデッド･セオリー･アプローチ（M-GTA）を用いて分析し、「采配プロセス」と名付けた。配置校型 SSWr は、コーディネーターと協働し、小学校に存在する第三者として、一歩ひいて全体を見ながら、子どもに関わる人たちの意識を高め、誰がいつどのような役割を果たすかを考え、動く仕組みを作っていることがわかった。ただし、SSWr が学校に存在するからこそ、その活動が学校組織に影響を受け、SSWr 自身の校内でのポジションに左右される。SSWr は、自ら教職員と対等にものがいえるポジションを確立し、子どもの最善の利益のために「アドボカシー」を実践する必要があるが、これこそが大きな課題であることもわかった。インタビューした 6 名の SSWr は、学校組織のなかの一人職として、多大な苦労をしながら実践していることが大きな感動でもあり、筆者が実践する上でも大いに参考になった。

2）　博士論文

修士論文では「虐待的養育環境」をキーワードに研究を進めてきたが、

博士論文では発想を変え、現状ではなく子どものあるべき方向性を考えた。「子どもの権利に関する条約」を読み直し、「子どもはその人格の全面的かつ調和のとれた発達のため、家庭環境の下で幸福・愛情および理解のある雰囲気の中で成長すべきである」という前文から、改めて「子どもの権利」としての環境の保障が喫緊の課題であると考えたとき、「育む環境」(nurturing environment) という言葉に出会った。

「育む環境」とは、「子どものニーズや能力、希望にうまくマッチするような応答的で、子どもの能動的な育ちを促進する安全で安定した環境」(芝野 1999・2001) を指す。「育む環境」に近い言葉として、ライフ・モデルのエコロジカルな概念のひとつに「滋養的環境 (nutritive environment)」がある。「滋養的環境」とは、社会的物理的環境において、人々にさまざまなニード・能力・情熱を与える環境のことを指し (Germain＝小島 1992)、「栄養的環境 (nutritive environment)」(中村 2005) とも訳されている。筆者は、虐待や虐待的養育環境にある子どもの「育む環境」の保障を目的とするSSWrの可能性を探索したいと考えた。

博士論文のテーマは、「子ども虐待に対応するスクールソーシャルワークの実証的研究――『育む環境 (nurturing environment)』の保障を目的とする実践理論構築を目指して」である。博士論文では、子ども虐待に対応するSSWrの実践理論構築を目指して、SSWの方向性と実践の焦点となる概念を明らかにすることを目的とした。SSWrに対する質的調査から子ども虐待の構成要素を明確にし、教職員への量的調査から子ども虐待対応モデルの提示を試みた。博士論文ではSSWrへの量的調査を実施したかったが、この段階では量的調査に耐えうる人数のSSWr実践者がいなかったため、教職員を調査対象者とした。法規範および先行研究から明らかになった学校での子ども虐待対応の構成要素は、『虐待防止の教育・啓発』、『早期発見・通告』、『機関連携』、『モニタリング』、『教育的支援』、『養育的支援』の6つである。質的・量的調査から、継続的支援・包括的支援・予防的支援が学校での子ども虐待対応において不可欠であり、スクールソーシャルワーカーは継続的・包括的・予防的支援において、校内のチーム対応・養育的支援・初期の予防（primary prevention）に寄与しうることが明らかとなった。

3　科研による研究

1）　スクールソーシャルワーカー全校配置の実現

2005年に筆者が大阪府から派遣された吹田市（小学校36校中学校18校）では、いじめ・不登校・虐待等の個別課題を抱える児童・生徒へのケアや事案の早期解決・未然防止のため、社会福祉士等の資格を有するSSWrを配置する「子どもサポートチーム事業」を立ち上げた。2008年度から市単独予算、2011年にはSSWr全中学校区配置を実現し、筆者はSSWスーパーバイザー（以下、SSW・SV）として、教育委員会指導室に在籍することとなった。

吹田市の主な特徴は、①全18中学校区（1中2小）にひとりずつSSWrを配置し、週2日（5中学校区は週1日）関わること、②全小中学校54校に「SSW担当」教諭を配置すること、③SSWrは、要保護児童対策地域協議会（以下、要対協）に挙がっている各学校の要保護・要支援児童のマネジメントをしつつ、校内のチーム作りをすることである。特に、要対協が「吹田市の虐待死ゼロ」を目指して職員体制を整備した際に、SSWr全中学校区配置が実現した経緯があることから、SSWrは要対協事務局の相談員や関係諸機関とも連携のうえ、子どもや保護者への個別支援からケース会議、モニタリング、子どもの進学や転校の際の引継ぎにいたるまでのケースマネジメントをおこなっている。

2）　スクールソーシャルワーカーと教職員とのチーム・アプローチ

博士論文を提出した後、SSW実践をおこなう傍ら研究科研究員として科研に応募したところ、幸運にも採択され、2013年度から2016年度（1年延長）まで子ども虐待に関するチーム・アプローチに焦点を当て、研究に取り組んだ。

初年度にSSWr3名に対して、翌年度に3校のコアチーム・メンバーでコーディネーター役の教職員（SSW 担当者)、養護教諭、校長の計８名（1校は兼務）に対してそれぞれインタビュー調査を実施した。教職員への調査は「事例－コード・マトリックス」（佐藤 2008・田中 2013）の方法で分析をおこない､チーム･アプローチによる成果を明らかにした。コアチーム会議を毎週実施することにより、子どもや家庭の状況確認や情報共有ができ、役割分担による丁寧な対応で途切れない支援ができていた。SSWr がコアチーム会議で子どもの生活や親に関する質問をすることで、家庭の問題がスタートになる。コアチーム会議で決まったことは学年会や職員会議等でフィードバックすることにより、情報が校内で共有され、学校全体で話す雰囲気ができている。

チーム学校における SSWr の役割は、①学校に福祉の視点を導入すること、②俯瞰的・客観的・専門的な立場から教職員をエンパワメントすること、③子どもの最善の利益のための家族環境の保障を促進することといえる。

科研の前半は、SSWr と教職員とのチーム・アプローチの質的調査を二本の論文にし、後半は量的調査に取り組んだ。当初、SSWr への量的調査を実施したいと考えたが、大阪府だけでは人数が限られていること、全国では勤務形態も活動内容も一貫しないこと等から断念し、吹田市の要対協の援助事例に対して、チーム学校による支援と SSWr の介入後の変化について考察した。

チーム学校では､子どもに対して「ひとりのおとなとの関係作り」や「学級・学校での居場所作り」、家庭には「親とつながる」ことを意識的にし、関係諸機関と連携し、「家庭へサービスを入れる」等もおこなっていた。SSWr は､全ケースの約６割のケースマネジメントを実施し､コーディネーターと協働しつつ、ミクロからメゾ・マクロ実践までおこなっていた。半数以上のケースで、「親と学校とのつながりができる」「教職員と子どもとのつながりができる」という成果があった。「学校に居場所ができる」「校内のチーム対応ができる」「生活環境の改善」「行動上の問題が落ち着く」「登校できるようになる」「友だちとのつながりができる」等の変化も見られた。

Ⅲ　チーム学校による「育む環境」の創造プロセス

1　SSWr 全校配置を機能させるための SSW・SV のマクロ実践

SSWr が校内に位置づくためには、市町村教育委員会としての取り組みが不可欠である。SSW 担当指導主事（虐待担当も兼ねる）と SSW·SV は、SSW 事業の推進・整備と SSW への支援や資質向上のために、①SSW 配置の工夫（SSWr と SCr を同一曜日に配置し、その日に合わせて校内会議を設定する）、②SSW 担当者会の実施（学期に 1 度、SSW 担当者と SSWr が集まり、研修や実践報告や交流の場となる）、③SSW 連絡会による資質向上（毎月 3 時間、研修や事例検討や関係諸機関との交流をおこなう）、④学校担当指導主事や SSW・SV による学校訪問（SSWr の組織的な動きに対するフォロー等）、⑤関係諸機関との連携の推進（学校や SSWr が直接できる機関連携、SSW·SV による連携機関の開拓）等のバックアップをおこなっている。SSW・SV の役割は、「SSWr を含めた学校のチーム支援」のためのシステム作りである。

2　実践と研究と教育の循環

1）スクールソーシャルワーカーの養成と育成

近年、SSWr の必要性が国レベルでも議論され、2013 年の「子どもの貧困対策の推進に関する法律」の翌年に出された「子どもの貧困対策に関する大綱」、2015 年の中教審答申「チームとしての学校の在り方」、2017 年 3 月「いじめ防止対策推進法」ガイドライン改正等の法律や答申等に明文化され、さらに 2017 年 3 月 31 日「学校教育法施行規則の一部を改正する省令の施行等について（通知）」（28 文科初第 1747 号）では職員として位置づけられている。国は 2020 年度には全中学校にひとりずつ SSWr を配置するとのことである。

しかし、筆者が大学 2 校（非常勤）で養成し、吹田市で受け入れた

SSW実習生のうち、実際にSSWrになった学生は1人しかいない。SSWrになりたい学生は大勢いるが、非正規雇用のため親に反対されることも少なくない。また、福祉の専門家という一人職で、教育の専門家集団のなかに入り、幅広い事象に対して、子どものアドボカシーを念頭に置きつつ、ケースマネジメントをするのは並大抵ではない。大学でのSSWrの養成が現場のSSWrの人材確保につながるように、SSWrをどう育成していくかが今後の大きな課題である。

上記の課題解決のひとつとして、吹田市では2016年度からSSWrサポーターをSSWrのいる学校に同じ曜日に配置し、将来SSWrとして働くための勉強をしてもらっている。また、SSWr力量アップのための「SSW事例研究会」を隔月の週末の午後に共同主宰して10年目となり、全国から50名以上の会員が集う。ちなみに、学校ソーシャルワーク学会の2017年度大会は、実務者であるSSW事例研究会のメンバーで実行委員会を組織し、全国から過去最高の参加者が武庫川女子大学に集った。

2）教職員研修

SSWrが学校に位置づくためには、教職員がSSWrの仕事や動きを知り、チーム学校としてアセスメントやプランニングを一緒におこない、一緒に動くことが必要であり、教職員研修が不可欠である。吹田市では、SSWrが担当校で実際の事例検討等を織り交ぜて、ソーシャルワークやSSWrの役割等を研修し、SSW・SVが市全体の管理職研修、生徒指導研修、養護教諭研修等を実施している。今後は、新任研修、10年研修等への位置づけも必要であると考える。

3）子どもの「育む環境」の創造を目指して

自分自身の実践と研究を振り返って、実践と研究を並行して進め、大学
養成と現場での育成を合わせて行えることは非常に幸運なことである
を改めて実感した。自らの実践を中心とし、行政にSSWrの予算化
かけ、教育委員会と協働しながらマクロ実践をおこない、自身が現

場のSSWrや教職員に調査をおこない、自らの実践を評価する「リサーチャー・プラクティショナー」である。今後の展望としては、ひとりのSSWrがひとつの中学校区を週5日担当できるよう、SSWrの拡充と待遇改善を目指している。SSWr週5日全校配置になったあかつきには、養成や育成とともに、チーム学校やSSWrの役割の変化について調査をおこないたい。これらの実践と研究と教育の循環は、まさに子どもの権利としての子どもの「育む環境」の創造プロセスであると考える。

［参考文献］

藤原正範（2004）「家庭裁判所における『児童期』の調査――そこからの提言」司法福祉学研究（4）、19-35。

西野緑（2009a）「虐待的養育環境にある子どもに対するスクールソーシャルワーク実践モデルの開発的研究―― M-GTAの分析によるコーディネーターの援助プロセス」子ども家庭福祉学、第8号、11-21。

西野緑（2009b）「配置校型スクールソーシャルワーカーの有効性と課題――虐待的養育環境にある子どもに対するスクールソーシャルワーカーの援助プロセスを通して」学校ソーシャルワーク研究、第4号、28-41。

西野緑（2010）「学校に変化を起こすスクールソーシャルワーカー――『子どもの権利』保障のためのミクロからマクロまでの活動を通して」日本スクールソーシャルワーク協会、スクールソーシャルワーク実践活動報告集、vol.1、58-64。

西野緑（2012）「子ども虐待に対応する学校の役割と課題――『育む環境（nurturing environment)』の保障を目的とするスクールソーシャルワークの可能性」Human Welfare、4（1）、41-53。

西野緑（2015）「子ども虐待におけるチーム・アプローチの成果とスクールソーシャルワーカーの役割――教職員への聞き取り調査から」学校ソーシャルワーク研究、第10号、2-14。

芝野松次郎（1999）「子どもの成長を育む環境」児童養護、2-5。

芝野松次郎（2015）『ソーシャルワーク実践モデルのD&D ――プラグマティックEBPのためのM-D&D』有斐閣。

山下英三郎著・日本スクールソーシャルワーク協会編（2003）『スクールソーシャルワーク――学校における新たな子ども支援システム』学苑社。

第11章
社会的養護で生きる

野口啓示
福山市立大学准教授

はじめに

「自分はどこから来て、どこに向かっていくのだろう」。これは順風満帆で来ていたはずの私が米国での留学中に感じたことだった。

関西学院大学社会学部そして同大学院社会学研究科修士課程を修了後、本場のソーシャルワークを学びたいという意欲を持って米国のワシントン大学（Washington University in St. Louis）の修士課程（School of Social Work）に留学した。留学のきっかけとなったのは1995年1月17日に起こった阪神・淡路大震災であった。阪神・淡路大震災は心のケア元年といわれるように、心のケアの大切さを私たちに教えてくれた。当時、トラウマという言葉も一般的ではなかった。トラウマの意味から学ばなければならない状況であった。そして、日本人の多くが海外にモデルを求めた。被災地の大学である関西学院大学もたくさんの心のケアの研究者そして実践家を海外から招へいし、ワークショップ等の機会をもった。当時大学院生であった私は、それらのワークショップに学生アシスタントとして参加し、大きな刺激を得た。そして、ソーシャルワークの最先端の国で学びたいと思った。

関西学院大学の理事長であった武田建先生、そして学部のゼミの先生であった立木茂雄先生のご尽力のおかげで、無事留学することができた。そして夢中で学んだ。Ph.D を取得することを目標にしていた。しかし、いざ Ph.D のコースに進学するための研究計画書を作成する段階において、冒頭の言葉に襲われた。私は何を研究したいのだろう。

勉強は大好きで誰にも負けない自信があった。実際、成績はオール A の GPA は 4.0（武田ゼミ出身で留学した学生は皆そうであったと武田先生から何度も聞かされていた。これはかなり高いプレッシャーであった）、卒業時にはディーンズ・リスト（学部長が推薦する全米規模の成績優秀者リスト）に選んでもらった。しかし、お勉強はできても、自分が研究したいことがわからない。つまりは、学者として生きていくためのミッションがなかったのである。

さんざん悩んだ末に、Ph.D にダイレクトに進学することはやめ、日本に帰国し、社会福祉の現場で働くことにした。そして 28 歳の春に児童養護施設「神戸少年の町」に児童指導員として就職した。

I　児童養護施設という社会福祉の現場

28 歳で飛び込んだ社会福祉の現場、それは私にとって手ごわいものであった。職場にうまくなじめず、仕事を辞めたいとすぐに思った。一番の理由はどのように子どもに接したらいいのかがわからなかったのである。そんなときに転機が訪れた。再び米国に行くチャンスが来た。私が勤めた「神戸少年の町」は米国にある「ボーイズ・タウン」をモデルに創られた施設であり、これまでも幾人かの職員がその地で学んだという関係性があった。そのことを知って以来、「米国のボーイズ・タウンに行ってみたい」との思いが膨らんだ。そして施設長に相談し、その機会を得た。ひさびさの米国で、わくわくするものはあったが、それは何かを学ぼうという気持ちではなかった。現実、つまりは日本の「神戸少年の町」から離れられるということが大きかった。2 年間の留学で米国のことをわかりきったようにその当時は感じていたので、そんなに期待はしていなかったが、「ボーイズ・タウン」は私の未来を変えてしまうほど魅力的であった。

Ⅱ　児童養護施設の職員としての誇りを持て

訪れた「ボーイズ・タウン」、まずはその規模が違った。ネブラスカのオマハの土地はなんと900エーカー（1エーカーは約4000㎡）。そこに約600名の子ども（男女）が約70棟の夫婦寮に分かれて暮らしていた。敷地内に、学校や職業訓練校、巨大な体育館、音楽館、そして歴史博物館があり、まさにタウンであった。とうもろこし畑を見渡せば、地平線の向こうまで続いていた。そして、私が研修を受けた研修所は敷地内の湖畔に位置する立派な建物であった。

次に、働いている職員がすばらしかった。皆すごく明るく、そして「ボーイズ・タウン」で働いていることに誇りを持っており、それを胸を張っていうのだ。当時の私には、はつらつと働く職員の姿がまぶしかった。職員の姿がまぶしく映ったのは、当時の私が児童養護施設で働くことに誇りが持てていなかったからである。そんな私とは「ボーイズ・タウン」の職員は違っていた。プライドを持ち、この仕事、つまりは子どもを養育する仕事のすばらしさを明るく、そして胸を張って語っていたのである。私は頭を打たれた。そして、「児童養護施設の仕事は、人が自分の人生をかけるにふさわしい」との思いが湧き出てきた。

Ⅲ　コモンセンス・ペアレンティングとの出会い

この「ボーイズ・タウン」訪問でたくさんのものを得たが、そのなかでも、コモンセンス・ペアレンティング（Common Sense Parenting：以下、CSP）に出会ったことは私にとって大きな転機になった。CSPは「ボーイズ・タウン」がおこなってきた養育プログラムをもとに一般の親向けに創られたペアレント・トレーニングである。米国においては被虐待児の親支援のプログラムとしての効果が報告されていた。私が「ボーイズ・タウン」を訪問したのは1999年、児童虐待の防止等に関する法律（以下、虐待防止法）が制定される前の年であった。「ボーイズ・タウン」の職員は翌年に日本において虐待防止法が制定されるのを知っており、私に被虐待児の親（保護者）支援の必要性を語り、このプログラムを日本に紹介するよう勧めた。

帰国した私は、さっそく友人の李政元先生（当時、関西学院大学大学院生、現在は同大学教授）に協力を求めCSPを翻訳した。そして、実践をおこなった。はじめての実践は2000年の春であった。身体的虐待をした父親へのCSPの実践がはじめてのものとなった。はじめての実践で、ぎこちないところはたくさんあったと思うが、父親は熱心にCSPに参加し、そして家族再統合が実現した。これは私にとり大きな成功体験であった。そしてCSPの効果を実感した。この経験を論文等にまとめ、学会等で発表するうちに、CSPを学びたいという人が多く出てきた。そこで、CSPを学びたいという声に応えるべく、2003年から神戸少年の町でCSPトレーナー養成講座を始めた。

まず、すべての教材を翻訳する作業からはじめた。ビデオ教材も日本語に吹き替えた。そして、完成した教材を使ってCSPトレーナー養成講座を実施した。必要な資金は独立行政法人福祉医療機構の子育て支援基金から得た。初年度は4回トレーナー養成講座をおこない59名のトレーナーが誕生した。

トレーナー養成講座の満足度は高く、内容的にも納得できるものであったが、トレーナー養成をおこなっていくなかで「なにか違う」と私自身が思ってしまった。そして、その「なにか違う」という思いはトレーナー養成を重ねるたびに大きくなっていった。私が感じた違和感をトレーナー養成講座の参加者も持ったようだった。トレーナー養成講座のたびにおこなう満足度調査でも、そのことが示されていた。そこで、「この講座をよりよくするためにどのような工夫をしたらいいでしょうか？」と尋ねる項目を盛り込んだ。そこに書き込まれた多くの意見は、「米国の文化との違い」

を指摘するものであり、モデリング学習に使うビデオ教材等の日本版作成を望む声であった。私も同じようなことを感じていた。今のままの CSP でも日本において有効である。しかし、日本の文化にあったものに改良すれば、より効果的なものとなると考えるようになった。そして、強く日本版 CSP をつくりたいと思った。

日本版 CSP をつくるに際して、何かモデルになるようなものはないかと探し始めたときに、出会ったのが芝野先生が書かれた『社会福祉実践モデル開発の理論と実際』であった。社会福祉のサービスプログラムを開発していくプロセスを明快に説明した M-D&D を見たとき、この方法論を使えば、学術的にも恥ずかしくないレベルを担保した新しい日本版 CSP を創ることができるのではないかと直感した。そして、芝野先生の教えを乞うために関西学院大学大学院社会学研究科博士後期課程に入学した。神戸少年の町に勤めて 5 年目の春であった。

Ⅳ　博士論文

1　M-D&D 研究の意味

私の博士論文のテーマは児童虐待の家族再統合を援助する実践モデルと実践マニュアルの開発であった。タイトルは「被虐待児の家族再統合実践モデルおよび実践マニュアルの開発的研究—— M-D&D 開発研究からのアプローチ」である。本研究では、家族の再統合を目標に実践するペアレント・トレーニングの開発、具体的には神戸少年の町版 CSP の開発をおこなった。

ほかの芝野先生の門下生と同じく、M-D&D の研究枠組みからプログラム開発をおこなったのだが、私が本研究において重視したのは M-D&D の持つ特徴である社会福祉実践の現場で試行と改良を繰り返し、プログラムを洗練させていくといった理論と実践の演繹と帰納のサイクルを実現させることであった。社会福祉学は実践の科学であり、その実践は社会福祉

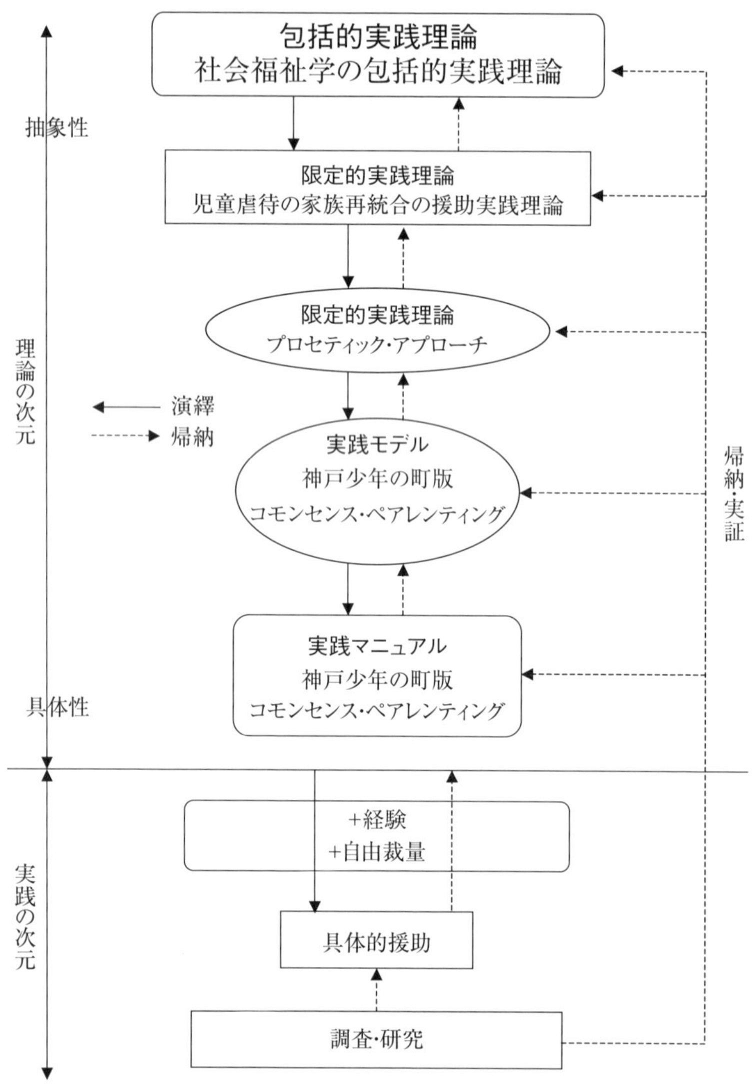

図 11-1　本研究の児童虐待の家族再統合の実践理論システム

学の理論から演繹されて導かれ、その実践が個々人の幸福、人生の質の向上に還元されなければならない。社会福祉学ではこの演繹と帰納のサイクルは重要となる。そしてこれは社会福祉が担うべきアカウンタビリティに応える作業である。そこで、本研究では、この演繹と帰納のサイクルを実現する児童虐待の家族再統合の実践理論システムを提示することから研究を進めた。実践理論システムでは社会福祉学の包括的実践理論から実践プログラムにいたる演繹のプロセスを順番に示すと同時に、実践現場からのフィードバック（帰納）をどのようにおこなうのかを示した。

2　博士論文の内容

私の博士論文は 5 章から構成されている。第 1 章で、研究の目的と意義を確認した。研究の目的は児童虐待の家族再統合を援助する実践モデルと実践マニュアルの開発であり、研究の意義は以下のとおりである。日本で家族再統合に向けた支援が強く求められているのにもかかわらず、その概念すら、明確でなく、方法論としての確立がなされていない。まさに手さぐりの状況である。そこで、このニーズに応えられる実践モデルと実践マニュアルを整備することにより、児童虐待の家族再統合援助サービスの質の向上そしてサービス利用者の福祉に貢献することを研究の意義として開発的研究を 3 年かけておこなった。

続く、第 2 章では、本研究の理論的な基礎となる先ほど紹介した「実践理論システム」の説明をおこない、開発的研究を進める理論的枠組みを提示した。

第 3 章では、その実践理論システムで説明した演繹と帰納のサイクルを実現させる開発的研究をおこなう具体的な手続きである M-D&D の説明をおこなった。

第 4 章では、M-D&D の手続きを用いた具体的な研究の成果を述べていった。第 1 節では第 1 フェーズの問題の把握と分析をおこなった。日本における児童虐待への取り組みの動向と、日本においてこれまでなされてきた児童虐待の保護者への援助に関する文献研究をおこなうことにより、プログラム開発へのニーズを確認するとともに、開発するプログラムの方向性を探った。第2節では第2フェーズの叩き台をデザインした。本研究においては米国のペアレント・トレーニングであるCSPを叩き台として採用し、CSP教材を日本語へと翻訳した。米国におけるCSPの効果を測定した文献研究も紹介した。そして第3節の第3フェーズの施行と改良では、第2節で作成した叩き台を試行しながら、改良に向けたエビデンスの収集をおこなった。ここでは、3つの研究をおこなった。第1の研究は「2種類のイテレーションから導かれた改良の方向性」、第2の研究は「神戸少年の町版CSPビデオ教材開発のために行った量的調査――因子分析を用いた尺度開発手法を活用した開発的研究」、第3の研究は「米国の先行研究の文献研究」である。これらの研究を基に神戸少年の町版CSPの実践モデルを第3節の最後で説明したあとの第4節で、M-D&Dの最後のフェーズとなる普及と誂えの第4フェーズについての研究をおこなった。ここでは、普及に関する研究として、「神戸少年の町版CSPトレーナー養成講座の開催とその効果測定」と「神戸少年の町版CSPの普及の状況（実施状況）の調査研究の2つをおこなった。

そして、最後の章となる第5章で全体の考察をおこなうとともに課題を整理した。

3　開発した神戸少年の町版CSP実践モデルの概要

簡単にはなるが、神戸少年の町版CSP実践モデルの概要を紹介したい。神戸少年の町版CSP実践モデルが拠って立つ限定的実践理論はプロセティック・アプローチである。プロセティック・アプローチは「人の成長過程において育まれるべき問題解決（適応）能力すなわち「コンピテンス」を高めるために、オペラントのパラダイムに基づくプロセティック関係をプログラミングすることによって、プロセティック環境を創り出すアプローチである」（芝野 2002: 97）。この考えを神戸少年の町版CSPに当てはめると、神戸少年の町版CSPの実践モデルは「児童虐待でも特に身体的虐待といった問題に代表される家族機能の不全に陥っている家族の再統合を目標に、オペラントのパラダイムに基づくプロセティック関係をプログラミングすることにより、親（保護者）の虐待を伴わないしつけを導き・維持するプロセティック環境を整えることである」となり、この関係を図示したものが図 11-2 の「児童虐待の家族再統合へのプロセティック関係のプログラミング」となる。この図で見ると、虐待が生じている状況はちょうど中間に位置している不適切な養育を生み出す弁別刺激から不適切な養育が生起し、その結果即時的には子どもの問題行動は減じるが、恒常的には問題行動がさらに増えている随伴性である。この状況は即時的にしろ、

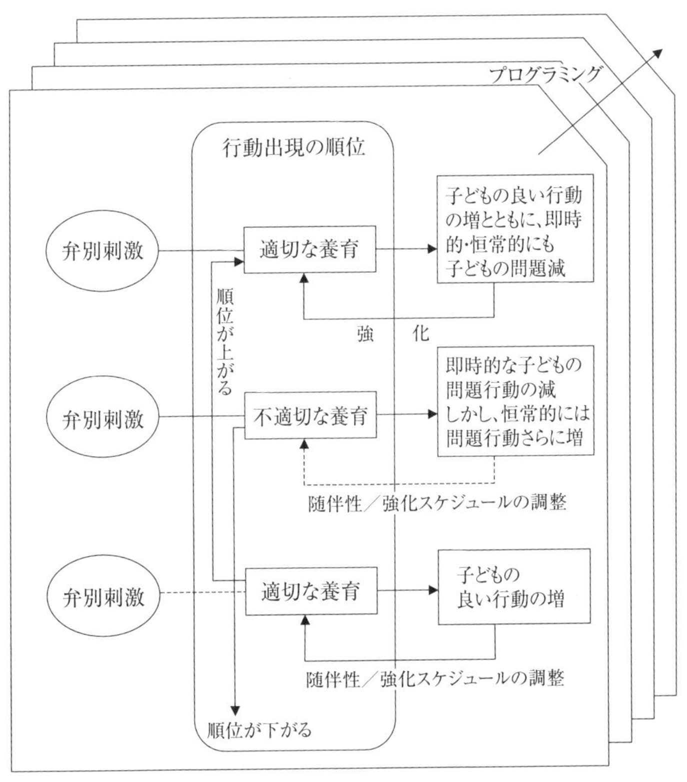

図 11-2　児童虐待の家族再統合へのプロセティック関係のプログラミング

子どもの問題行動が減じることによって強化され、虐待が起こっている状況ではこの随伴性の出現率が上位にランクされる。この状況をオペラントのパラダイムで捉えると親（保護者）にも子にも負の強化が起こっていると捉えることができる。親（保護者）は不適切な養育、つまりは暴力により、子どもの問題行動から解放され、また子どもも一時的に親（保護者）の指示に従うことにより、親（保護者）からの暴力から逃れることができるのである。しかし、これらの行動は嫌悪刺激からの回避行動に過ぎないので、問題はなくなることはなく、この随伴性は維持されることになる。そしてこのお互いが嫌悪刺激となる状況では、児童虐待の親子関係の特徴として上げられるように、親子の肯定的な相互作用は起こりにくく、お互いを避ける状況になりやすい。親子の関係性に注目するなら、関係が悪化している状況であるということができる。そしてお互いが嫌悪刺激になる状況ではお互いのコミュニケーションの質は低下するので、お互いの意図を汲み取り、その意に沿うことが難しくなる。そしてその状況は新たな問題行動になる。この関係を図示したのが、図 11-3 の親（保護者）の虐待

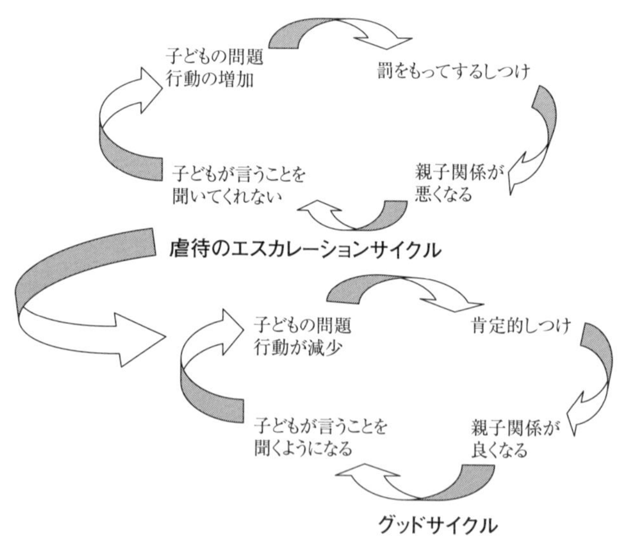

図 11-3　親（保護者）の虐待のエスカレーションサイクルからグッドサイクルへ

行動エスカレーションサイクルである。そこで、神戸少年の町版 CSP では、「子どもマネジメントスキル訓練」「認知再構成と問題解決訓練」「ストレスマネジメントと怒りのコントロール訓練」といった 3 つの技法をインストラクショナル・コントロールによって教授することにより、この不適切な養育の随伴性の仕組みを適切な養育の随伴性へと変容させるのが目的となる。図 11-3 のグッドサイクルの実現である。グッドサイクルは虐待のエスカレーションサイクルが負の強化により問題が維持されているのに対し、ここではお互いの行動が正の強化により維持されていることに意味がある。親（保護者）の適切な養育は子どもの良い行動が増えることにより維持され、子どもの良い行動は親（保護者）の適切な養育を維持する。そのためお互いが正の強化子になっており、相互作用は増加する。相互作用が増えることにより、コミュニケーションの質は高まり、お互いの意図することが伝わりやすい環境になる。この状況は虐待のエスカレーションサイクルのちょうど逆である。

表 11-1　神戸少年の町版 CSP のモジュール

モジュール名	ゴール
①わかりやすいコミュニケーション	子どもの行動を抽象的な言葉を使わずに、具体的に表現する方法を身に付ける。
②良い結果・悪い結果（賞・罰）	行動の後の結果（親の対応）に注目し、子どもの良い行動を増やし、子どもの悪い行動を減らす方法を身に付ける。
③効果的なほめ方	効果的に誉める方法を身につける。
④予防的教育法	前もって子どもに言ってきかせる方法を身に付ける。
⑤問題行動を正す教育法	子どもの問題行動に介入する方法を身に付ける。
⑥自分自身をコントロールする教育法	子どもが感情的になって反抗したり、泣き叫んだり、すねたりといった親子の緊張が高まる場面での対処方法を身に付ける。
⑦落ち着くヒント（怒りのコントロール法）	怒りをコントロールし、落ち着きを維持する方法を身に付ける。
⑧子どもの発達と親の期待	親の子どもへの期待を整理しつつ、親の過剰な期待（認知の歪み）の修正を意図する。
⑨問題解決技法	5 ステップの意思決定の方法から、具体的な問題解決の方法を身につける。

神戸少年の町版CSPは表11-1で示す9つのモジュールからなる6つのプログラムから構成されている。そして、これら9つのモジュールを親(保護者)に身に着けてもらうことにより、虐待のエスカレーションサイクルから抜け出すことを目指すプログラムである。

4　神戸少年の町版CSPの拡がり

博士論文で開発した神戸少年の町版CSPは急激に全国に普及していった。児童虐待の家族再統合支援をおこなう公的機関である児童相談所を中心に拡がった。2014年度までに約6000名の専門職が神戸少年の町版CSPトレーナー養成講座を受講した。全国いろいろな場所でCSPが実施された。多くの人にプログラムを評価していただけたことは大きな喜びであった。しかし、その裏で、いろいろなことが起こり始めた。

V　さらば神戸少年の町

私が博士の学位を受けたのが2008年1月であった。そしてその年の4月に、神戸少年の町の副施設長を拝命し、翌年の2009年から施設長となった。神戸少年の町版CSPの全国への普及活動とともに、施設内でも、神戸少年の町版CSPを根付かせることを目的に研修やシステムの開発等を積極的におこなった。システムの開発として、紹介したいのが芝野ゼミの後輩である石田賀奈子先生（当時、神戸学院大学講師、現在は立命館大学准教授）といっしょにおこなった「家庭支援専門相談員ナビシステム開発事業（独立行政法人福祉医療機構助成金）」である。神戸少年の町版CSPを中心に児童養護施設の情報を園内LANで結んだITシステムの開発的研究をおこなった。神戸少年の町版CSPを施設内の児童処遇に発展させる試みであった。

神戸少年の町版CSPの拡がりだけを見れば、順調に行っていたように見えるが、普及が進むにつれ、さまざまな問題が出てきた。問題の1つは、CSPをおこなうほかの団体が立ち上がったことである。米国のボーイズ・

タウンとタッグを組み、現地のプログラムを直接教授する団体が設立され、その団体が CSP の商標登録を日本でおこなった。そのため、2015 年 4 月頃より CSP の名称は使えない状況になった。また、私も 2014 年 10 月理事会にて、神戸少年の町の施設長を罷免となった。施設の運営方針において意見が相違する一部の理事との確執が原因であった。そして確執が生まれた原因のひとつには神戸少年の町版 CSP 事業の拡がりもあった。

私の退職後、2015 年 4 月に神戸少年の町はすべての神戸少年の町版 CSP 事業を停止した。また、2016 年 3 月には地域の子育て支援をおこなってきた神戸少年の町児童家庭支援センター（神戸少年の町版 CSP の事務局があった）も廃止された。

Ⅵ　新たなフィールドへ

2016 年 4 月に神戸少年の町の地域小規模児童養護施設として運営していた野口ホームを里親型のファミリーホームへと移行させた。神戸少年の町から独立したのだ。野口ホームにいた子どもたちを神戸少年の町から野口ホームの里子へと措置変更してもらい、子どもたちのパーマネンシーを守った。

里親になって感じるのは、里親への養育支援の乏しさである。施設と比べると明確である。多くの施設には長い伝統があり、さまざまなサポーターや寄附が集まりやすいことや、たくさんの子どもたちを長期にわたって養育してきたノウハウがある。しかし、里親の養育を支援してくれる団体や制度は少ない。現在、日本において里親への養育支援は大きな課題である。特に、2017 年 8 月に厚生労働省から出された「新しい社会的養育ビジョン」では、2020 年までに就学前の子どもの施設への新規措置入所の停止、および里親委託率を 75％まで上昇させる方針が明確化された。委託率の上昇に必要なのは、里親の養育支援を地域において包括的におこなう支援機関である。里親のリクルート、研修、支援などを一貫しておこなうフォスタリング機関による質の高い里親養育支援体制を整備すると国はいっているが、具体的な支援が見えているのかというとそうではない。すべてが手さぐりの状況である。

「手さぐりの状況」、この状況は神戸少年の町版CSPの開発的研究をおこなった2000年当時の被虐待児の親（保護者）支援の状況と似ている。そして、私が開発したプログラムは多くの人に受け入れられたのである。私は決めた。これからは里親として、里親養育支援を担う専門職の実践モデルと実践マニュアルを開発し、実践マニュアルをもとにした専門職向けのスキルアップ講座を開催することを。力が出てきた。再びプログラム開発の旅路をM-D&Dとともに、新しい社会的養護のフィールドで進む勇気が湧いてきた。

[参考文献]……………………………………………………………………………

野口啓示（2008）『被虐待児の家族支援――家族再統合実践モデルと実践マニュアルの開発』福村出版。

芝野松次郎（2002）『社会福祉実践モデル開発の理論と実際――プロセティック・アプローチに基づく実践モデルのデザイン・アンド・ディベロップメント』有斐閣。

第12章
スピリチュアリティをめぐって

橋本直子
福井県立大学講師

I 研究にいたるまで

1 実践でのスピリチュアリティへの関心

研究のテーマは、自身の実践での問いが始まりであった。スピリチュアリティとは何か。前期課程を終え、精神科のクリニックにソーシャルワーカーとして勤務して7年目頃の自身にとって一番の関心になっていた。クリニックでは、アルコール依存症の患者と家族の支援を中心にかかわるなかで、「人は変化の可能性がある」ことをさまざまな体験から教えられた。それは、単にアルコールをやめ健康的なライフスタイルを取り戻すといったこととは違う次元で、まさにその人がリカバリー（回復）していく断酒を継続するプロセスにおいて自分や他者、社会との関係を再構築していく変化の姿であった。しかし、それがどういう次元なのか、と問われるとアルコールの問題を抱える人たちのセルフヘルプグループ（以下SHG）であるAAで語られる「スピリチュアルな」という表現しか思い浮かばず、また、スピリチュアルとはどういうことかと問われても説明もできなかった。AAでは語られることがあっても、一般的な日本の精神科医療や福祉の現場で「スピリチュアル」といった語が用いられることがほとんどない現状では、その言葉は宗教との絡みで捉えられるしかないと思われた。また、その頃（2005年頃）流行出したテレビ番組から心霊主義（スピリチュアリズム）が一般には「スピリチュアル」を強くイメージさせるものとなっており、自ら実践でその言葉を発することは躊躇され、果たしてソーシャルワークにおいてどう位置づけられる概念なのかという疑問もあった。

2　研究の動機

一方、クリニックでは統合失調症や非定型精神病の人たちのグループミーティングのファシリテーターを担当し、精神障がいからのリカバリーについても考えるようになっていた。数名にインタビュー調査を実施した結果、彼らが、同じ病気の仲間と語るなかで、自分の病気を受け入れ、元気になり回復していく姿は依存症の人たちと変わりがないと感じるようになっていた。が、同時に機関内でのグループミーティングでの回復の限界もまた見えてきた。特に論文で事例としてとりあげたA氏のその時点での回復は、機関内グループである以上「患者」という役割のなかでの病気との向きあい方としての回復の限界であり、A氏がさらに楽に自己と他者との関係のなかで人生を自由に生きられるには、病気を越えて主体的に自分の人生に向き合う、より対等な関係性のなかで体験を語る場が必要ではないかと思うようになっていた。そして、それには、無力や弱さを受け入れるところから始まるAAのような「spiritual growth（スピリチュアルな成長）」を志向するSHGが存在すればと考えるようになり、SHGの創設をグループメンバーに働きかけ出したところであった。

こうした実践での支援の課題を抱え、スピリチュアリティを探求したいとの思いから、クリニックに勤務しながら博士後期課程への進学を考えた。正直にいえば、前期課程を終えた時、「もう研究の場に戻ることはない」と思っていた自分が、後期課程で研究したいと思うようになったこと自体に驚き、そして、このテーマであれば探求を続けられるのではないかと考えていた。福祉領域で精神障がいとスピリチュアリティというテーマで指導していただける先生が思いあたらないなか、幸いにも芝野教授がお引き受け下さり、本研究の第一歩が踏み出せることになった。結果として、そこから論文をまとめるには10年がかかった。しかし、それは、今となっては書き上げるために必要な時間だったともいえるので、そのプロセスを次項で振り返ってみたい。

Ⅱ　研究のプロセスを振り返って

1　博士課程の3年（方法にさまよう）

進学当初は計量的手法を用いて目に見えない「スピリチュアリティ」を明らかにし、実践に還元できる知見をえたいと研究計画を立てていた。先ず、「スピリチュアリティ」の操作的定義を試みるため、幅広くスピリチュアリティに関しての文献研究をおこなった。そして、それをゼミで発表するのだが、ゼミメンバーから「スピリチュアリティ」の定義を問われ研究方法に対して的確なコメントをいただくなかで、自分が明らかにしたいことは何なのか、どのような研究手法が適しているのか、ああでもないこうでもないと考えあぐねているうちに気がつけば最初の2年が過ぎていた。「スピリチュアリティ」の定義も定められず行き詰まったところで、改めて研究が研究として終わらず、その成果が実践とつながる研究にと原点に戻って考えたときに、「スピリチュアルな成長」を志向するSHGを探索することから始めようと、3年目にしてようやく1つの質的調査を計画実施することができた。結局、筆者自身の精神科クリニックでの実践において、今、目の前にいる患者（たち）に自分ができる援助は何か、どのように援助をしていくことが望ましいのかということに、立ち止まった時に、研究方法として考えられたことは自分自身が関わる範囲での実践にかかわる研究であった（図12-1）。そこで手をつけることができたのが、べてるの家（浦河）で開かれていたSA（スキゾフレニクスアノニマス）の調査であった。SAはまさにAAをモデルにしたSHGであったが、筆者自身のなかには、

調査と実践の同時並行

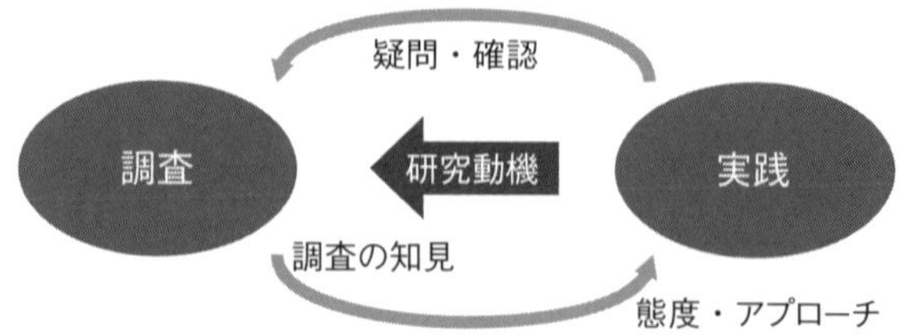

筆者の立ち位置は援助者と研究者の両面

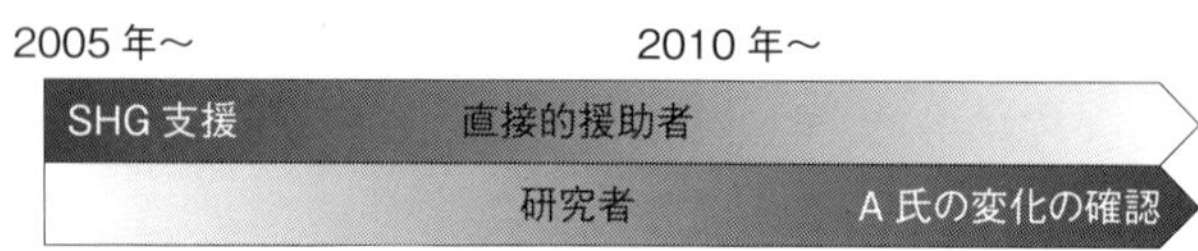

図 12-1　本研究の特徴

依存症とは異なる疾病と障がいがある人たちでは、どのようにその集まりが成り立つのか、また、その場は実際「スピリチュアルな成長」が志向されている場なのかという素朴な疑問があった。そこで、それらを探索するために、参加メンバーへのフォーカスグループインタビュー調査やSAミーティングへ参加、支援者への個別インタビューを実施し、SA グループが「スピリチュアルな成長」を促がす場となっていることを捉えた。

小さな調査ではあったが、これは、筆者自身が、やはりスピリチュアリティとSHG（SA）にこだわり研究を続けることへの意味を再確認できたという点で本研究の大きな転機となった。しかし、また、それ以上に大きかったことは、大阪でのSA 創設のきっかけになればと誘ったクリニックの機関内グループメンバーA 氏とB 氏がこの調査旅行に同行したことで、クリニックのメンバーが大阪でSA の立ち上げに動き出すきっかけとなったことだった。

2　実践と研究（研究の意味を求め――支援の探索）

そして課程が満期退学を迎えようとする頃に、大阪SA（2008 年 1 月）

が発足した。この前後からしばらくは、アメリカのSAについて情報収集と文献研究をおこない、アメリカ、浦河の活動を参考に、その本質を失わず文化背景が違う地域で、大阪SAがSHGとして発展していくにはどのように支援するべきかを考えながら、その活動をサポートしていくという、どちらかといえば実践に軸をおいた時期となった。SHGが継続することの困難さは理解していたので「当事者主体で3年経過したグループは継続率が高い」というアメリカのSAのデータを見つけ、ともかく大阪SAが3年続くようにと祈るような思いであったが、こちらの期待に応えるようにミーティングは継続され、2年経った頃にはグループが安定してきた。そこで、2つ目の調査として大阪SAがSHGとして、「スピリチュアルな成長」を志向するSAグループとして成り立っているのか、機関内グループとどのように機能が異なるのかをメンバーの認識の変化から検証しそれを確かめることにした。この調査は参加メンバーへの個別インタビューであったが、直接メンバー一人ひとりの話を改めて聞くことを通し、それぞれの変化をvividに感じることができたことが援助者としては非常にうれしく、またその一人ひとりが持つ力が実感され、「スピリチュアルな成長」を志向するSAグループの継続の道が見えたようで、こちらが勇気づけられた。

一方、北海道で継続しているSAグループの状況や設立の経過をヒアリングし、SAの発展をサポートしていく課題などを確認していった。ヒアリングからは数年以上の経過のなかで北海道のどのグループも参加者の減少でミーティング継続が危うくなるという経験を1度以上していたが、毎回地道に参加を継続するメンバー、つまり、まさにその時にSAを必要としていたメンバーの存在によってその危機を乗り越えていたことが認められた。この結果から、やはりSHGである以上、継続の危機は当事者たちを信じ任すほかないということを肝に銘じる一方、「地域で暮らす当事者の生きようとする今を支えるスピリチュアルなニーズと社会的存在としてのニーズを一体として満たすS・A」（向谷地 2003）を必要とする当事者は存在するのだということを改めて確認した思いだった。

この期間は、実践者としての疑問を調査し、その結果から、自身の支援の方向性を確認し、現場で研究対象者に向かうという相互作用のなかで、研究へのモチベーションを保っていた。研究としては、まとめていくことがなかなか進まないなかで、ここでもスピリチュアリティに焦点をあて研究することの意味を、自分自身がSAという具体の場を支援し現場の対象者とかかわるなかで確認していたといえる。

3 事例研究として

1）事例研究

巡り巡りスピリチュアリティとは何かを考え続けてきたものの、つまるところスピリチュアリティそのものを提示することはできないとの考えにいたり、時間的経過における「スピリチュアルな成長（spiritual growth)」プロセスを記述し検討することとした。それが本邦ではほとんど言及されていないリカバリーにおける統合失調症者のスピリチュアリティへの接近方法であり、スピリチュアリティへの理解を深め、また援助の視点について知見をもたらすものであると考えたからである。そして、そのプロセスは、SAという「スピリチュアルな成長」を志向したグループに参加したA氏の変化を1事例として記述する試みとした。この事例研究が成り立った背景は、SAがどう発展するか、A氏がSAにどのようにコミットするかにかかっていたが、結果として、大阪SAが立ち上がり、継続され、そして、A氏がSAに参加続けてくれていたからこそ、必要なデータが最終的には収集され、事例研究として分析していく段階にいたることができた。ここでは、この貴重なデータをどのように分析するかという点で、時間の経過と変化、表現豊かなA氏の語りが生かされる、研究手法は何かとずいぶんと悩んだが、結局、本研究はStake（=2006: 103）のいう「始終一貫してある特殊な事例をより深く理解したいと思って1つの事例に着手した」場合で、「その事例が、他の諸事例を代表しているとか、それが特徴的な兆候や問題を示しているからではなく、事例そのもの、その固有性と状態において関心をもたれているがゆえに、研究が着手される」

という「個性探求的な事例研究」とすることにした。それは、最大の関心が、A氏固有のスピリチュアルな変化のプロセスを捉えるということであり、SAというSHGに参加し変化していくA氏をより深く理解したいということにあったからである。しかし、また同時に「スピリチュアルな成長とは」あるいは「スピリチュアリティとは何か」という自身の関心の追求があり、主としてある問題に関する洞察を示すために、あるいは一般化を導くために、特殊な事例が研究される「手段的な事例 Stake（=2006: 103)」としての側面も含むものとした。

具体的には、A氏個人のナラティブを重視し、A氏が、SHGの場や生活上の経験のなかで、その時々にどのような認識や態度をとっていたかを経年的語りから確認し、どのように自らの物語を書きかえていったのかをスピリチュアリティの視点からそのプロセスを明らかにしようとした。データは、2003年から2013年までの4回の個別インタビューの語り、手記3本、そして、筆者への手紙2通を用い、A氏が機関内グループに参加し5年経過した時点（2003年）の状態から、2008年にSAに参加して以降5年の変化を、「意味」と「内的」方向性として『自己に向かう』、「関係性」と「外的（垂直軸と水平軸）」方向性として『他者とのつながり』と『自分を超えるもの（超越者）とのつながり』の3つの視点から分析することでスピリチュアルな変化のプロセスを捉えた。そして、ここから捉えられたA氏のスピリチュアルな成長は、SAというSHGの場をえて「自己と向き合い、自己をいとおしむ」「他者を信じ、他者とつながる」「超越者を信じ、自己を委ねる」というそれぞれの、そして全体的な深化のプロセスであった（図12-2)。また、この結果は1実践の場での個人に焦点を当てた限定された事例研究であり普遍化できるものではないが、筆者のなかでは、統合失調症者のリカバリーにおける「スピリチュアルな成長」とは、「病気によって発現したスピリチュアルペインを日々の生活の出来事や他者とのかかわりのなかで実存的・自覚的に問い続けることで、自己と他者（超越者も含む）とつながり、絶え間ない変化とともに、人の限界と有限性において、自己と他者、その存在を慈しみ生きていく日々の生」ではないかと考えるにいたった。

2）A 氏のスピチリチュアルな旅

実践で大阪SA に参加するA 氏の姿を見ながら、数年間にわたって、インタビューを重ねられたことで、当時A 氏がどのような行動をしめしながら、その時には何を語り、また何を語らなかったのか、さらに時を経た時にどう語り出すのか、語りなおされるのか、そこにどのような気づきや発見があったのかを聞くことは、筆者にとって貴重な経験であった。

そして、一連のインタビューを重ね、語られてくるなかで見えてきたものは、「人を信じたい」というA 氏の切実な生への希望であった。研究開始時には､A 氏の奥底に抱えた痛み､社会での生を揺るがすまでの他者（神を含む）への信頼を喪失した深い孤独感が、A 氏のリカバリープロセスの原点、つまり「スピリチュアルペイン」であったということが筆者には

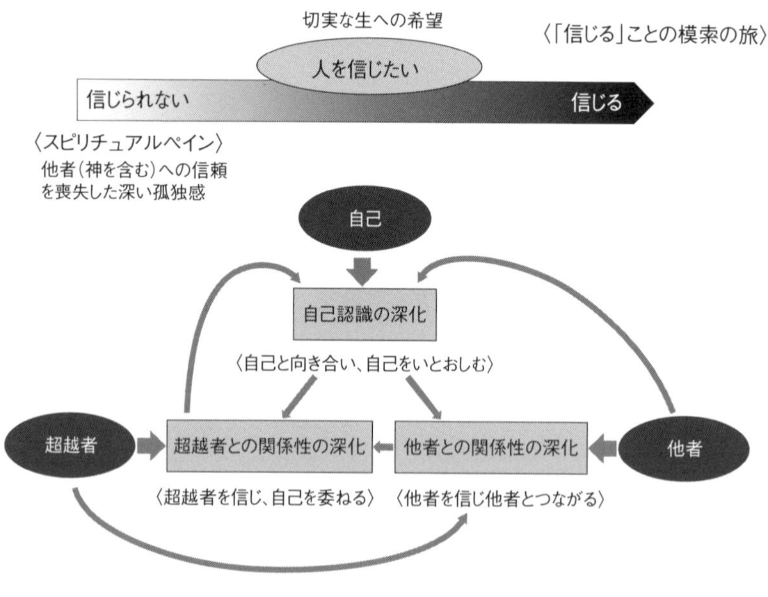

図 12-2　A 氏のスピリチュアルな成長

見えていなかった。というよりは、表面的にしか認識できていなかったことを調査を通して改めて痛感した。A 氏は統合失調症という病で直面した「人を信じられない」という人生の危機に、救いを求めた教会（神）でも救われず絶望し「死」をも意識するところから、再び「自分」を信じ、「仲間」と「人」を信じ、そして、超越する他者に開かれ、その先に、信仰として「宗教」をもつにいたる道を生きてきたのだった。筆者が理解したことは、A 氏にとってのリカバリープロセスは、「信じる」ことの模索の旅であったのではないかということであった。

Ⅲ　研究を通して

成果として、本研究は 1 実践の場での個人に焦点を当てた限定された事例研究であり普遍化できるものではなかったが、その反面、筆者自身が研究を通して得たものは大きかった。A 氏のスピリチュアルな旅は、筆者に統合失調症をかかえる人々の存在を揺るがされるスピリチュアルな痛み、そして彼らの生の営みのなかで「自己」と「他者（超越者を含む）」とつながること、その意味の深さへの気づきを与えてくれた。また、その気づきは実践でのかかわりにおいて、その人のリカバリーとは何か、その人の存在そのものとしてより理解していきたいと思うようになり、以前に増して誰しもに本来備わっている成長の可能性を信じて実践で人と向き合うようになった（と自身では思っている）。

一方で、本研究は、本邦の文化や現状の実践を顧みたとき、SA という場が地域で展開されていくことが統合失調症者への実践的なスピリチュアリティの視点をもった援助の 1 つになるのではないかと考え、SA の創出や支援を実践を伴うかたちで進めてきた。それが、研究を研究だけに終わらせず、間接的となるが、スピリチュアリティに配慮した実践として還元していける現実的で可能性に開かれた支援であると考えていたからである。統合失調症という病の危機において、いまだ病気を抱える当事者への偏見や差別が根強い社会のなかでは、同じ病気の仲間が集う場で、自己や他者とのつながりを、語ることをとおし発見していくことが、その人のスピリチュアルな発達に大きな意味をもつことが2つのSAグループの調査、またA氏の事例の検討から示唆された。そして、そのような自己変革が目的とされるSHGの継続が難しいとされるなか、細々ながらではあるが大阪SAは活動を続け、まもなく10年を迎えようとしている。また、A氏や大阪SAの活動が認知されていくなかで、地域の支援者からのサポートを受け、奈良では、まほろばSAとしかSA、大阪では高槻SAが発足し、定期的なミーティングが開かれている。現在、これらのグループとの接点を持ちながら、関西でのSAの活動が発展してくように応援しているところである。先日、高槻SAが中心となって、今年関西のSA合同オープン・スピーカーズ・ミーティングの開催を企画するという嬉しい連絡をもらった。多くの人に求められる場ではないのかもしれないが、そして、時間のかかることかもしれないが、研究で撒いた種が、精神障がいのある人のスピリチュアルな痛み、絶望している人にとって希望を見出す場として、その場を必要としている人々の力で、未来につながっていっていることが筆者にとっては何よりの成果のように感じている。

Ⅳ　今後の研究に向けて

最後に、今後の研究であるが、博士論文をまとめるなかで、スピリチュアルな領域において「信じる」という行為の重みを感じた。A氏のスピリチュアルな痛みは、人を「信じる」ことができず、他者とつながることができなくなったことであった。そして、そのリカバリープロセスにおいて自己、他者との関係性の構築、そして、超越者に委ねるという段階でもまた「信じる」という行為や態度が深く関係していた。他方、精神障がい者のリカバリーにおいて支援者に求められることは、Anthonyが「彼らが自分を信じられる前に、彼らを信じる“I believe in them before they believe themselves”」という専門家の役割を強調している（野中 2011）ように、リカバリーの可能性を信じることだといわれる。今後、スピリチュアリティの視点をもった援助において「信じる」といわれることは、クライエントのリカバリーにどのように影響を及ぼしているのか、そして、それは援助関係においてどのように具現化されていることなのかを探索していきたいと考えている。

また、今後も SA が発展していくことを願い、長期的に数多くの SA メンバーの成長プロセスについて検証し、リカバリーにおけるスピリチュアルな成長プロセスの多様性と共通性を明らかにしていきたいと思っている。

そして、「スピリチュアリティ」とは何か……問い続けたい。

[参考文献]……………………………………………………………………………

橋本直子（2016）「統合失調症者のリカバリーにおける『スピリチュアルな成長』プロセスと SA（Schizophrenics Anonymous）の役割の研究」関西学院大学大学院人間福祉研究科博士論文。

向谷地生良（2003）「S・A（Schizophrenics Anonymous）の設立経過と実際」精神科臨床サービス、3（1）、80-82。

野中猛（2011）「図説リカバリー　医療保健福祉のキーワード」中央法規。

Stake, Robert E.（2000）Case studies. Denzin, Norman, K. and Lincoln, Y. S. Eds., *Handbook of Qualitative Research, second edition*, Sage Publications.（=（2006）油布佐和子訳「第 4 章事例研究」平山満義監訳『質的研究ハンドブック 2 巻　質的研究の設計と戦略』北大路書房、101-120）。

第13章

家族そして子どもを支援するということはどういうことか？

畠山由佳子
神戸女子短期大学准教授

I　ソーシャルワークへの転向

今から思えば「何かを変える」ということを仕事にしたいと小さいころから思っていた。人一倍正義感が強くて、間違っていると思ったことは黙っていられなかった性格の子どもだった。また人に対する「共感」がとても強かった。たとえドラマであっても人が苦しんだり、悲しんだりしている場面を見ると自分まで痛みや悲しみを感じるような気がしていたたまれなくなった。ヒーローもので怪獣が容赦なくやっつけられるのが嫌だった。悪者だからとあっけらかんと殺されるのに納得がいかなかった。「正義の味方やのに怪獣を殺してもええん？」と兄に言うと兄は不思議そうな顔をした。

はじめからソーシャルワークという分野を志望したわけではない。大学での専攻はマスコミ専攻だった。世の中で起こっていることを多くの人に知らせれば、社会で起こっている不当なことに気づいてもらえて、間違ったことは是正されるはずだと純粋に信じていた。実際には、何かが変わるまでには時間がかかるし、マスコミの立場では間接的にしか関われない。そんな現実に気づき始めた学部4年生時、交換留学先のアメリカ・テキサス州の大学で、はじめてソーシャルワークの授業をたまたま履修したとき、「もしかして私の求めているものはこれなのかもしれない」と思い始めた。ソーシャルワークであれば、たとえ小さな変化であっても、直にその変化を感じることができるのではないか？　それがたとえ目の前の１人の人や、限られた範囲の変化であっても。帰国後、最終面接の手前まで残った新聞社を辞退し、大学院に進学しソーシャルワークを学ぶことに決めた。

Ⅱ　児童養護施設での子どもたちとの出会い――家族支援への思いの芽生え

ソーシャルワークに転向したものの、大学院で何をテーマに研究するのか？ についてあまり明確ではなかった。具体的に取り組みたいテーマがあるほどに、当時は社会福祉についてあまり知識がなかった。いろいろと考えたが、結局卒業論文であつかった少年非行に関わるテーマにしようと思った。見ず知らずの学生がアポなしでやってきて、今でもよく芝野先生は修士課程のゼミに私を受け入れてくださったと思う。短期集中の猛勉強の末、母校である関西学院大学の社会福祉学研究科修士課程に入学することになった。

初めは「教護院（当時）での自立支援」を研究テーマとしたが、教護院での調査は難しかったため、最終的に「児童養護施設での退所児に対する自立支援」がテーマとなった。とはいえ、児童養護施設についての知識がまったくなかった状態だったので、夏休み前から大阪の児童養護施設に週に１回通うことになった。初めのうちは社会福祉士の現場実習と同じ実習内容で、洗濯、掃除などもしながら、子どもたちと過ごした。児童養護施設について学び、子どもたちや施設に馴染めてから、退所間近の子どもたちや退所した人たちに聞き取り調査をさせてもらうことになった。

そんな風に始まった児童養護施設での実習だったが、私にはそれからの一生を変える大きな体験だった。まず一番驚いたのは、ほとんどの子どもたちが自分の親をけっして悪くいわないこと、それどころか「自慢のお父さん、お母さん」として嬉々として話をしてくれた。事あるごとに「うちのお父さんの方がかっこいいわ」「このカレーもおいしいけど、うちのママが作ったカレーが世界で一番おいしいわ」とどれだけ自分の親が素晴らしいかを誇らしげに語った。そんな子どもたちの入所理由を後から聞くと、ひどい虐待を受けていた事実を知って愕然とした。七夕には家族の元に帰って一緒に暮らしたいと願う子どもたちの短冊がたくさん飾られた。自立支援が修士論文のテーマではあったが、そんな子どもたちと1年ほどの時を過ごしながら「この子たちが施設に来ることを防ぐことはできなかったのかな？」と思わずにはいられなかった。退所後の自立生活に関する聞き取り調査を始めると、施設で育つということは、家庭で当たり前に学ぶことを学ぶ機会がないままで育つということがわかり始めた。結婚して子どもが生まれた元入所児の女性が「母親がどんな役割をする人かわからなくて、すごく怖かった。小さい時に覚えている自分の母親と、テレビのドラマに出てくる母親の、極端な例しか知らないから」というのを聞いて、家庭で育つということの大切さを実感した。そして「子どもにとって世の中に1つしかいない家庭から、子どもを引き離すことが正当化されるのは一体どういう時なのだろう」と思い始めた。本当に彼・彼女たちは家庭から引き離されなくてはならなかったのか。家族ごと支援することはできなかったのだろうか。まだ修士論文を執筆している最中ではあったが、その後の自分の大きなテーマとなる「家族支援」への思いが強くなっていった。

児童虐待に対する認知でさえそれほど一般的ではなかった1990年代半ばには、まだ在宅支援という言葉もあまり聞かれなかった。児童虐待ということが社会問題としてとり上げられ始めたころだったが、いまだ児童相談所は寄り添い型のケースワークで何とかやりきろうとしていた時代である。今思えば、あの頃、虐待やネグレクトが主な理由で施設に入所していた子どもたちは、かなり重度の虐待の末での入所だったのかもしれない。ちょうど地域での「見守り」が少しずつ自主的なネットワークを通じて始まり出してきたころだった。

いくら現状を調べてみても、日本には思っているような「子どもが家庭外措置されることを防ぐための支援」はいまだないと感じていたそのころに、履修していた英会話の先生が私の書いたエッセイを見て、あるビデオを貸してくれた。それはアメリカのドキュメンタリー番組を録画したものでビデオテープの背には「Family Preservation」と書かれていた。その番組では、ワシントン州の「Homebuilders」と呼ばれる集中的な Family Preservation のプログラムについて紹介されていた。親子分離が必要な可能性のある家族に集中的に支援することにより、子どもが家庭外措置されることを防ぐことを目的としていた。ビデオのなかで Homebuilders のワーカーが言っていた言葉を今でもはっきりと覚えている。「子どもたちがよく落ちて怪我をする崖があったとしたら、子どもが傷つかないようにするために必要なものは、崖の下に病院を立てることではなく、崖の上に落ちないように柵を立てることです。家族を支援するということは、柵を作り、子どもたちが傷つくことを未然に防ぐということです」。私が探していたのはこれだ！この Family Preservation をアメリカに渡って学びたいと思うようになった。まずは研究というよりは、現地のソーシャルワークのプログラムに入学し、ソーシャルワーカーとして Family Preservation の実践を身につけたかった。アメリカ合衆国のソーシャルワークの修士課程は専門職大学院であり、専門職としての知識と技術そして価値を身につけるところだった。幸いにもフルブライト奨学金を受給することができたため、学費の心配なしに、シカゴ大学に入学することに決めた。シカゴ大学は併設する研究所においてイリノイ州での Family Preservation プログラムに対する大規模な実験モデルを用いた効果測定をおこなったところでもあった（Schuerman, Rzepnicki, and Littel, 1994）。そこならば、研究の面からも実践の面からも Family Preservation のことを学べると思ったのだ。

Ⅲ　家族を維持することと子どもの安全のバランス

実際には、修士課程の 2 年間は授業で知識を学び、実習で技術を学ぶというなかであっという間にすぎていった。2 年次に家族支援について学ぶために、Family Support 特待生になり 10 名限定の特別コースに参加させていただいた。児童保護サービスの枠組みに限定せず、予防的なコミュニティを基盤にした家族支援についてマクロ・ミクロの両方から学ぶことができるコースだった。政策やプログラム開発・運営・評価などの授業も履修することによって、視野を広げることができた。卒業後は、フルブライト奨学生は専門分野での実務訓練を受ける理由のみ、1 年間ビザを延長することが可能だった。迷うことなく、家族を維持することを目的とした在宅支援をおこなうワーカーの仕事を探し始めた。色々な人のつてを通してシカゴ市内でも大きな児童福祉事業所の 1 つであるカソリックチャリティでイリノイ州児童家庭局委託の在宅支援ワーカーとして働く機会を与えてもらうことができた。

私にとって実際に在宅支援ワーカーとして働いた機会は本当に貴重なものだった。ワーカー側になると、今まで見えなかったものがいろいろ見えてくる。字面では素晴らしく見える施策が現実にはうまくいかないこともあることや、児童保護で働くワーカーは子どもに対するリスクにどうしても焦点を当ててしまいがちなことなどだ。頭ではわかっていても、「今晩、私が帰ったあとこの子に何かあったらどうしよう」と思うと怖くて仕方がなかった。「このまま連れて帰ってしまいたい」という衝動に何度も駆られた。実際にいろいろな判断を公正に行おうと思っても、現場で家族に関わっている支援者の判断は感情に左右されてしまう。そんななかでスーパーバイザーの存在や詳細に書かれた手続き（プロトコル）は拠り所だった。何度約束しても、薬物反応に陽性がでる、アポイントメントをすっぽかす、こんな親の元にどうして子どもをとどめる必要があるのだろう？と思うことは何度となくありながらも、子どもたちが自分の親のことを嬉しそうに語る姿を見ると、私の価値観だけでこの親子を切り裂いてはいけないのだ、と自分の初志であった「家族維持」を思い出した。どこの国の在宅支援ワーカーも現場ではこんな思いを毎日しているのだろう。

とても短い期間ではあったが、こんな風に支援者が感じる「家族を維持すること」と「子どもの安全」のバランスのジレンマを肌で感じることができたことは、その後、研究者としてこのバランスを実証研究として考える上で貴重で不可欠な経験であった。シカゴでの家族維持を目的とした在宅支援ワーカーとしての１年間は私の一生の宝となった。

Ⅳ「日本における児童虐待在宅ケースに対する家族維持を目的とした援助の現状把握と『正当な努力』の検証」（畠山、2013）

2001年、9・11の同時多発テロのちょうど２カ月前に帰国してから、そのまま、まずは日本の現場でワーカーとしてのキャリアを積むか、それとも、アカデミックな領域で研究者としてのキャリアを積むか大変迷った。結局、児童館で働きながら、大学にて非常勤で教鞭を取りつつ、日本の子ども虐待対応の現場についても学んでいくことにした。幸い、ある自治体の虐待防止ネットワークの自主研究会メンバーに加わることができ、実際に市町村の現場で支援者とともに在宅ケースのためのモニタリングツールの開発に携わる機会を得た。現場の支援者とのネットワークづくりの大切さとその意見をくみ上げ、形にする方法について学ぶことが実践でできた２年間だった。

いくつかの研究会にも参加し、日本における児童相談所や他市町村の在宅支援についても学ぶことができ、現場での人脈も広がり始めた。そろそろ、今まで自分が追い求めてきた「家族維持」とそのために支援者がおこなうべき努力についての研究を博士論文として正式な形でまとめたかった。児童館を退職し、フルタイムで博士課程後期課程に入学することにした。自分の博士論文の研究には、必ず現場での声を吹き込みたかった。今まで出会ってきた子どもたち、アメリカでの在宅支援の現場での同僚、そして日本で私を迎えてくれた自治体の支援者の同志たちの声だ。

児童虐待対応ケースとして把握されているほぼ９割のケースの子どもたちは、家族の元で暮らし続けているが、これらは「措置待ち」状態であるケースや、一時保護のタイミングを待っているケースが多い。これらの在宅ケースに対する支援は、在宅指導・在宅支援と呼ばれるが、市町村ではソーシャルワーク機能は分散され、要保護児童対策地域協議会が主体となって当事者である家族不在のリスク監視をおこなっている状況だった。さまざまな立場からの関係機関が関わるため、意見が相反することも多く、結局のところは積極的な支援が提供されるというよりは、家族の情報を共有し、子どもの状態を把握し、報告しあうということが主となる「見守り」と呼ばれる行為がいまだ多かった。市町村において「援助計画」というものが立てられることもなく、ゆえに明確な目標もなかった。まずは日本の児童福祉司と市町村家庭児童相談室、そしてアメリカの家族維持を目的にした在宅プログラムのワーカーから「家族維持」の目的で行われる「援助項目」をフォーカスグループインタビュー調査によって抽出し、質問紙を作成することとした。また、アメリカにて、子どもの家庭外措置の判断の際に使われている、支援者が裁判所に対して証明しなくてはいけない「家族維持のための正当な努力」の概念も操作的定義化し、実際、日本の実践のなかに「正当な努力」があるかどうかを検証することとした。つまり、現在、日本で行われていることは「家族維持」という視点において、その目的はどこまで意識され、重要視され、実践につながっているのかを明確にしようとした。また、支援者の支援において「(私の定義した) 正当な努力」は成立しているのかを実証的に確かめた。

本論文は芝野先生の提唱されたM-D&D (芝野 2002) におけるフェーズⅠ「問題の把握と分析」にあたる。現場で起きていることを日米の現場での質的調査および全国全数児相・市町村調査というかなり大規模かつイノベーティブな手法を用いて、「家族維持」という視点から、在宅支援における現状を明らかにし、その問題を把握、分析した。特に市町村においては、実際のサービス提供の主体等の詳細にわたる分析をおこなっており、実態のつかみづらい市町村の在宅ケースへの援助の主体がどのような援助をしているかについても明らかにしている。

この研究の結果として、主に次のような点が明確になった。①衣食住を中心とした具体的な生活支援が軽視されている、②援助者は家族の養育スキルや生活スキルの向上に対する動機付けや支援の重要性を認識してはいるが支援の提供にはいたっていない、③当事者である家族が不在、かつ中心となる支援者が見えない、④支援の基本的姿勢や価値は身についているものの具体的な行動が伴っていない、⑤現場の支援者（市町村・児相）の業務負担が大きく、また特に市町村の支援に関する専門性は不足している、⑥虐待のリスクを中心とした対応であり、「家族維持」を目的として家族のニーズや家族全体のウェルビーイングを考慮した支援には発展していない。「正当な努力」の検証においても、児相および市町村ともに自らの「家族維持」のための努力を高く評価しているものの、家庭外措置を決定する前に、できる限りの「家族維持」を目的とする援助をおこなったという支援者自身の自己評価と家族維持を目的とした援助の総量のあいだの関係は中程度の相関を見るにとどまった。

V　さらなる実践に即した研究を目指して——家族維持からDRへ

博士論文の調査を進める上でその必要性がさらに明らかになった家族維持を目的とした「実践モデル」を開発するため、平成19・20年度　科学研究費補助金助成研究（若手研究スタートアップ）「児童虐待在宅ケースに対する日本版家族維持実践モデルの開発的研究」（課題番号19830119）にて博士論文での調査結果をもとに、次のモデル（図13-1）を提示した（畠山 2008）。

この実践モデルをもとにして、市町村が主体として使える家族維持を目的とした具体的手続きを含んだ実践マニュアルの作成に取り掛かった（平成22-24年度　科学研究費補助金（若手研究B）助成研究「市町村における家族維持を目的とした児童虐待在宅支援マニュアルの開発的研究」課題番号22730466）。

開発的研究において最も難しいのはその成果品の「普及」であるように思う。日本の児童福祉の主体が公的サービスであるからこそ、新しいことを取り入れ、そこで試行をすることに対して躊躇する。特に市町村においては、管理職は事務職であり、新しいことを試行することには二の足を踏

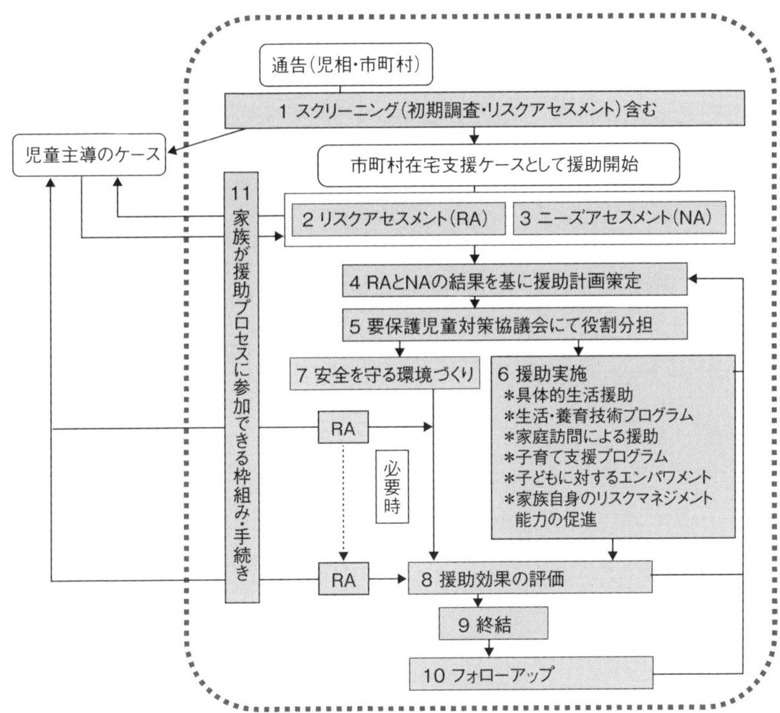

図 13-1　児童虐待在宅ケースに対する日本版家族維持実践モデルのたたき台

む。特に虐待対応に関しては責任問題が絡むためなおさらである。それでも研究メンバーたちは、できる範囲内で実践のなかでこれらの最終成果物について試してフィードバックをしてくれた。

博士課程修了後も「家族維持」を目的とした在宅支援にこだわる研究を続ける間、日本では虐待対応ケースは増え続け、通告対応システムが膨張し始めた。市町村は通告への初期対応に追われ、今や支援に集中したくてもできない状態となっていた。また対応の対象は特定妊婦および要支援児童にもおよび、ひと昔前であれば「しんどい家族」として地域で何とか支えてきた家族がいまや「リスクのある家族」として扱われるようになってきた。莫大な量のケースに対応に追われ市町村がエネルギーを注ぎたいはずの予防的支援や社会資源の発掘、支援者の養成などにはとてもではないが手が回らない状態となってきた。家族維持を目的とするどころか、家族を支援するということさえままならない状態となり始めた。システム自体を何とか改革しなくてはいけない状況が迫ってきた。

通告およびその対応システムが成熟してくると、早期発見に資源がより投入されるようになるため、虐待ケースとしてキャッチするケースの幅が広くなり、通告量は増大する。アメリカでは20年ほど前よりそのような現象がおこり、1990年末に新たな「Differential Response（DR）」というシステムが導入され始めた。DRはその導入により、通告ケースのなかでも強制的な調査介入を必要としないケースに対して、支援をつなぐことを目的とした「支援型対応」に振り分けることを目的としたシステムである（畠山 2015a; 畠山 2016）。DRは単に振り分けシステムというだけではなく、従来の介入型ベースの「児童虐待対応」の対象の焦点を「虐待行為」から「子どもの安全と家族のウェルビーイング」に移行していくためのパラダイムシフトをもたらす改革であった。日本でも、すべて虐待対応として48時間以内の安全確認をするのではなく、ケースを整理し、より多くのケースを支援につなげるシステムへの移行が必要となると考えた。まずはイリノイ州がDRの導入を決めた2010年にその準備段階を調査するために現地を訪問し、以降、2015年までのあいだに、8州（イリノイ州、ミネソタ州、コロラド州、ニューヨーク州、カリフォルニア州、ノースカロライナ州、アイオワ州、オハイオ州）にて現地調査をおこなった（「日本における児童虐待ケースに対する区分対応システムの開発的研究」平成25-27年度　学術研究助成基金助成金（基盤研究C）助成研究　課題番号25380835）（畠山 2015a; 畠山 2016）。現地調査をおこなったうえで、日本においても自治体にて聞き取りによる内容分析調査および協力自治体での支援記録の内容分析調査をおこない、現状ではどのような対応の違いによる工夫をおこなっているか、を分析した。また本研究では質問によるビネット調査も児相と市町村の両方におこない、対応の違いに対する意識構造を調査した。これらの結果を従来からの現場の支援者を中心としたメンバー

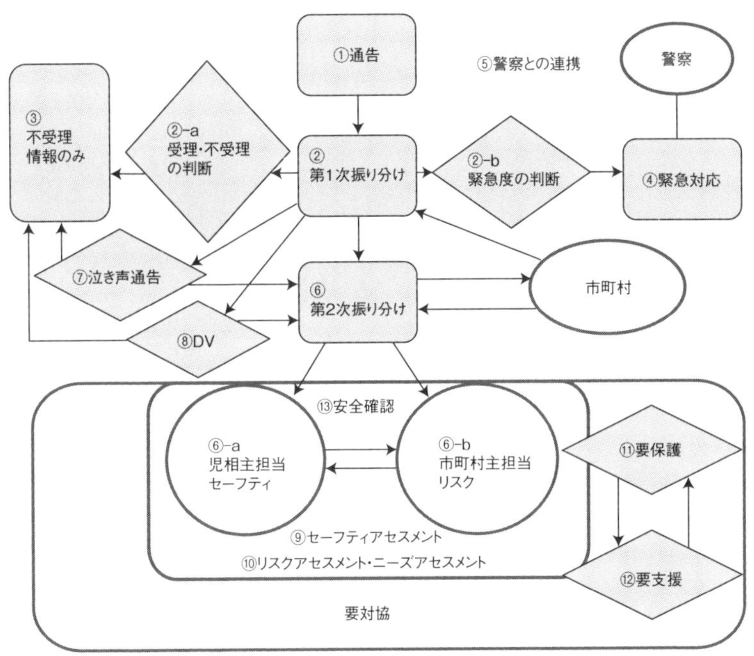

図 13-2　日本版区分対応システムたたき台
（筆者作成）

で構成されるワーキンググループで考察し、最終成果の「日本版区分対応システムたたき台」（図 13-2）に反映させた。

現在（2017 年 10 月時）継続中の科研では、市町村を中心におこなう「支援型対応」の中身について、特に DV ケース、親が精神疾患を持つケース、慢性ネグレクトケース、ひとり親ケースに対しての支援型対応の具体的な手続きを考える研究をおこなっている（平成 28-30 年度学術研究助成基金助成金（基盤研究 C）研究「子ども虐待ケースに対する区分対応システムでの支援型対応実践モデルの開発的研究」課題番号 16K04248）。今回もこの 10 年のあいだ、研究会メンバーとして現場での声を研究に吹き込んできてくれたおなじみの貴重なメンバーが参加をし、貢献してくれている。本当にありがたいことである。

Ⅵ　これからの展望――子ども虐待対応を超えた家族支援

2017年に児童福祉法は制定から70年を迎え、子どもの最善の利益への優先的な配慮を含む「子どもの権利条約」の理念が改正法の条文に含まれた。今後、国際的な動きから影響も受けながら、児童虐待対応も含め日本の児童家庭福祉はいろいろな変革を必要とされる時代となった。国際的な動きや他国の制度も学びつつ、日本の現状をきちんと反映した日本独自の子ども家庭福祉の理念とその理念に基づいたシステムの再構築が必要になってくると思われる。

ソーシャルワークに転向して、「家族維持」「家族支援」についてアメリカ合衆国の実践をフォローしてきたが、アメリカ以外の国の対応も学んでみたいと考え、フランスをはじめとしたヨーロッパの国々に研究の対象を広げ始めた。フランスでは「児童虐待」という言葉は子ども保護システムのなかではめったに使わず、「危険な状況にある子ども」「リスクのある子ども」という表現を用いる。これは子ども保護システムの対象が「虐待行為」ではなく、「子どもの状況」であるからだ。「子どもの安全」を含んだすべての子どもの基本的ニーズを保障することが、フランスにおける「児童保護サービス」の目的であり、「虐待があるかないか」は焦点ではない。また、「子どもを措置しても、けっして親子関係を断絶させない」というフランスの社会的養護の姿勢も、今まで学んできた「パーマネンシー」概念とは異なり新鮮で、自らの研究の視点も広がったような気がした。これらの新しい発見を参考に、今後は在宅支援に限定せず、「子どものパーマネンシー保障における『家族支援』とはどういうものか」について研究の幅を広げていきたい。研究の焦点となる関心は今までの軌跡をもとに広げながらも、今後もいかに説得力を持つ研究に現場の同志とともに取り組んでいけるか、が自分の課題であると感じている。現場の人に「買ってもらえるような」研究成果を出すために、説得力を持つ、エビデンスを持つ研究結果を示せる研究をデザイン・アンド・ディベロップしていき、これからも原点の「家族支援」にこだわった研究を続けていきたい。1人でも多くの家族と子どものために役立つ研究を目指して。

[参考文献]……………………………………………………………………………

Schuerman R.J., Rzepnicki T.L., and Little J.H（1994）*Putting Families First-An Experiment in Family Preservation.* Aldine De Gruyter.

芝野松次郎（2002）『社会福祉実践モデル開発の理論と実際――プロセティック・アプローチに基づく実践モデルのデザイン･アンド･ディベロップメント』 有斐閣。

畠山由佳子（2013）「日本における児童虐待在宅ケースに対する家族維持を目的とした援助の現状把握と『正当な努力』の検証」博士課程学位論文（関西学院大学人間福祉研究科提出）。

畠山由佳子（2008）「児童虐待在宅ケースに対する日本版家族維持実践モデルの開発的研究」（課題番号19830119）平成19年度・平成20年度科学研究費補助金（若手研究スタートアップ）研究成果報告書。

畠山由佳子（2015a）『子ども虐待在宅ケースの家族支援――家族維持を目的とした援助の実態分析』明石書店。

畠山由佳子（2015b）「日本における児童虐待在宅ケースに対する区分対応システムの開発的研究」平成25年度・26年度　学術研究助成基金助成金（基盤研究C）助成　研究成果報告書（課題番号25380835）。

畠山由佳子（2016）「日本における児童虐待在宅ケースに対する区分対応システムの開発的研究」平成25年度-27年度　学術研究助成基金助成金（基盤研究C）助成　最終研究成果報告書（課題番号25380835）。

第14章

M-D&Dによる実践モデル開発に携わって

原佳央理
元相愛大学准教授

はじめに

大学卒業を1年後に控えた春、私ははじめて芝野研究室を訪れた。当時私は他大学の文学部で宗教心理学を学んでいたが、漠然と大学院で学び続けたいという思いを抱いていた。しかし、ソーシャルワークについては学問的によく理解していなかった。研究テーマは定まっていない上に、緊張で話もままならなかった私を、先生はあたたかく迎え入れて下さった。それまで進路に悩み、暗いトンネルをさまよっていたが、研究室を退室するときには一筋の光が見え、この研究室で学びたいと強く願っていた。芝野研究室で修士課程、博士課程、博士論文を書き終えるまで、本当に長い間、さまざまな経験をする機会を与えていただき、ご指導いただいた。

I　博士論文以前の研究

1　子ども虐待ケースにおける援助手続きの分析

これまでの研究において取り組んできたテーマは、子ども虐待、児童福祉司の意思決定、M-D&Dによる開発的研究（実践モデル開発）である。

最初に取り組んだのは、虐待ケースにおける児童福祉司の意思決定に関する研究である。児童相談所が虐待ケースを援助するプロセスには、通告・受理、調査、一時保護、援助方針の決定など、いくつかの重要な意思決定場面がある。本研究では、ケース記録の内容分析とインタビュー調査を通して、それらの意思決定場面において児童福祉司がおこなっている虐待ケースへの援助手続きを検証した（木村ほか 2002)。児童相談所に通い、分厚いケース記録から調査に必要な事項を記録表に転記し、不明な点については児童福祉司にインタビューをおこなった。私にとって、子ども虐待ケースと児童相談所の援助について学ぶ貴重な機会だった。

調査の結果、実際に行われている援助は、直線的プロセス（フロー）から逸脱していること、そして児童福祉司の各意思決定場面において十分な情報収集とそれに基づいた意思決定が必要であることが明らかになった。

修士論文（原 2001）では、上記の7ケースの内2ケースについて、被虐待児記録票の作成や理想とするフローチャートに沿ったケース記録の内容分析をおこない、児童相談所における子ども虐待ケースの援助手続きと意思決定のプロセスを質的に分析した。

上記の研究を通して、児童福祉司の援助について興味を持ち始め、児童福祉司の意思決定を支援する研究の必要性を感じた。また、現在の児童相談所がおこなう援助はフローを描きにくく、一時保護や立入調査といった意思決定フェーズの組み合わせとして実践モデルを作らざるをえないことが明らかになった（芝野 2005)。この経験をふまえ、博士課程研究で開発した実践モデルは、意思決定フェーズやテーマごとにモジュール化した。

2　児童福祉専門職のためのWeb型教育訓練教材の開発

はじめて実践モデル開発に携わったのは、子ども虐待に関わる児童福祉専門職の問題解決能力（コンピテンス）の向上を目的とした教育訓練プログラムの研究開発だった（芝野 2001)。開発されたプログラムはWeb上で利用可能であるため、ユーザーは時間や場所の制約を受けずに利用することができる。ユーザーは「調査は可能か？」「緊急一時保護は必要か？」などいくつかの意思決定が求められる。各意思決定場面では、援助の目的、具体的援助プロセスが示され、ビデオクリップを通して児童相談所の熟練した専門家（エキスパート）からのアドバイスを聞くことができる。このプログラムは虐待ケースの初期対応に特化したものである。

実践モデル開発では、文献調査をおこない、実践モデルに含める内容を精査した。ホームページの作成方法を学び、ユーザーの使いやすさを考えながら構成を考え、ページをデザインした。エキスパートに依頼してビデオ収録し、編集して、ホームページ上でビデオクリップを見られるよう配置した。実践モデル開発は想像していた以上に、丁寧な作業と時間を要した。しかし、作業したものが形になることは何物にも代えがたい喜びだった。

今後の課題として、初期対応場面以外の援助過程についてもプログラム開発をおこなう必要性があげられた。博士課程研究では、初期対応を含めたすべての援助過程において必要となる基礎知識を網羅する実践モデル開発をおこなうことにつながった。

3　電子書式の開発的研究

1）子ども虐待対応の手引き実態調査

2001年にスタートした厚生労働科学研究「児童福祉専門職の児童虐待対応に関する専門性向上のためのマルチメディア教育訓練教材および電子書式の開発的研究」（主任研究者　芝野松次郎）に関わらせていただいた。この研究の目的は、子ども虐待ケースに携わる児童福祉専門職（特に児童福祉司）が利用する電子書式と教育訓練教材を開発することだった。教育訓練教材については次節で説明するので、ここでは電子書式を中心に述べる。

開発的研究の方法のひとつである修正デザイン・アンド・ディベロップメント（M-D&D）（芝野 2002）にしたがって、研究は進められた。M-D&Dの手続きは、4つのフェーズで構成されている。つまり、フェーズⅠ（問題の把握と分析）、フェーズⅡ（叩き台のデザイン）、フェーズⅢ（試行と改良）、フェーズⅣ（普及と誂え）の4つである。

フェーズⅠでは、厚生労働省が作成した『子ども虐待対応の手引き』の活用実態調査をおこなった（尾崎ほか 2003; 芝野 2004）。必要とされているマニュアルや記録はどのようなものかを明らかにすることを目的として、全国の児童相談所に勤務する児童福祉司を対象とし、手引きの使用頻度や内容の評価に関する質問紙調査を実施した。その結果、経験の少ない児童福祉司には、手引きはあまり使用されていないことが明らかとなった。また、ITを活用した記録や教材が支持される結果となった。

2）エキスパートインタビュー

M-D&DのフェーズⅡでは、児童相談所の熟練した専門家（エキスパート）を対象としたインタビュー調査をおこなった（山野ほか 2003; 芝野 2004; 原 2006）。この研究では、エキスパートがこれまで培ってきた経験や勘を明らかにし、その後の電子書式や教材開発に積極的に取り入れていくことを目的とした。研究方法としては、まず子ども虐待ケースの援助における重要な意思決定場面を11特定した。そして、Stagner & Johnson（1994）のインタビュー手法を参考にし、エキスパートが意思決定をする際にどのような情報を集めて判断しているかに注目し、インタビュー調査をおこなった。そして、その内容と『子ども虐待対応の手引き』の内容をつきあわせ、『手引き』に記載されていないルールや異なるルールをエキスパートの特徴的なルールとして抽出した。そこで抽出されたルールを、KJ法を用いて分析した結果、エキスパートの意思決定の特徴が6つ明らかになった。この意思決定の特徴は、その後、博士課程研究で取り組んだ教育訓練実践モデルに取り入れることになる。

3）電子書式（実践ナビデータベースシステム）の開発

1）の子ども虐待対応の手引き実態調査および2）のエキスパートインタビューの結果をふまえ、児童虐待実践ナビデータベースシステムの開発が行われた（芝野 2004）。このシステムは、虐待ケースに携わる児童福祉司の援助をナビゲイトし、さらにデータベース機能も備えた電子書式システムである。リスクアセスメント、7つの意思決定場面に対応したモジュール、援助者との接触内容を記録するコンタクトログ、フェースシートモジュールから成っている。このシステムの最終バージョンは、その後全国の複数の自治体（児童相談所）でカスタマイズされ利用されることになる。つまり、M-D&Dの第3段階の叩き台の作成から、第4段階のカスタマイズと普及の段階にいたった。

これらの研究では、M-D&Dの第1段階から第4段階にいたるまでを研究しながら関わらせていただくという貴重な経験を得た。電子書式開発のプロジェクトのサブワーキンググループは、大学院生を中心に構成していた。若輩の大学院生は頼りなかったと思うが、院生のつたない意見やアイディアを、先生はふむふむと肯きながら聞いて下さった。そしてそのアイディアが発見（serendipity）（芝野 2015）につながり、形になっていく過程では、時に身震いするほどに研究のおもしろさを感じた。

Ⅱ　博士課程研究——子ども虐待ケース・マネジメント教育訓練実践モデルの開発的研究

前章でふれた実践ナビデータベースシステムを活用して実践するためには、前提となる幅広い知識を身につける必要がある。M-D&D（芝野 2002）のプロセスに従い、児童福祉専門職が子ども虐待ケースへの援助に関する基本的な知識を身につけることを目的として開発したのが、博士論文（原 2011）[1]としてまとめた教育訓練実践モデルである。

M-D&DフェーズⅠおよびフェーズⅡでおこなった文献調査の結果から、子ども虐待ケースに携わる経験の少ない児童福祉司を対象とした教育訓練実践モデルを開発することとした。また、教材の形態としては、若い児童福祉司にとって親しみがあり、今後の活用の可能性も大きいであろうマルチメディアを用いることにした。

M-D&DフェーズⅡでは、文献研究と熟練した児童相談所の専門家（エキスパート）の面接調査の結果を踏まえ、叩き台を作成した。開発する教育訓練実践モデルの目的は、子ども虐待のケースに携わる児童福祉司が、子どもや家族を援助するにあたり求められるコンピテンス（問題解決能力）を高めることである。本教材の対象者は、子ども虐待のケースに携わる経験が少ない児童福祉司である。教材の形態としては、インターネットを用いた「e ラーニング型」であり、視聴覚メディアを用いた「マルチメディア型」、学習内容をテーマ別に分割し提示した「モジュール型」である。また、教材の機能としては、学習の進捗状況をリアルタイムに把握できる「モニタリング機能」や、データベースに蓄積したデータを統計的に分析し、教育訓練教材の改良に役立てる「評価機能」を備えている。学習内容は13のモジュールから成っている。各モジュールは、プレテスト、学習、ポストテストから成り、学習は、解説、シミュレーション、ビデオクリップから成っている。管理者は、各種集計ページや、会員、コース、レッスンを管理し、データのダウンロードができる。

M-D&D のフェーズⅢでは、4 回の試行と評価、3 回の改良をおこなった。評価の結果、教材を使用した児童福祉司の知識が増加し、教材への満足度も高かったことから、本教材が学習者にとって学びやすいものであったと考えられる。また、教材の利用は学習者の自己効力感を高め、さらにはコンピテンスの向上が期待できる結果となった。一方、問題点や課題として、調査協力者は学習意欲の高い人が集まっていたために、調査結果が偏っている可能性があることや、調査協力をした児童福祉司の数が十分ではなかったことなどがあげられた。

Ⅲ　博士号取得後の研究——子ども虐待情報共有システムの開発的研究

1　実践モデル開発の目的と背景

博士論文では、虐待ケースに携わる児童福祉司のための教育訓練実践モデルの開発をおこなった。この研究を通して、ICT を活用すれば児童福祉司のプロセティック環境（芝野 2002）を整えられるのではないかと考えた。各児童相談所では、熟練した専門家（エキスパート）によって優れた実践が行われている。しかしながら、それらは各自治体内もしくは各児童相談所内で共有されるに留まっている。そのため、他の自治体で優れたケース対応があっても、その経験知（実践の知）を知ることはできない。児童家庭相談、とりわけ迅速な対応を求められる虐待ケースにおいては、優れたケース対応を参考にすることで、より客観的な判断や迅速かつ適切な対応が可能になると考えられる。また、各自治体で行われている研修についても同様で、十分に共有されているとは限らない。そこで、本研究では、ケース対応や研修の内容等を他の自治体などでも活用できるWEBデータベースを活用した「子ども虐待情報共有システム」の開発を試みた[2]。紙面が限られているため、詳細には触れられないが、調査結果の概要を下記にまとめる。

2　実践モデル開発の方法と結果

1）児童相談所を対象とした質問紙調査

M-D&Dの手続きにしたがって、開発をおこなった。M-D&DのフェーズⅠ（問題の把握と分析）では、全国の児童相談所を対象とし、研修、事例共有、ケース記録情報の電子化の実態把握を目的とした質問紙調査を実施した。

児童相談所長を対象とした質問紙調査の結果、ケース記録の情報を電子化する取り組みは各児童相談所で進められており、電子カルテ等の専用のシステムも活用されていることが明らかになった。特に電子カルテは利用頻度が高く、電子化されている内容も豊富だった。一方で、電子化のメリットは理解しつつも電子化をしていない児童相談所もけっして少なくなかった（原・岡本 2013）。

電子カルテ等の閲覧できる範囲をみると、児童相談所内や同じ自治体の児童相談所に限定されていることが多い。その理由としては、個人情報の問題が大きいと思われ、守秘義務を果たすためには当然のことといえる。

しかし、同時に他自治体のケースについて学ぶ機会は限られているといえる。

児童福祉司を対象にした調査の結果、児童福祉司の研修参加者の満足度は高い一方、回答者の4割は1年間に1度も研修に参加していなかった。研修の参加不参加を問わず、研修へのニーズは高いことが明らかとなった(原・岡本 2014)。

研修参加者の多くは職場の研修計画に基づき､勤務日に参加をしており、研修に参加しやすい職場環境が整っていることが推測された。一方、研修不参加者の7割は研修参加頻度を増やしたいと考えているが、日常業務の負担の大きさ、研修に参加しやすい職場環境の未整備等の理由から参加しにくい状況にあることが明らかとなった。

情報共有については、要保護児童対策地域協議会で市町村が主担当のケースについて情報共有する機会は多いが、他の自治体のケース対応について学ぶ機会は少ないことが明らかとなった。

研修へのニーズは高いが多忙で研修に参加しにくい状況があること、他の自治体のケース対応を知る機会は少ないことから、本研究で開発するシステムの必要性はあると考えられた。

2) 開発した実践モデルの概要

フェーズⅡ(叩き台のデザイン)では、Webデータベース「子ども虐待情報共有システム」を開発した。システムの主たる対象者は児童相談所の児童福祉司等の社会福祉専門職であるが、研修情報提供者として研修主催者も想定している。開発したシステムはWeb型のデータベースで、パソコンやタブレット型の端末で利用することができる。そのため、どこでも利用しやすく迅速に情報提供やモニタリングも可能である(図14-1)。

ユーザーが利用できるメニューは以下の5つである。地方自治体の子ども虐待対応マニュアル等を検索･閲覧できる「子ども虐待対応マニュアル」、今後行われる子ども虐待等の研修・公開講座・学会・イベント等の検索・閲覧・申込ができる「研修・イベント情報」、過去の研修等を検索し、そ

図 14-1 「子ども虐待情報共有システム」のトップ画面

の詳細や研修計画・レジュメ・画像・映像を閲覧できる「研修・イベント記録」、事例を詳細検索し、事例内容の詳細や資料を閲覧できる「ケース対応事例」、自分の担当しているケースの初期対応場面のリスクを測ることができる「リスクアセスメント」である。

「ケース対応事例」は、個人情報の問題から、実際のケースを共有することは難しいと思われるため、研修等で用いられるなど守秘義務違反にあたらないよう配慮された事例を想定している。

「リスクアセスメント」は、自分の担当しているケースの初期対応場面のリスクを測ることができる。実際のケースを入力し、そのデータを蓄積することでリスクアセスメントの精度をあげることができる工夫がなされている。リスクアセスメント指標は、芝野（2004）の研究成果に基づき作成された 30 項目の指標に加え、その後、複数の児童相談所で普及するなかで、K 市において 5 項目が追加された 35 項目を、一部修正して作成した。さらにその後の行動や評価についても入力することができる。

5 つのメニューは連動しており、各メニューで一度入力したデータは必要に応じてほかのメニューで参照したり、転記したりすることができる。これにより、情報提供者の負担を減らすことが可能となる。

システムの利用者は、メンバー登録せず「研修・イベント情報」を閲覧できる「ゲスト」、メンバー登録することにより詳細な情報を閲覧・登録・

編集できる「メンバー」に分けられており、閲覧できる情報や利用できる機能の権限分けができるようになっている。メンバーにはIDが配布され、ログインすると、マイページで自分のこれまでの履歴の確認や研修・イベントおよびケース対応事例等の新規登録ができる。

管理者は、会員情報の管理、情報を閲覧・登録・編集・削除、データのダウンロード等ができる。メンバーが入力した情報は、管理者が確認した後、公開される。

3）実践モデルの試行と評価

児童相談所職員やその経験者によるシステムの評価をおこなった。評価できる点をまとめると以下のとおりである。「子ども虐待対応マニュアル」は、自所属機関の方針や自分のケースワークのあり方を相対化しながら検討するのに役立つ。児童相談所職員の個々のスケジュールは変動的なので、「研修・イベント情報」で研修の予定を把握できると、日程調整がしやすい。「研修・イベント記録」は事例検討の参考になる。「ケース対応事例」は、困難な局面において援助方針について迷う場合や、自分が所属する児童相談所のケース対応のあり方を見直すのに役立つ。さらに、児童相談所以外の関係機関が利用することで、児童相談所と関係機関の連携がしやすくなることが期待できる。「リスクアセスメント」は、単なるリスクアセスメントだけではなく、その後の評価まで考えるよう求められるところがよい。また、ケースワークの評価に役立つ。

課題や改善を要する点として指摘されたのは以下のとおりである。「ケース対応事例」について、実際のケースを共有できるとよいが、個人名等を伏せたとしても、事例の概要から事例が特定されてしまう場合もあるので、細心の注意が必要である。このシステムをどのような機関が使うのか確定し、情報入力する際のマニュアルを策定する必要がある。また、法制度は年々変化していくので、古い事例を参照する場合は、法制度の変化に留意する必要がある。「リスクアセスメント」は、初期対応には有用だが、それ以外の意思決定場面にはほかの物差しが必要である。

ある調査協力者からは、「新人の児童福祉司は孤軍奮闘している。このようなシステムがあれば、児童福祉司養成の効率という点で意義深いだけではなく、経験の少ない児童福祉司にとって、精神的にも、そして根拠ある実践の道標としても、大きな支えになる」という意見がきかれた。

3　実践モデル開発のまとめと課題

このシステムは、これまで分散されて提供されていた研修情報や事例を一括して提供できる。現在、研修の映像記録は郵送で貸し出しするサービスはあるが、本システムでは参照したいときにすぐに研修内容を閲覧することができ、児童福祉司にプロセティック環境を提供することができる。研修に参加しにくい児童福祉司にも、学びの機会を提供できる。

情報を共有するに当たり、個人情報の問題は大きい。そのなかでも特に、事例については、すでに死亡事例調査や新聞等で公になっている事例もあれば、事件にいたらなかった事例、研修等に用いられた事例など、さまざまである。個人情報を守りつつ、いかに実践に役立つ事例を提供できるかは今後の課題となる。

おわりに

これまで実践モデル開発に携わってきたが、M-D&Dの第 4 段階にあたる普及や維持が十分にできたとはいえない。その原因は主に 2 点考えられる。

ひとつは、現場との協働が不十分だったということである。芝野（2015）でも述べられているように、実践モデル開発の初期段階から現場との協働は欠かせない。博士課程研究で開発した教育訓練実践モデルは、現場で耐えうる教材にするのに苦心した。ニーズを把握するのは当然のことであるが、実践モデルの設計、コンテンツを考える段階からより一層現場の声を取り入れ、協働して開発をおこなう必要があったと考えている。現場との協働を重視することで、現場で役立つ実践モデルの作成・評価・改良・普及・その後の維持もおのずと円滑になると考える。

もうひとつは、実践モデルを有用なものとして維持することができなかったことである。実践モデルは法律や制度の変更に応じて作り替える必要がある。特に教育訓練実践モデルについては、法律や制度の変更は教育内容に直結しているので、定期的なアップデートをしていかなくてはならない。細かい変更であれば、ホームページをアップデートとすればよいが、アニメーションやビデオクリップの内容に関わってくる変更となると、人的・時間的資源と資金の確保を必要とし、個人の力では限界がある。

現場で耐えうる実践モデルを開発し、実践モデルを普及・維持するため、組織や拠点が必要となる。組織や拠点があれば、実践モデルを開発・普及、モニター、評価、改良、修正に即応でき、資金を調達するためにアカウンタビリティを示すこともできると考える。さらにエビデンスに基づいた訓練をおこなうことも可能である。将来、何らかの形で実践モデル開発の組織や拠点作りに貢献できたらと思う。

[注]……………………………………………………………………………………

1　詳細は、原（2014）を参照いただきたい。

2　科学研究費助成事業（挑戦的萌芽研究　課題番号 23653162）「WEB データベースによる子ども虐待研修の共有システムの構築」（主任研究者　原佳央理）2011-2014年。

[参考文献]………………………………………………………………………………

原佳央理（2001）「児童相談所における児童虐待ケースマネジメント実践の質的分析

（ケース記録の内容分析とセミ・ストラクチャード・インタビューによる）——ケースマネジメント実践モデルの構築に向けて」関西学院大学大学院提出論文（修士論文）。

原佳央理（2006）「子ども虐待ケースの援助に携わる専門家の意思決定の特徴——児童相談所の熟練した専門家の IF-THEN ルールの分析を通して」関西学院大学社会学部紀要、101、127-136。

原佳央理（2011）「ICT を活用した子ども虐待ケース・マネジメント教育訓練実践モデルの開発的研究——修正デザイン・アンド・ディベロップメント（M-D&D）を用いて」関西学院大学大学院提出論文（博士論文）。

原佳央理（2014）『子ども虐待対応のための教育訓練実践モデル——修正デザイン・アンド・ディベロップメント（M-D&D）を用いて』学術出版会。

原佳央理・岡本卓也（2013）「児童相談所における情報共有に関する研究——ケース記録の電子化の実態」日本子ども虐待防止学会第19回学術集会信州大会抄録集、229。

原佳央理・岡本卓也（2014）「児童福祉司の現任研修およびケース対応に関する調査」子ども虐待防止世界会議名古屋 2014 抄録集、159。

木村容子・原佳央理・山野則子（2002）「児童虐待ケースにおける援助手続きの検討——児童福祉司の意思決定分析から」関西学院大学社会学部紀要、91、149-165。

尾崎京子・原佳央理・板野美紀・小野セレスタ摩耶・芝野松次郎（2003）「『子ども虐待対応の手引き』活用実態調査」子どもの虐待とネグレクト、5（2）、380-395。

芝野松次郎（2001）「平成12年度児童環境づくり等総合調査研究事業——児童虐待に関わる児童福祉専門職の問題解決能力向上のための教育訓練プログラムの研究開発」恩賜財団母子愛育会。

芝野松次郎（2002）『社会福祉実践モデル開発の理論と実際——プロセティック・アプローチに基づく実践モデルのデザイン・アンド・ディベロップメント』有斐閣。

芝野松次郎（2004）「児童福祉専門職の児童虐待対応に関する専門性向上のためのマルチメディア教育訓練教材及び電子書式の開発的研究」平成15年度厚生労働科学研究報告書。

芝野松次郎（2005）「『子どもの最善の利益』の証（エビデンス）を求めて——ソーシャルワークにおけるリサーチとプラクティスを繋ぐ」『先端社会研究』2、関西学院大学出版会、359-399。

芝野松次郎（2015）『ソーシャルワーク実践モデルの D&D ——プラグマティック EBP のための M-D&D』有斐閣。

Stagner, M., & Johnson, P. (1994). Understanding and representing human services knowledge: The process of developing expert systems. *Journal of Social Service Research,* 19, 115-137.

山野則子・木村容子・原佳央理・中島尚美・畠山由佳子・小川智也・芝野松次郎（2003）

「子ども虐待ケースの援助における意思決定の分析――児童相談所の熟練した専門家に対する面接調査を通して」子どもの虐待とネグレクト、5 (1)、229-238。

第15章

「説明できるソーシャルワーク教育」についての覚書

実践を支える教育のための研究に向けて

藤田 譲
白鷺病院医療福祉科科長

はじめに

筆者は「職場からのミッション」として博士号取得を目指して、1998年に博士課程後期課程へ社会人入学を果たした。幸い、芝野先生はじめ先生方のご指導、また同時期に博士課程に在籍した院生の方々にも触発されて2007年12月に博士号を取得することができた。「職場からのミッション」という関係もあり、研究テーマは「血液透析患者の対処」と職場への貢献を果たせるものを選択したが、一方で、長年温めてきた研究課題も持っている。せっかくの機会なので、本稿では、その「温めてきた研究課題」、すなわち「ソーシャルワーク教育」について取り上げ、筆者が博士論文作成の過程で学んだことをもとに、今後、ソーシャルワーク教育にどのように貢献していきたいかを述べたいと思う。

なお、本稿の一部は、第45回全国社会福祉教育セミナーにて報告した内容に、加筆修正をおこなったものであることをお断りしておく。

Ⅰ　日本におけるソーシャルワーク・リサーチの現況

まず、筆者の研究の歩みを通して、日本におけるソーシャルワーク・リサーチについて感じていることを述べておきたい。

後期課程進学にあたって、筆者をソーシャルワークの世界に導いてくださった武田建先生から「博士論文は調査論文として書くように」と指導された。そこで、医療機関で勤めているため、今後に活かせるようにと、医療で広く普及している量的調査を選択することにした。選択した研究テーマである対処には、ストレッサー・認知的評価・ソーシャルサポートなど複数の要因が複雑に関わっている。これを調査対象にしようとすれば、当然のように多変量解析を必要とし、数理的な意味や手法など何もわからないまま共分散構造分析を用いた研究計画を立てていった。

途中、紆余屈折を経ながらも何とか博士論文をまとめることができたが、その過程で、日本のソーシャルワークが抱えるいくつかの課題を見つけることになった。

①量的調査による研究成果の乏しさ

関西学院大学では「普通」のことであったが、一歩外に出ると、ソーシャルワーク領域では量的調査による研究成果はさほど多くない。これは調査研究が日本のソーシャルワークに根付いていないことによるものと推測される。

②系統的な調査研究に取り組める環境

筆者の博士論文にかかる研究を支えたストレス－対処理論については、先行研究のレビューを通して、系統的に、継続して調査研究が行われてきたことが理解できる。同じような研究ができる環境は、日本のソーシャルワークには整備されているだろうか。科学研究費助成事業などの研究資金、および大学教員が研究に使える時間は不十分なように見える。

③ソーシャルワーク・リサーチへの理解不足

日本のソーシャルワークの現場はソーシャルワーク・リサーチに対して

親和的ではない。たとえば、エビデンスを実践に活用することはもちろん、質問紙調査への協力にも積極的ではない。筆者が興味を惹かれるような調査やソーシャルワークの発展にとって不可欠な調査でも回収率は高くない。仲間内で「忙しい時に調査票なんか送りつけてきて！」といった不満を聞いたこともある。「ソーシャルワークは数字にできないものだ」という声もよく聞かれる。

そもそも理数系科目の苦手な人が多い影響なのだろうが、リサーチへの理解不足は普及や活用への阻害要因となっているといえよう。

④エビデンスに基づく実践の拒絶

ソーシャルワークの世界にもエビデンスに基づく実践（evidence-based practice；EBP）が拡がっている。しかし、日本では、同じ EBP でも、個々の経験値（experience）に依存した実践、あるいは卓越した実践家（expert）による個人的見解に依拠した実践がまだまだ幅を利かせているのではないだろうか。実践経験や卓越した実践家による経験知を否定する立場ではないが、マクロレベルでのアクションや教育といった場面においては、「ソーシャルワーカーによって発言やスタンス、方法論が異なる」状況を生じさせている。エビデンスの不足と相まって、結果として、外部から「ソーシャルワーク」を理解しにくいものとしている一因となっているように思われる。

以上は偏った見方であるかもしれないが、筆者の働く医療分野での他職種による取り組みと比べてみると、こうした状況がソーシャルワークの普及・発展にとってけっして好ましいものではないことがわかる。「社会」というフィールドに出た時、そこにはソーシャルワークの応援団もいれば、理解に乏しい人たちもいる。ソーシャルワークを支える仕組みである社会保障制度は、税金や保険料などの市民や企業などから供出されたお金でもって成立している状況を踏まえれば、ソーシャルワーカーは市民や企業といったステークホルダーへの説明責任も果たさなければならない。こういった環境において理解者を増やすことができれば、ソーシャルワークをサポートしてくれる人も増えていくわけで、そうなればソーシャルワークの発展や普及を後押ししてくれたり、未来のソーシャルワーカーの誕生につながっていったりするのは自明であろう。

そのためには、ソーシャルワークを知らない人とも容易に共有できるエビデンスの創出は、ソーシャルワークにとって喫緊の課題のひとつであると考える。同時に、筆者自身がこの課題解決にどのように取り組んでいくか？を構想し、実践していければとも考えるようになった。

このような問題意識に基づき、本題であるソーシャルワーク教育について述べていきたい。

Ⅱ　ソーシャルワーク教育についての私論

1　ソーシャルワーカーとしての成長

社会福祉士カリキュラム改定において、実践力を備えたソーシャルワーカーの養成が掲げられた。そのことが契機になったのか、ソーシャルワーク教育がにわかに注目されるようになった気がする。しかし、実践力を備えたソーシャルワーカーはいつの時代でも必要とされてきたはずである。

そもそも筆者がソーシャルワーカーを志したその時から、「実践力を備えたソーシャルワーカー」になることが自己の目標であった。いや、ソーシャルワーカーなら誰もが目指している共通の目標だったともいえよう。授業での学び、実習で経験することや実習先のソーシャルワーカーの方からの教え、これらを行きつ戻りつしながら、さらに実践家として実務経験を重ねながら実践力を支える知識·技術·価値を育んできた。振り返ると、この過程そのものに実践力を高める仕組みがあったように思う。具体的には以下の点が挙げられる。

①ソーシャルワーカーで共有される文化

どの専門職でも、専門職団体を組織し、専門職コミュニティを構築している。そのなかで、専門職固有の価値に基づいて固有の文化が形成されるのはごく自然なことであろう。「実践力を高めるべし」などの文化を新たなメンバーが学び、それを受け入れ共有していくことでコミュニティが成立していたのではないだろうか。筆者が学生時代に、また就職後に参加したコミュニティでは、「実践力を高めることはソーシャルワーカーとしての務め」という文化が存在していたと思う。

②学びを通しての理論と実践の循環

当時の大学カリキュラムでは、実習と並行してソーシャルワークに関する授業を履修することができた。また、実習も通年で行われていたため、週1-2回のペースで1年近く実習に通っていた。このようなカリキュラムにより、実習での学びを授業で深めたり、授業で学んだことを実習で深めたりすることが可能だった。結果として、授業で身につけた知識を、実習での学びを通して確実なものとでき、また実習で目にした技術を授業で練習することができるなど、知識と技術の習得には非常に効果的であった。

また、ソーシャルワークにおいて理論と実践が密接に結びついていること、相互の循環によりソーシャルワーカーとして成長していくことも体験的に理解できた。

③学びの装置としてのリフレクション

実習や就職後のスーパービジョンでは、繰り返し「自身の考え、行動、感情」を問われ、その根拠や背景を考えさせられた。また、スーパーバイザーや現場のソーシャルワーカーからも、自身の経験として、「その時の考え、行動、感情」とその根拠や背景が語られ、それを通して「経験談」に秘められたソーシャルワークのエッセンスを学ぶことができた。

その結果、スーパービジョンで繰り返し問われ続けたことを、自分自身で自らに問いかけられるようになり、ソーシャルワーカーとしての自立につながっていったように思う。

このように振り返ると、星の数ほど苦労はあったものの、自分自身は目の前の道を歩き続けることで「自然に」ソーシャルワーカーとして成長してきたように思う。その経験は、また恩師や同窓の仲間とともに書籍としてまとめることができたが（荒川 2000）、執筆過程において互いの経験を伝え合うなかで、年代や所属機関を超えてソーシャルワーカーの成長には共通の要素が存在することを感じた。

書籍には「普通に頑張れば誰でも成長できる」という思いを込めたのだが、どうも筆者の「普通」は、多くのソーシャルワーカーにとっては「特異」なものだったことに、ソーシャルワーカーを育てる立場になって長い月日が経ってからようやく気づいた。そこから、自身の経験を再構築しながら教育に携わり、また、後進のソーシャルワーカーにも折々にそれぞれの経験や意見に耳を傾けながら、実践力を育む標準的なソーシャルワーク教育を構想しているところである。

2　ソーシャルワーカーの実践力とは？

では実践力の具体的な内容とは何だろうか？

最近公表された「地域における住民主体の課題解決能力強化・相談支援体制の在り方に関する検討会最終とりまとめ」（厚生労働省地域力強化検討会 2017）においては、地域で求められる相談支援体制に必要なソーシャルワーク機能として、⑴制度横断的な知識、⑵アセスメント力、⑶支援計画の策定・評価、⑷関係者の連携・調整、⑸資源開発の５つが挙げられている。これらは、「地域で求められる」と領域を限定しているように見えるが、現実には、地域の相談機関には領域を限定しないさまざまな相談が持ち込まれ、幅広い対応が求められるだろうから相談支援全般に共通するといえよう。言い換えると、領域や対象、相談内容を限定しない、普遍的なソーシャルワーク機能だと考えられる。社会福祉士カリキュラムの見直しが進められるなか、これら５つの機能を発揮できる人材養成が図れるようなカリキュラムが構想されるかもしれない。

ただ、現場で日々過ごしている立場としては、「クライエントの問題解決に、また社会の維持･発展に貢献するために必要な力」という観点から、これら５つの機能についてはもう一歩踏み込んで具体化しておきたい。５つの機能を発揮するために必要となる要素について、経験知に基づきズバリ以下のように言い切ってみたい。

①ソーシャルワーカーとして他者と関わるうえで必要な知識・技術・態

度を自身に内在化し、適切に行動レベルで発揮することができる

②クライエントやその環境を理解するために不可欠な知識を有し、その知識を活用してアセスメントができる

③ソーシャルワークを展開していくために必要なコミュニケーション技法を身につけ、場に応じて適切に活用できる

④他者との友好的な関係を築くとともに、クライエントをともに支援していくメンバーシップを構築できる

⑤生活歴および社会環境の両面から、クライエントの抱えている生活課題が生じてくる背景を見通すことができる

⑥上記に基づき、もっとも最適な支援方法を計画し、遂行することができる

このように、「……できる」という表現で、高い実践力を備えたソーシャルワーカーを書き記してみた。これはそのまま、ソーシャルワーク教育における到達目標として掲げても良いだろう。ただし、ここで示した知識・技術・態度などはある種のイメージに留まっており、さらに掘り下げて明確化しないと教育には移せない。また、領域や業務内容によっても必要とする知識・技術の優先順位が変わってくるだろう。これについては、さらなる研究と議論が必要である。

3 教育工学の知見に学ぶ

では、これらの「実践力」をどのように育んでいけば良いのだろうか？

その基盤となるソーシャルワーク教育、これを養成課程にとどまらず現任者教育も含むものとして、ソーシャルワークを学ぶ人たちが実践力を育んでいくための教育に必要な要素として、思いつくものを挙げてみる。

①必要な知識・技術を系統的に身につける機会を設ける

②チームプレーを体験的に学ぶ

③ソーシャルワーカーとしての使命感を涵養する

④人の尊厳を学び、考え、人権や倫理への感性を磨く機会を設ける

①～④はこれまでも授業や研修で取り上げられているものも多く、実効

ある授業・研修も行われていることだろう。筆者がとりわけ関心を寄せているのは､これらを「どのように」教育していくかという「ソーシャルワーク教育の方法論についての研究」である。つまり、①〜④についてはある程度学ぶべき内容を決めることはできるだろうが、現状を見てみると､「いかに教えるか？」こそ、今もっとも重要なソーシャルワーク教育の課題のように思う。カリキュラムやシラバスを整備しても、それだけで授業や研修が行えるわけではない。毎回の授業・セッションの構成と展開、用いる資料や教材、教授法など改善・工夫の余地はまだまだあるはずだ。ここを突き詰めていくことが未来を担うソーシャルワーカーの養成には不可欠だろう。

現在進行中の「社会保障審議会福祉人材確保専門委員会」(2017) では、実践力の内容に加えて、実践力をどのように育んでいくかについて、カリキュラムや教授法、教員の養成と幅広い論点を掲げて議論されるようになった。委員会における今後の議論の成り行きを注視したいが、このテーマに関しては、教育工学の分野ではすでに多くの成果が報告されている。しかし、議事録や資料を見る限りにおいては、ソーシャルワークにおいては教育工学の知見がまだ十分に共有されていないように見える。ソーシャルワーカーとして成長していく過程 (松尾 2006)、またその過程を支える学びのあり方 (中原 2006) についてなど、ソーシャルワーク教育を充実させるうえでの大きなヒントが得られる先行研究も多い。

その意味で、教育工学の知見をどのように活用していくかは、ソーシャルワーク教育の充実を図るうえで、ひとつの鍵になるものと考える。

4　養成課程におけるソーシャルワーク教育の課題

ここまで、ソーシャルワーク教育について実践力を向上させる観点から述べてきた。教育内容、カリキュラム、教授法については、現在まさに議論が進んでいるところであり、より良い形に整うことを期待したい。しかし、現在の議論に欠けている重要な論点がある。これは現在の養成課程に見られるものだが、まだ日本のソーシャルワークでは共有されていないのではないだろうか。

それは、「学びの転移」である。

教育が効果を発揮するのは、学んだことが現実の場面に生かされるからである。ソーシャルワークでは、たとえば、授業で練習した面接技法が、実際にクライエントとの面接において活用されることで、より良い面接が行えるという状況を指す。学びの転移を起こりやすくするには、カリキュラムや教授内容、教授法が有効なのは当然だが（中原 2014）、現実には「学びから活用する機会までのタイムラグ」という問題が存在している。つまり、どれだけ教育内容や教育方法を改善しようとも、必ずしも実践力の向上には直結しないのである。

筆者がさまざまな機会に後進のソーシャルワーカーに聴いてみると、彼らに養成課程で学んだはずの知識・技術がまったくといえるほど残っていないことに気づかされた。養成課程におけるカリキュラムが整備され、実習教育も充実したはずなのに、なぜこのような結果になっているのだろうか大きな疑問だった。彼らが不真面目なわけではけっしてないし、現に現場で活躍しているソーシャルワーカーも少なくない。にもかかわらず、養成課程での学びが抜け落ちているのはなぜなのだろうか？

その最大の要因として考えられるのが、「学びから活用する機会までのタイムラグ」である。中原は先行研究をもとに転移の障害となる 12 の要素を示したが、そのなかに学んだことを試す機会・資源の欠如が挙げられている（中原 2014）。これに従えば、養成課程で学んだ知識・身につけた技術を実際に使うのは何カ月も、何年も先のことであるから、使う頃には知識を忘れてしまい、技術が消失していたとしても不思議はないだろう。したがって、教育内容や教授法とともに、養成課程での学びを定着させるための工夫がないと、どれだけ養成カリキュラムが充実しようとも、働き始めた時点では学びが無効化していたという事態は不可避となる。実はこのことが、ソーシャルワーカーとしてのキャリア初期では、職場への適応や仕事への習熟においての障害となって、早期離職を引き起こす一因となっているのではないかという気もする。

これに対する現実的な解決策としては、学年・学期ごとに順を追って積み上げていくようにプログラムすること、先修条件を活用して前段階で学んだことが次の科目で復習できるよう学習内容をオーバーラップさせること、授業で学んだ知識・技術を活用する機会が得られるように十分な実習時間を確保することなどが考えられる。あるいは、就職予定の学生を対象に、2月や3月に短期集中の研修をおこなうことも一案だろう。ただし、これらのアイデアを実施するとなれば、大学など養成校の授業スケジュール・卒業要件を逸脱してしまい、物理的な制約を受ける可能性が高いだろう。「専門職養成だけが大学の役割か？」といった大学教育そのもののあり方も問い直すようなテーマでもある。

そう考えると、早期にこの課題が解決されるとは考えられず、タイムラグによる学びのロスはソーシャルワーカー養成において解決困難な大きな課題といえるだろう。

Ⅲ　ソーシャルワーク教育において創出すべきエビデンス

前節において、ソーシャルワーク教育についての私見を述べた。現在養成校をはじめとしたいろいろな場でソーシャルワーク教育に関する試みがなされており、学会などでも報告がなされている。ただ、その多くが養成校や研究グループといった狭い範囲での試みにとどまり、その成果も「授業評価」のような短期的なものが目立つ。

ソーシャルワーク教育の目標を「実践力の向上」とするならば、教育の成果は実践力の向上にどれだけ寄与できたかで評価すべきであろう。そのためには、ソーシャルワーク教育に関する調査研究が幅広く展開されることを期待したい。この前提に立って、今後創出すべきエビデンスを挙げておく。

①実践力の構成要素

ソーシャルワーカーの実践力とはどのような知識・技術から構成されるのか。領域に関わらずすべてのソーシャルワーカーに必要な知識・技術は何か。領域に固有のものがあるとすれば、どの領域において、どのような知識・技術が必要となるか。ソーシャルワークの価値・倫理をどのように学習者へ内在化させるか。また、価値・倫理に基づく思考・行動ができるようになるには、どのような学び・経験が効果的か。養成課程と卒後教育のそれぞれにおいてどのような段階でもって学ぶようにするか。

②実践力を向上させる教育プログラム

実践力の構成要素を習得するためにはどのようなカリキュラムが適切か。カリキュラムは具体的にどのような講義・演習・実習、またその組合わせで構成するのが効果的か。個々の講義・演習・実習においては、どのような到達目標を設定すべきか。講義·演習ではどのような教材を用いて、どのように教えるのが効果的か。実習ではどのような経験を積むように計画すべきか。講義・演習を担当する教員に求められる知識・技術は何か。実習指導者に求められる知識・技術は何か。講義・演習・実習の評価・改善はどのようにおこなうべきか。以上について、養成課程・卒後教育それぞれでどのようにプログラムすれば良いか。

③教育対象者の動機付けを促進する要因

ソーシャルワークの初学者、実習前、実習後、就職前、就職初期……と段階ごとに動機付けを高め、また維持するためにどのような働きかけを行えば良いか。養成課程の教育プログラムにおいては、どのような仕掛けを設ければ良いか。卒後教育においては、どのようにすべきか。

④学びの転移

就職後、また日常業務に学びを転移させるには、教育プログラムにおいてどのような工夫が必要か。転移を促進するための教員の役割は何か。職場において、同僚・上司はどのように支持すれば良いか。転移を阻害する要因はどのようなものがあるか。

⑤ソーシャルワーカーの成長過程

ソーシャルワーカーはどのような段階を経て成長していくのか。実践力はどのように向上していくのか。それぞれの段階での課題、また必要な経験は何か。成長を促進する要因・阻害する要因は何か。

以上、教育工学で議論されているテーマを、ソーシャルワーク教育に置き換えて考えてみた。今後、これらのエビデンスを蓄積し、より良いソーシャルワーク教育を整備していくことが説明責任との関連において不可欠だと考える。

おわりに

本稿では、ソーシャルワーク教育について筆者の経験を通して見えてきた現状と課題について、今後のソーシャルワーク教育の方向性とリサーチの活用とあわせて述べてみた。私見に偏ったところは表題と大きく乖離しているが、これからの筆者自身への宿題として整理した意味合いもあるのでご容赦願いたい。

筆者自身の経験、また周りのソーシャルワーカーを見ても、適切な教育がソーシャルワーカーの成長には欠かせないことは明らかである。ただ、「教えて育てる」のではなく「ソーシャルワーカーになるための学びをどうサポートしていくか？」という視点でソーシャルワーク教育を捉えた時、課題解決の手がかりがつかめるのではないかと思われる。そのためにもこれらの宿題に取り組み、エビデンスに基づいた成果を報告し、議論を通してさらに課題を解きほぐしていく作業により次世代のソーシャルワーカーの育成、そしてソーシャルワークの発展に少しでも寄与していければと思う。

[参考文献]……………………………………………………………………………

荒川義子編著（2000）『医療ソーシャルワーカーの仕事』川島書店。

厚生労働省地域における住民主体の課題解決能力強化・相談支援体制の在り方に関する検討会（2017）「最終とりまとめ――地域共生社会の実現に向けた新しいステージへ」http://www.mhlw.go.jp/file/05-Shingikai-12201000-Shakaiengokyokusho

ugaihokenfukushibu-Kikakuka/0000177049.pdf（2017.10.1）
厚生労働省第 12 回社会保障審議会福祉部会福祉人材確保専門委員会会議資料（2017）「ソーシャルワーク専門職である社会福祉士に求められる役割等について」http://www.mhlw.go.jp/file/05-Shingikai-12601000-Seisakutoukatsukan-Sanjikanshitsu_Shakaihoshoutantou/0000181931.pdf（2017.10.25）
松尾睦（2006）『経験からの学習――プロフェッショナルへの成長プロセス』同文館出版。
中原淳編著（2006）『企業内人材育成入門――人を育てる心理･教育学の基本理論を学ぶ』ダイヤモンド社。
中原淳（2014）『研修開発入門――会社で「教える」、競争優位を「つくる」』ダイヤモンド社。

第16章

医療ソーシャルワーク実践モデルの普及と誂えを目指して

宮崎清恵
神戸学院大学教授

はじめに

2013年2月に「ハイリスク新生児への医療ソーシャルワーク実践モデルの開発的研究」の博士論文により関西学院大学から人間福祉学博士の学位をいただいた。このたび芝野松次郎先生のご退職に際して、感謝の意を込めて自身の研究のプロセスを振り返り、研究成果としての博士論文が現在の研究、実践、生活にどのようにつながっているかについてまとめた。

I　博士課程入学までの実践と研究

1　研究課題との出会い

筆者は1980年3月に関西学院大学大学院社会学研究科社会福祉学専攻修士課程を修了し社会学修士号を取得後、2005年3月まで、兵庫医科大学病院においてソーシャルワーク実践に従事した。そのあいだ､小児病棟、新生児集中治療室（以下NICUとする)、移植医療（腎移植・肝移植）等で実践体験を積み重ねることができた。

筆者の関心は関西学院大学大学院前期課程の学生であった頃から、実践の理論化、すなわち複雑な人間の生活に対する支援をおこなうソーシャルワーカーが、経験の蓄積に頼るだけではなく、より効果的な実践をおこなうために必要な理論を明確にしたいということであった[1]。

実践に携わるようになって以降は、実践と理論を結びつけるというテーマから離れ、個別事例の支援をいかにおこなうかということに関心が向いていた。しかし、経験年数を積み重ねるにつれ、自身が単に短期的な生活問題の解決を支援しているに過ぎず、生活の継続性を見越した上での長期的な展望を持った支援をしていないことに気が付き、理論的な枠組みを持つことが大切であると実感するようになった。その問題意識は特に、NICUに入院する子どもと家族への支援を通して感じることが多かった。すなわち、NICU入院中の支援をおこなう目的はその後の子どもと家族のより幸せな生活のためであったにもかかわらず、その当時の支援の方法では、結果として先々のことを予測してかかわることができておらず、退院後に虐待、家族崩壊、社会保障の未手続の問題などが発覚してから再度かかわることが多くなっていた。「NICU入院患児のその後の幸せな生活を実現するためのソーシャルワークはどうあるべきか」という問いは筆者の心のなかで大きく育っていった。

2　新生児集中治療室入院患児へのソーシャルワークプログラムの開発に関する研究[2]

筆者が研究代表者となり同じ部署のほかの2名を研究分担者として2001年度から2003年度に文部科学省科学研究費補助金基盤研究（C）の助成金を獲得し、「新生児集中治療室入院患児へのソーシャルワークプログラムの開発に関する研究」に取り組んだ。

本研究では、NICUに入院した患児を対象としたソーシャルワークの理論化へのヒントを得るために3つの異なった研究アプローチをとり現状の分析をおこなった。以下特に博士論文につながっていく成果について記載する。

1）NICUにおける援助事例データベースの分析結果からの示唆[3]

1988年5月に筆者が勤務する兵庫医科大学病院にNICUが開設されてから2001年10月までの分析可能な援助事例データベースは1026事例であり18項目[4]を含むものとなった。援助事例を援助課題[5]と援助形態[6]という枠組みで分析した結果、極・超低出生体重、先天異常、仮死などの病名区分の事例が多様な援助課題を抱えておりさらに長期援助となる援助形態の多くを占めていた。しかし同時に注6に示した援助形態区分の①イレテーク型、②集中型のような短期援助もこれらの疾患群の約5割を占めていた。このことは、筆者が自身のソーシャルワークに経験的に感じていた「短期目標に集中して支援をおこなっているのではないか」という疑念が数値的に証明されたといえる。さらに④断続型援助形態事例には周期性があり、危機に集中した短期目標のかかわりだけではなく、子どもの成長・発達過程を見通したソーシャルワークの必要性が示唆された。

2）事例の援助過程分析からの示唆[7]

本研究では、実践者の経験と力量に依存するだけではなくある一定の根拠に基づくより望ましい実践方法が必要であるのではないか、という筆者の問題意識が妥当なものであるかどうかを、4事例の援助過程について記録と記憶および母親へのインタビュー内容を分析することで明らかにし、対策について検討した。分析の結果、個別の事例についてソーシャルワーカーとして援助が必要と判断していた共通する3つの状態像があった。それは、①子育て生活の負担が重く圧し掛かっている状態、②孤立・孤独傾向が強まっている状態、③葛藤および危機状況にある状態である。それらはどれもが原因でもあり結果でもあり、放置しておくと生活が成り立たなくなる。しかし、問題とすべきは、これらの状態に陥っていたにもかかわらず、ソーシャルワーカーがかかわっていない時期があったということである。すなわち、短期目標で援助をおこない援助が終われば次の生活課題を予測せず、クライエントの来談を待つという姿勢のために、状況の変化によって生じる問題を把握できる機会を逸し、結果として必要な援助課題に対して援助漏れが発生していたことが明らかとなった。その対策として、まず短期目標だけでなく長期目標まで見通した援助の必要性が示唆されたがこのことを個々の担当者の専門的な力量の不足が原因として終わらせるのではなく、援助が必要なタイミングを状態像に重なるタイミングに設定しそのタイミングを逃さないために、クライエントの生活の状態像を的確に把握しかかわるための枠組みを構築する必要性が示唆された。

3）援助対象者の生活の質的分析からの示唆[8]

クライエントの生活状態像をクライエントの視点から把握することで、援助のかかわりのタイミングを明らかにすることを目的として、障害発生のリスクが高い子どもを育てている20名の母親に半構造化されたインタビューをおこなった。分析方法はグラウンデッド・セオリー・アプローチを用いた。この研究から得られた示唆は、①サポーターとなる「他者」の存在が「生活不安」・「生活困難」を予防し、解決する鍵であること、②子どもが入院した病院の医療ソーシャルワーカー（以下、MSW）は、「サポート要求できる他者として存在し続ける努力が必要であること、③子育て生活に変化をもたらすきっかけを捉えることが援助介入のタイミングを捉えることとなること、であった。さらに子育て生活に変化をもたらす「9つのきっかけ」[9]を明らかにした。

4）新生児集中治療室入院患児へのソーシャルワークプログラムと課題

1）～3）の3つの分担研究をもとに、①プログラムを実行する目的、②アセスメントの時期、③アセスメント項目、④援助プログラム具体例、⑤プログラムを用いる対象群、⑥プログラムを機能させるための工夫、の6項目からなる「新生児集中治療室入院患児へのソーシャルワークプログラム」[10]を作成した。

本研究の結果、ソーシャルワーク実践の今後の在り方のための大きな示唆が得られたが、あくまでも筆者の実践事例を量的・質的に分析したものにすぎず、まだ案の段階であり、その一般化についてはさらなる研究が必要であった。

この「新生児集中治療室入院患児へのソーシャルワークプログラムの開発に関する研究」を基礎的研究として、より汎用性の高い実践理論を構築していくことが筆者の次の研究課題となり、先行研究の調査の結果、芝野松次郎先生のソーシャルワーク実践モデルの開発方法を学び、それに沿っての実践モデル開発をおこないたいと願うようになった。

Ⅱ　博士論文の研究プロセスと内容

筆者は 2006 年 4 月から 2009 年 3 月まで関西学院大学大学院社会学研究科社会福祉学専攻博士課程後期課程に在籍し芝野松次郎先生のゼミナールで学び、「ハイリスク新生児への医療ソーシャルワーク実践モデルの開発的研究」に取り組んだ。博士論文では、芝野先生の修正 D&D（Modified Design and Development 以下 M-D&D）の手法を採用して実践モデルの開発をおこなった。

1　博士論文の研究プロセス

表 16-1 は博士論文完成までの研究のプロセスと研究内容の概要を示したものである。

2007 年度から 2009 年度にかけて、文部科学省科学研究費補助金（基盤研究 C）「低出生体重児へのソーシャルワーク実践モデルの開発」の採択を受け研究を進めることができた。文献研究を進めるとともに 10 事例についての事例研究[11]および 2008 年 2 月から 3 月にかけて周産期医療施設 766 施設においてソーシャルワーク業務を担当している職員に対するアンケート調査[12]をおこなった。さらに、それらの分析をもとに、極低出生体重児へのソーシャルワーク実践モデルを開発した。実践モデルは①実践理論、②実践の対象、③実践の意義、④援助の手続き、⑤必要な知識・価値・技能、⑥業務環境で構成されておりそれぞれの項目の内容を明確にした。[13]

表 16-1　M-D&D のフェーズと研究内容（博士論文完成まで）

研究助成金	M-D&D のプロセス	研究内容
2007 年度 ～ 2009 年度 科学研究費 補助金研究 （基盤研究 C）	フェーズⅠ 問題の把握と分析 ↓ フェーズⅡ 叩き台のデザイン ↓ フェーズⅢ 試行と改良 ↓	①文研研究 ②事例研究により、援助が必要なタイミングの局面の抽出 ③周産期医療におけるソーシャルワークの全国実態調査 ④ハイリスク新生児へのソーシャルワーク実践モデルと研修プログラムの叩き台の創設 ⑤実践モデルと研修プログラムの叩き台の精緻化 ⑥ 1 回目「NICU 入院児ソーシャルワーク研修実施（2010 年 7 月）と評価 ⑦実践モデルと研修プログラムの 1 回目改良 ⑧ 2 回目の「NICU 入院児ソーシャルワーク研修実施（2011 年 3 月）と評価 ⑨実践モデルと研修プログラムの 2 回目改良

2　日本医療社会福祉協会[14]とのコラボレーション

筆者の研究の目的は、実践に資する実践モデルを構築することであったため、常に実践者との連携にておこなうことが必須であった。筆者は 1999 年から 2002 年まで日本医療社会事業協会で教育部（現研修部）担当の理事を務めた。任期満了後も各種委員会の委員として職能団体の活動をおこなっているが、その活動と研究活動とが密接に関連している。以下に研究と深くかかわっている職能団体との協働活動について述べる。

1）社会保険部「小児支援小委員会」活動[15]

日本医療社会事業協会の 2007 年度の活動計画に「社会福祉士を診療報酬に位置付けるための根拠となるデータを収集分析する活動を行う」こと

や、「厚生労働省関係部局をはじめとする関係機関との意見交換と情報収集に努める」が盛り込まれた。以上の方針を受けて、2008年度から2010年度まで、社会保険部に小児支援小委員会が置かれ、筆者が代表となり調査活動および研修活動を担った。このような職能団体の活動方針は次に述べる社会情勢が背景となっていた。

NICUの満床状態が救急搬送の受け入れ拒否を生み出す原因として常態化していたことが社会問題とされ、2007年12月に厚生労働省より都道府県知事宛に、「新生児集中治療管理室等に長期入院している児童に対する適切な療養・療育環境の確保等の取組について」の通知がなされ、2008年度よりNICU等から他の医療機関、福祉施設、在宅への円滑な移行のための支援をおこなうことを目的としたコーディネーターを配置することも盛り込まれ、新たな予算も計上された。2008年2月の「平成19年度児童関連サービス調査研究等事業報告書――新生児医療施設に長期入院中の重症児を支援する新生児医療・療育コーディネーターに関する調査研究」(主任研究者　梶原眞人　愛媛県立中央病院副院長兼総合周産期母子医療センター長）によるとNICU入院児支援コーディネーターにふさわしい職種は保健師・看護師となっていた。2008年2月の全国児童福祉主管課長会議資料で、母子保健医療対策等総合支援事業実施要綱（案）が配布され、そこには、周産期医療対策事業におけるNICU入院児支援事業として、都道府県にはNICU入院児支援コーディネーターを配置するとされ、その職種、資格については保健師、看護師など、業務内容を踏まえ適切な人材を配置することとなっていた。

以上のような社会情勢のもと、小児支援小委員会は、2009年2月から3月にかけて「NICU入院児支援コーディネーター業務」に関するアンケート調査を全国の周産期母子医療センターおよび新生児専門医研修施設に所属する医療ソーシャルワーカーに実施した[16]。それらの結果や筆者が文部科学省の助成金でおこなった全国調査の結果を踏まえ、2009年2月に「NICU入院児支援コーディネーターの人材活用に関する要望」を日本医療社会事業協会から厚生労働省医政局に提出し、社会福祉士の周産期母子医療センターへの必置に関して要望した。さらに同年3月1日の周産期・救急医療専門家会議で、指定発言の機会を与えられ、小児支援小委員会の代表である筆者が、周産期医療分野における社会福祉士(MSW)業務とコーディネーター業務の重なりについて指摘し社会福祉士（MSW）の業務をアピールした。同年7月から8月にかけてはMSWに寄せるセンター長からの期待度を測るために「総合周産期母子医療センター長の意識調査」を実施した。

以上のような活動の結果、平成20年度厚生労働科学特別研究事業「救急部門と周産期部門との連携強化に資する具体的手法に関する研究」の報告書に、入院児支援コーディネーターは「社会福祉士の活用が望ましい」との記載がなされた。また2009年8月13日には厚生労働省より周産期医療整備指針が各都道府県に通知され、NICU入院児支援コーディネーターについては「NICU、GCU等に長期入院している児童について、その状態に応じた望ましい療育·療養環境への円滑な移行を図るため、新生児医療、地域の医療施設、訪問看護ステーション、療育施設·福祉施設、在宅医療·福祉サービス等に精通した看護師、社会福祉士等を次に掲げる業務をおこなうNICU入院児支援コーディネーターとして配置することが望ましい」とされた。さらに、2010年度の診療報酬改定により、「新生児特定集中治療室退院調整加算」を新設され、専従の看護師または社会福祉士が1人以上配置された退院調整部門を設置する医療機関で、看護師または社会福祉士が、患者の同意を得て退院支援のための計画を策定することなどが算定要件となった。

2）実践モデル研修の実施と実践モデルの精緻化のプロセス

社会情勢と職能団体の働きにより、周産期医療におけるソーシャルワークの機能がますます求められるようになり、実践の質の向上への取り組みも必要となってきた。筆者はM-D&Dの第Ⅳフェーズでおこなう普及と誂えの段階への準備として実践モデルの研修プログラム開発も必要であると考え、職能団体の研修を引き受けることとした。そして2010年7月11日に1回目の「NICU入院児スキルアップ研修」を開催し、64名の受講生を対象に実践モデルの研修を実施した。その研修の受講生を対象として研修の効果を評価すると同時に実践モデルそのものについての感想も得た。それらの評価をもとに研修プログラムと実践モデルの改良をおこない第 2 回目研修を 59 名の受講生対象に 2011 年 3 月 5 日と 6 日の 2 日間にて開催した。そしてその結果をもとにさらに改良をおこない、2012 年の 3 月 3 日と 4 日に 3 回目の研修をおこなった。現在までに本研修は日本医療社会福祉協会の「ソーシャルワークスキルアップ講座」に位置付けられ、40 名を定員として毎年 1 回 2 日間にわたり開催されている。2016 年度からは「NICU 入院児ソーシャルワーク研修」から「周産期から始まるソーシャルワーク研修」と名称を変え、産科および小児領域をも含めての研修としている。

3）ハイリスク新生児への医療ソーシャルワーク実践モデルの概要

本稿で開発した実践モデルの内容をすべて紹介することは紙面の都合上できないが、その後の筆者の研究および実践につながっている部分について記述する。開発した実践モデルシステムの全体像は図 16-1 のとおりである。

図 16-1 の「ハイリスク新生児への医療ソーシャルワーク実践モデルシステムの全体像」は、ハイリスク新生児への医療ソーシャルワークをおこなう際の、包括的実践理論と限定的実践理論と実践モデルの全体像を示したものであり博士論文にはそれらについて説明した。実践モデルの内容で、現在の筆者の実践と研究につながるものとしては、表 16-2 の「援助手続きの枠組み」が重要である。援助手続きの枠組みは、ハイリスク新生児のソーシャルワークが、縦軸のソーシャルワークに必須の構成要素と、生活課題が重く圧し掛かる横軸の局面（生活課題を予測する局面）で構成されていることを示している。博士論文の詳細な説明はここではしないが、援助手続きの枠組みは、論文では NICU 退院後の枠組みも作成し、さらに母の妊娠中から子どもが小学校 3 年生までの援助の手続きの全体像も示している。

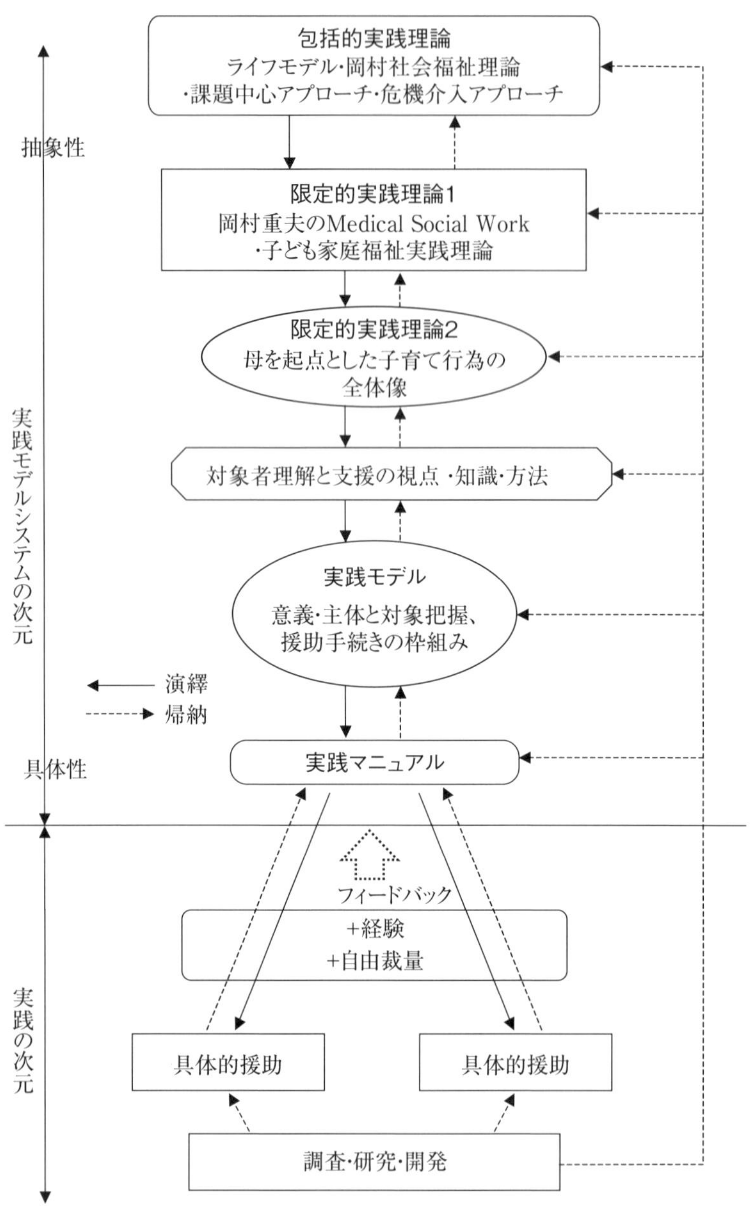

図 16-1　ハイリスク新生児への医療ソーシャルワーク実践モデルシステムの全体像

表16-2　ハイリスク新生児への医療ソーシャルワーク援助手続きの枠組み（母入院前〜子ども退院直後）

援助の構成要素 ＼ かかわりの局面	母入院前	母入院時（出産前）	NICU 入院直後（母入院中、入院後7日以内）	NICU 治療期	退院 検討期	退院 準備期	退院 直前	退院後 2週間 以内
①かかわりが始まるきっかけ								
②紹介理由・最初のかかわりの理由								
③予測しうる生活課題								
④生活課題の変化が予測される次の局面								
⑤情報収集項目とその内容（事実と判断）								
⑥情報収集方法と判断根拠となる知識								
⑦総合的アセスメント（援助計画を導き出すための、生活課題やその解決方法に関する総合的な解釈）								
⑧援助目標（長期・中期・短期）								
⑨援助方法の選定·決定（ソーシャルワーカーの意思決定局面）								
⑩援助計画（長期・中期・短期）								
⑪介入内容（実際にアクションしたこと）								
⑫介入結果・効果								
⑬終結・継続と理由（長期・中期・短期）								

連携先・連携状況								
利用可能な制度・資源 / 活用状況								

Ⅲ　博士号取得後の研究と実践

2011年度から2013年度にかけて、3回目の科学研究費補助金（基盤研究C）「新生児集中治療室入院児へのソーシャルワーク実践モデルの開発研究」をいただき、M-D&DのフェーズⅣの普及と誂えの段階に取り組んだ。ハイリスク新生児への医療ソーシャルワークナビゲーションシステムの開発を開始し、2014年1月にナビゲーションシステムを完成させた[17]。それ以降はハイリスク新生児への医療ソーシャルワークスキルアップトレーニング版の開発をおこない2016年3月に医療ソーシャルワークスキルアップトレーニング（試用版）を完成させた[18]。

ナビシステムとは、実践モデルを用いて、実際のケースを援助しつつ、ステップバイステップでナビシステム項目に情報を入力しつつ援助をおこない、データの蓄積と援助の手続きの検討をおこなうソフトウェアであり、スキルアップ版とは研修や、スーパービジョンの資料となるように自身の実践を記録し検討するためのソフトウェアである。

ナビシステムの開発プロセスは、まず、何をどこまでナビシステムに入れるかという仕様案を作成し、それに基づき実際にファイルメーカープロ12のソフトを使用して確認版を開発し、さらにそれをエキスパートソーシャルワーカー[19]と確認しながら改良していくという作業を数回繰り返した。もちろん、開発業者と業務契約をして、研究者・研究協力者である現場のMSW、開発業者の3者で話し合いを重ねた。ナビシステムスキルアップ版については、2010年7月から2016年2月まで7回おこなってきた「NICU入院児ソーシャルワーク研修」の演習シートの精査をおこない、スキルアップ機能に特化したナビシステムの開発について開発業者と検討した。

現在、筆者の関心は、周産期から始まる医療ソーシャルワーク実践モデルの枠組みをグループスーパービジョンに使用し、年単位の体面的なかかわりで実践者のソーシャルワーク援助過程開始力と援助過程持続力を高めていくということにある。生活課題を予測する力を身につけなければ、経験年数を積み重ねてもクライエントにとって意味ある他者になりにくいのではないかと思うからである。研修を重ね、スーパービジョンの体験者を増やしていくことで少しでも実践と理論を結ぶことの重要性を多くの人が認識し、ソーシャルワーク実践モデルの必要性を感じていただければ幸いである。

[注]……………………………………………………………………………………………

1　1980年3月に社会学修士号をいただいた学位論文のテーマは「医療福祉実践理論構築の試み」である。

2　本研究の成果は、研究代表者　宮崎清恵「新生児集中治療室入院患児へのソーシャルワークプログラムの開発に関する研究」平成13年度〜平成15年度科学研究費補助金報告書（基盤研究C）、2004年3月、pp1-98としてまとめた。

3　本研究は、分担研究者の橘高通泰氏が主導した。

4　データベースは、①番号、②性別、③年齢、④住所、⑤病名コード、⑥病名、⑦再開回数、⑧援助開始日、⑨援助回数、⑩援助時間、⑪援助機関、⑫最終援助日、⑬最終援助日から終結日までの期間、⑭終結日、⑮援助形態区分、⑯援助課題コード、⑰終結援助コード、⑱主訴・紹介理由（キーワード）の18項目である。

5　援助課題は、①医療費助成制度の利用、②医療費以外の経済的問題の解決、③不安への対応、④療養生活問題への対応、⑤医療スタッフとの関係形成、⑥社会生活支援、⑦複数課題の7つに分類した。

6　援助形態は、①インテーク型（1-2回の援助回数で、30分以内の援助時間を要したもの）、②集中型（3回以上の援助回数で、30分以上の援助時間を要したもの）、③継続型（援助対象者との接触が継続的になされそれが3カ月以上継続するもの）、④断続型（3カ月以上の間隔を置いて接触がなされるもの）の4つに分類した。

7　本研究は分担研究者の小西直毅氏が主導した。

8　本研究は研究代表者の宮崎清恵が主導した。研究の成果については、宮崎清恵、小西直毅「障害発生のリスクを抱える子育て行為に関する質的研究」『第11号社会福祉士』2004、148-154頁と宮崎清恵「ハイリスク新生児の母親の子育て行為に関する質的研究——修正版グラウンデッド・セオリー・アプローチを通して」『神戸学院総合リハビリテーション研究』2008；3（2）：45-62で報告している。

9　9つのきっかけとは、(a)子どもの身体的・医学的変化、(b)子どもの心理的・行動的変化、(c)子どもの社会的変化、(d)母の身体的・医学的変化、(e)母の心理的・行動的変化、(f)母の社会的変化、(g)サポーターである他者、または選択できない他者の身体的・医学的・心理的・行動的・社会的変化、(h)生活する場所やあり方の顕在化した形での物理的環境変化、(i)利用可能な資源となるあらゆる物の利用状況の変化などの物的資源的環境変化である。

10 「新生児集中治療室入院患児へのソーシャルワークプログラム」については誌上発表はしていないが、研究代表者　宮崎清恵「新生児集中治療室入院患児へのソーシャルワークプログラムの開発に関する研究」平成13年度～平成15年度科学研究費補助金報告書（基盤研究C)、2004年3月、pp95-103に記載している。

11 10事例の事例研究については宮崎清恵「ハイリスク新生児とその家族に生活課題が発生し支援が必要な状況とは」『神戸学院大学総合リハビリテーション研究』2012.7(2):43-53で報告している。

12 この調査結果については宮崎清恵・高梨薫・平野朋美ほか「周産期・新生児医療におけるソーシャルワーク業務に関する調査研究」『医療と福祉』No.85 Vol.42 2009 26-34に掲載されている。

13 博士論文の成果についての学会報告は以下のとおりおこなった。①「ソーシャルワーク実践モデルの基本的要素に関する考察——周産期から始まるソーシャルワークを例として」日本医療社会福祉学会第17回大会、2007年9月29-30日、②「極低出生体重児へのソーシャルワーク実践モデル開発」第2回神戸学院大学リハビリテーション学会、2008年3月2日、③「周産期・新生児期からの生活支援における医療ソーシャルワークの現状把握と課題解決を目指して」第28回日本医療社会事業学会、2008年5月24日、④「1500g未満の低出生体重児へのソーシャルワーク実践モデル」日本医療社会福祉学会第18回大会、2008年9月28日、⑤「周産期・新生児期からの医療ソーシャルワークの実態と課題——実践モデルの開発を目指して」日本社会福祉学会第56回全国大会、2008年10月11日、⑥「極低出生体重児へのソーシャルワーク実践モデル——援助局面と援助内容」日本医療社会福祉学会第19回大会、2009年9月13日、⑦「周産期医療におけるソーシャルワーク実態調査報告」第4回神戸学院大学総合リハビリテーション学会学術集会、2009年12月23日、⑧「NICU入院児へのソーシャルワーク実践モデル『援助手続き』の精緻化」日本医療社会福祉学会第20回大会、2010年9月12日、⑨「Development of a Social Work Practice Model for the high risk infants」The 21st Asia-Pacific Social Work Conference、2011年7月15-18日。

14 一般社団法人日本医療社会事業協会は2011年には公益社団法人となり名称も日本医療社会福祉協会となった。

15 各年度の定期総会議案書を参考にした。

16 本調査結果は「小児支援小委員会報告」『医療と福祉』87、2010、13-20に掲載されている。

17 ソフトウェア「ハイリスク新生児への医療ソーシャルワークナビゲーションシステ

ム」株式会社ナナイロ、2014年3月。

18 ソフトウェア「ハイリスク新生児への医療ソーシャルワークナビゲーションシステム　スキルアップ版」株式会社ナナイロ、2016年3月。

19 エキスパートソーシャルワーカーとは分野経験年数8年以上で今までの分野事例数300以上担当し、チームの一員として機能しているソーシャルワーカーと定義した。

第 17 章
児童館の子育ち・子育て支援に関する研究と実践

八重樫牧子
福山市立大学名誉教授

はじめに

児童館は、児童福祉法に定められた児童厚生施設として、遊びを通して子どもの健全育成を支援する社会的責任を担ってきており、子育ち支援機能を果たしてきたといえる。しかし、今日、少子高齢社会において、子どもを取り巻く家庭や地域が大きく変化するなかで、児童館は地域における子育て支援を担う児童家庭福祉の拠点施設として子育て支援機能を担うようになってきている。

今日、このような児童館の子育ち・子育て支援を実証的に評価することが求められている。そこで、博士論文「地域における児童館の子育ち・子育て支援の評価に関する研究――児童館施策と児童館の子育ち・子育て支援の調査を踏まえて」では、①児童館政策がどのように制度化されるのか、戦後のわが国の児童館施策の動向を検討し、その課題を明らかにし、②地域における児童館の子育ち・子育て支援が有用な効果をあげているかどうか調査検討をおこない、そして①と②を踏まえて、③地域における児童館の子育ち・子育て支援の評価に関する今後の課題を明らかにした。

地域における児童館の子育ち・子育て支援に関する研究は、私のライフワークである。2017年の3月に約30年間にわたる大学教員生活を終えた。今回、「自分の研究をデザイン・アンド・ディベロップする」機会を与えられたことに感謝し、これまでの研究を振り返り、研究成果としての博士論文が現在の研究、実践、生活にどのように繋がっているのか、過去から現在、そして未来への歩みとして語らせていただきたいと思う。

I　博士論文にいたるまで

児童館に関する調査・研究のきっかけを与えてくださったのは、私の母校であるノートルダム清心女子大学児童学科に勤務していた時、当時同大学の児童学科長であった故江草安彦先生である。1978年にB市の児童館を調査した結果を『子どもと家庭』（日本児童問題調査会）第85号に発表した（植田 1978）。しかし、その後、子育て中は、母校の非常勤講師として「児童福祉」等の授業を担当していたが、時間・労力・費用を必要とする児童館の調査研究を続けることは難しくなった。そこで、戦後の児童館施策に関する既存の行政資料について詳細な歴史的分析をおこない、児童館の新らたな責任と役割を明らかにしていった（八重樫 1997a, 1997b, 1999）。児童館施策の歴史的研究をするにあたっては、明治学院大学大学院社会学研究科において故重田信一先生に指導していただいた修士論文「重症心身障害児施設の制度化について」の研究視点や研究方法等などが役立った（植田 1977）。

子育てが一段落し、1998年に川崎医療福祉大学に勤務してからは、再びB市の児童館を中心に継続的な調査研究を続けることができた（八重樫 2004, 2005）。2005-2006年度科学研究費補助金（基盤研究（C)「地域社会における子育て支援の拠点としての児童館の活動効果に関する研究」)、2007-2009年度科学研究費補助金（基盤研究（C)「地域子育て支援における児童館の実践モデル開発に関する調査研究」）を受けて、児童館の子育ち・子育て支援の有効性を評価するために、児童館実践の調査研究に関する文献レビューや、計画的な量的調査による実証的な研究をおこない、その成果を発表した（八重樫 2007, 2008, 2011）。

このように、わが国の児童館施策の歴史的研究と児童館実践の活動効果に関する実証的研究をおこなってきたが、これらの調査・研究をなんとか著書としてまとめたいと思うようになった。どこから手をつけたらよいか思い悩んでいた時、関西学院大学大学院社会学研究科に社会人入学制度があることを知り、関西学院大学大学院教授の故髙田眞治先生を訪ね、ご指導をお願いすることになった。その後、関西学院大学大学院教授芝野松次郎先生のご指導のもと、博士論文を書き上げることができた。長年、芝野先生が実践してこられたK市の児童館における「子育ち」と「親育ち」支援・GPT の取り組みからは多くのことを学ばせていただいた。2009 年度に関西学院大学大学院人間福祉研究科に学位論文を提出し、博士（人間福祉）を取得することができた。そして、この学位論文に加筆修正をおこない、2011 年度科学研究費補助金・研究成果公開促進費（学術図書）の助成を受けることによって、2012 年 2 月に、念願がかなって「児童館の子育ち・子育て支援―児童館施策の動向と実践評価」（八重樫 2012）を相川書房から出版することができた。

Ⅱ　博士論文から現在まで

1　博士論文の研究の意義と限界そして今後の課題

博士論文「地域における児童館の子育ち・子育て支援の評価に関する研究―児童館施策と児童館の子育ち·子育て支援の調査を踏まえて―」では、最後に本研究の意義と限界、そして今後の課題について次の 3 点を指摘した。

1）戦後のわが国の児童館施策に関する歴史的研究を踏まえた児童館施策の今後の課題に関する提言

第1の意義は、児童館施策と児童館実践との一体性を重視した研究を進めるために、戦後のわが国の児童館施策について歴史的研究をおこない、今後の課題を提言することができたことである。今日、児童館の子育ち・子育て支援の施策や実践が大きく揺れ動いているので、今後の児童館施策の方向性を見据えたマクロ実践の方法、たとえばソーシャルアクションなどの開発が重要な課題となっている。髙田（2003）は、マクロ実践の開発と展望について、戦後における外発的な導入によるアメリカ・ソーシャルワークの模倣ではなく、わが国固有の事情に即した主体的、内発的なソーシャルワークの開発が課題となってくると述べている。本研究では、政策主体がどのように児童館施策を展開してきたかという点については検討をおこなうことができたが、実践主体である児童館の職員がどのような児童館実践に取り組んできたかということについては検討をおこなうことができなかった。

したがって、今後、児童館職員やボランティアが取り組んできた主体的、内発的な児童館実践を掘り起こしていく必要がある。地域社会（コミュニティ）に影響を与えてきた主体的で内発的な児童館実践がどのように展開してきたかということについて研究をすすめていくことが課題となった。

2）児童館を利用する子どもや子育て家庭の評価に関する実証研究

第2の意義は、地域の子どもや子育て家庭の子育ち・子育て状況に関する調査を踏まえたうえで、地域の児童館を利用している子どもや子育て家庭を対象に、児童館の子育ち・子育て支援の実践に関する評価を実証的に調査し、その実践の有効性を明らかにしたことである。本調査では、児童館の子育ち機能については、子どもの社会性を測定することによって評価をおこなった。児童館の子育て機能については、母親による児童館活動評価と子育て不安・ストレスを測定することによって評価をおこなった。いずれも尺度が順序尺度であったので、項目反応理論を用いることによって、尺度の検討をおこない、間隔尺度として使用できようにした。項目反応理論によって確定できた尺度は、個人の特性の変化を継続的に測定することができる。今後、児童館の子育ち・子育て支援のプログラムを実施し、その効果を個別に評価するときにこの尺度を使用することができる。しかし、児童館実践の最終的目的は、子どもや子育て家庭のウェルビーイングである。したがって、児童館の実践を評価するにあたって、多面的な評価や効果測定が必要になってくる。今後、児童館の量的調査を実施するためのより信頼性と妥当性のある尺度を開発していくことが課題となった。

3）児童館の子育ち・子育て支援の実践プログラムの開発の必要性

第３の意義は、児童館の子育ち・子育て支援の実践プログラムの開発の必要性を明らかにしたことである。児童館施策に関する文献研究や児童館の子育ち・子育て支援の実践に関する調査研究から、今日、児童館の子育ち・子育て支援の実践プログラム開発が喫緊の課題であることが明らかになった。しかし、児童館の子育ち・子育て支援の実践プログラムの開発に関する研究は少ない。実践モデル・実践マニュアルの開発手続きにしたがって実際にプログラム開発をおこない、実践されている児童館の子育て支援プログラムは、芝野（2002）が開発したグループ・ペアレント・トレーニング実践モデルのみである。

今後、児童館の子育ち・子育て支援の実践プログラムの開発を進めていくためには、児童館職員が現在、どのようなプログラムを実践しているのか調査をする必要がある。今回の調査研究の対象は、児童館を利用する子どもや子育て家庭であり、児童館職員に対しては調査をすることができなかった。したがって、次の課題として、児童館の職員を対象に児童館実践についての調査をおこない、児童館職員が地域の実情に合った児童館実践をおこなうことができる実践マニュアルを含む実践プログラムについて検討をおこなう必要がある。児童館職員に調査をする際には、児童館で実践しているグループ活動（グループワーク）に着目する必要がある。なぜならば、今回おこなった調査研究より、児童館における子ども集団や子育て仲間集団が、子どもの社会性の発達や子育て家庭の子育て不安の軽減に有効であることが示唆されたからである。児童館職員に調査をする際には、子育ち・子育て支援機関・施設等との連携（コミュニティワーク）についても着目する必要がある。

2　博士論文の課題を踏まえた研究

博士論文から次のような３つの研究課題が明らかになった。第１の課題は地域社会（コミュニティ）に影響を与えてきた主体的で内発的な児童館実践の調査、第２の課題は児童館の量的調査を実施するためのより信頼性と妥当性のある尺度を開発、そして第３課題は、児童館職員を対象とする児童館実践に関する調査である。以下、これらの研究課題についてどのように取り組んできたかについて述べたい。

1）児童館における子育て支援のグループ活動（グループワーク）に関する調査

博士論文で上げた第３の課題に取り組むために、2007-2009年度科学研究費補助金（基盤研究（C）「地域子育て支援における児童館の実践モデル開発に関する調査研究」）を受けて、全国の児童館（約5000館）の職員を対象に「児童館における子育て支援のグループ活動に関する調査」を実施した。また、子育て支援機関・施設等との連携（コミュニティワーク）についても調査をおこなった。その結果、以下の点が明らかになった（八重樫 2013）。

①児童館の65.8％が、子育て支援のグループ活動を実施していた。しかし、32.3％の児童館は、子育て支援のグループ活動を実施していなかった。②児童館職員が主体で定期的な子育て支援グループ活動を実施している児童館が43.4％と多くなっていた。また、児童館以外の団体・個人や、児童館を利用している親による定期的な子育て支援グループ活動も実施されていた。③児童館職員がこれまでおこなったことのある子育て支援のグループ活動方法については、グループワークの開始時期の方法が上位にあがっ

ていた。一方、問題解決への取り組みや評価などは下位になっていた。④児童館職員がこれから必要であると思っている子育て支援のグループ活動方法についても、同様に、グループワークの開始時期の方法が上位にあり、問題解決への取り組みや評価などは下位になっていた。⑤2009年度に児童館職員が、子育て支援について重要なことを話し、支援について相談したのは、自分の児童館以外の児童館が51.3%ともっとも多かった。児童相談所などとの連携は7.4%と低くなっていた。⑥児童館の子育て支援グループ活動数と、児童館が連携している機関・施設数との関連性については、ピアソンの相関係数が r = 0.275となり、有意な弱い相関が認められた。⑦公立民営の児童館、女子職員、児童厚生員、保育士、幼稚園教諭、児童厚生員1級または2級の資格をもつものは、「受容的雰囲気づくり」をよくおこなっていることが明らかになった。⑧公立公営の児童館より公立民営の児童館が、男子職員より女子職員の方が、「受容的雰囲気づくり」が今後必要であると思っていることが明らかになった。

2）児童館の実践モデル開発にむけた釜ヶ崎「こどもの里」の実践に関する質的調査研究

博士論文の第1の研究課題である地域社会（コミュニティ）に影響を与えてきた主体的で内発的な児童館実践に関する調査研究については、2013-2015年度科学研究費補助金（基盤研究（C）「児童館の実践モデル開発にむけた釜ヶ崎『こどもの里』の実践に関する質的調査研究」、1年研究期間を延長）を受けて、子どもや子育て家庭の問題が集中している大阪市の釜ヶ崎において、先駆的な実践をおこなっている「こどもの里」（無認可児童館）の質的調査研究をおこなった。「こどもの里」の39年間にわたる実践記録や資料を整理し・分析することによって「こどもの里」の実践の特徴を明らかにした（八重樫 2014）。「こどもの里」は、表17-1に示すように多機能型の子育ち･子育て支援施設であることが明らかになった。

さらに、「こどもの里」や関連機関の職員を対象としたインタビュー調査や、「こどもの里」のフィールドワーク（こども夜まわり）の結果を検

表 17-1　多機能型の子育ち・子育て支援施設としてのこどもの里

<table>
<tr><th>こどもの里のサービス</th><th>児童家庭福祉サービス（3つのPと3つのS）</th><th>公衆衛生</th><th colspan="2">児童館の機能</th></tr>
<tr><td>要保護児童対策協議会との連繫</td><td rowspan="4">普及サービス</td><td rowspan="4"></td><td rowspan="2">マクロレベル</td><td rowspan="4">・子育ち・子育て支援体制づく機能
・地域活動促進機能</td></tr>
<tr><td>署名運動</td></tr>
<tr><td>ホームページ、報告書作成配布</td><td rowspan="2">メゾレベル</td></tr>
<tr><td>ネットワーク活動</td></tr>
<tr><td>遊び場</td><td>増進サービス・予防サービス</td><td rowspan="2">第1次予防</td><td rowspan="3">ミクロレベル</td><td rowspan="3">・子育ち支援機能
・子育て支援機能</td></tr>
<tr><td>生活相談、つどいの広場</td><td>支援サービス</td></tr>
<tr><td>学童保育</td><td>補完サービス</td><td rowspan="2">第2次予防</td></tr>
<tr><td>緊急一時保護・宿泊所</td><td>補完サービス・代替サービス</td><td colspan="2" rowspan="3"></td></tr>
<tr><td>ファミリーホーム</td><td rowspan="2">代替サービス</td><td rowspan="2">第3次予防</td></tr>
<tr><td>自立援助ホーム</td></tr>
</table>

討することによって、これからの児童館など子どもの居場所の子育ち・子育て支援の課題と方向性については次の2点が明らかになった（八重樫 2015, 2017）。

まず第1の課題･方向性は、家庭や地域の養育機能の低下による子育ち･子育ての問題を解決あるいは予防をしていくために、地域に社会的な子育ち・子育て支援システムを整備することである。地域には、家庭の母親や父親、保育園・学校関係者、地域の専門職、職場、行政が顔の見えるつながりをつくり､連携･協働して支援に取り組むことのできる地域ネットワークが必要である。

「こどもの里」は、「子どもの貧困」により多くの家族機能を失った子どもたちやその家族が、どんな状況にあっても親子関係を断ち切らず地域で暮らしていけるよう遊びの場や生活の場などの居場所を提供している。そのために、地域ネットワークをつくり、支援者や行政と連携・協働して子どもだけでなく家族まで丸ごと支えている。

子どもたちやその家族のニーズに対応するためには、子どもたちやその親たちが地域から排除されるのではなく、まるごと地域で抱え込むことのできる「こどもの里」のような多機能型の「包摂的地域子ども支援センター」（荘保 2016）とでも呼ぶべき拠点を中心とした「包摂的地域子育ち・子育て支援システム」を構築し、多様性を尊重した切れ目ない継続的な支援が求められている。

第2の課題・方向性は、子どもや親のウェルビーイングの保障とエンパワメントである。子育ち・子育て支援をおこなう上で大切なことは、「子どもや親のウェルビーイングの保障」である（八重樫 2016）。子どもや親のウェルビーイングを保障するには、誰もが本来持っている生きる力を信頼し、それぞれの思いを聴いて共感的に理解し、ありのままの存在を受け入れ、寄り添い、いつも一緒に困難な状況を解決しようとすることが大切である。すなわち、エンパワメントが重要である。エンパワメントとは、人と人の生き生きとした出会いの持ち方であり、お互いがそれぞれうちに持つ力をいかに発揮しえるかという関係性である。出会いを体験し、継続的な対話から信頼関係が生まれる。「子どもの夜まわり」など「こどもの里」の実践は、エンパワメントの実践であり、このような実践を保障する子どもの居場所が求められている。

Ⅲ　現在そしてこれからの研究

現在も、引き続き「こどもの里」の職員へのインタビュー調査や「子ども夜まわり」の子どもたちの感想文をまとめている。また、今後も「こどもの里」の「子ども夜まわり」などの実践に参加したいと考えている。昨年から各地域で、「こどもの里」のドキュメント映画「さとにきたらええやん」が上映されているが、この「こどもの里」の子どもたちからは、たくさんの課題や勇気をもらっている、

また、2016年度から沖縄の糸満市の児童館職員の方との連携ができ、

沖縄での児童館についてヒヤリング調査をおこなうことができた。釜ヶ崎の「こどもの里」の子どもたちと同様に、沖縄の子どもたちの貧困も深刻な問題となっている。今後、糸満市の児童館実践の量的調査を実施し、これからの児童館実践の方向性を検討していきたいと思っている。調査にあたっては、博士論文の第2の課題である調査項目についても検討をしていきたいと考えている。

大学を退職したので、2017年の4月からは、倉敷市にある地域子育て支援拠点の1つである「つどいの広場」の活動や、CAPおかやまの「子どもの暴力防止プログラム」にも積極的に参加している。これらの活動のなかで出会う子ども、保護者、先生そして支援者の人たちからも、たくさんの課題と勇気をもらっている。このようなエンパワメントの実践を大切にし、地域における児童館などの子育ち・子育て支援の居場所のあり方を問い続けていきたいと思っている。

[参考文献]

芝野松次郎(2002)『社会福祉実践モデル開発の理論と実際――プロセティック・アプローチに基づく実践モデルのデザイン・アンド・ディベロップメント』有斐閣、147-183。

荘保共子（2016）「子どもの居場所『こどもの里』の取組――包摂的地域子ども支援センターを目指して」子どもの虐待とネグレクト、18巻、3号、327-330。

髙田眞治（2003）『社会福祉内発的発展論』ミネルヴァ書房、142-145。

植田（旧姓）牧子（1977）「重症心身障害児施設の制度化について」ノートルダム清心女子大学紀要　生活経営学・児童学・食品栄養学編、1巻、1号、17-21。

植田（旧姓）牧子（1978）「児童館と地域社会」子どもと家庭、85号、33-37。

八重樫牧子（1997a）「戦後日本の児童館施策の動向（1）――中央児童福祉審議会等の答申・意見具申等を中心に」ノートルダム清心女子大学紀要　生活経営学・児童学・食品栄養学編、21巻、1号、11-28。

八重樫牧子（1997b）「戦後日本の児童館施策の動向（2）――戦後日本の児童館施策年表」ノートルダム清心女子大学紀要　生活経営学・児童学・食品栄養学編、21、1号、29-40。

八重樫牧子（1999）「戦後日本の児童館施策の動向——「児童館の設置運営要綱」を中心に」川崎医療福祉学会誌、9巻、1号、1-12。

八重樫牧子（2004）「児童館の利用が子どもの遊びや生活に与える影響」ノートルダム清心女子大学紀要　生活経営学・児童学・食品栄養学編、28巻、1号、100-107。

八重樫牧子（2005）「児童館の利用が子どもの遊びや生活に与える影響」厚生の指標、52巻、10号、7-14。

八重樫牧子（2007）「地域社会における子育て支援の拠点としての児童館の活動効果に関する研究」厚生の指標、55巻、13号、1-9。

八重樫牧子（2008）「児童館の子育ち・子育て支援に関する調査研究からみた実践課題」川崎医療福祉学会誌、9巻、2号、425-435。

八重樫牧子（2011）「児童館を利用している子どもの社会性に関する調査研究」安川悦子監修『児童教育学を創る——福山市立大学開学記念論集』児島書店、pp.231-247。

八重樫牧子（2012）『児童館の子育ち・子育て支援——児童館施策の動向と実践評価』相川書房。

八重樫牧子（2013）「児童館における子育て支援のグループ活動（グループワーク）に関する調査」福山市立大学教育学部紀要、1号、111-123。

八重樫牧子（2014）「子どもの貧困と『子育ち』支援——釜ヶ崎の『こどもの里』（無認可児童館）の歴史と実践を支える理念」安川悦子、髙月教惠編著『子どもの養育の社会化——パラダイム・チェンジのために』御茶の水書房、63-69。

八重樫牧子（2015）「釜ヶ崎『こどもの里』（無認可児童館）の『子ども夜まわり』の実践」福山市立大学教育学部紀要、3号、135-141。

八重樫牧子（2016）「子どもの視点にたった児童家庭福祉——ウェルフェアからウェルビーイングへ」ノートルダム清心女子大学人間生活学科編『ケアを生きる私たち』大学教育出版、108-131。

八重樫牧子（2017）「児童館の実践モデル開発にむけた釜ヶ崎『こどもの里』の実践に関する質的調査研究」日本学術振興会『科学研究費助成事業　研究成果報告書』（2017年6月29日に日本学術振興会へ送信し、受理された）。

第18章

子ども家庭相談体制づくりに関する研究

過去から現在、そして未来へ

山野則子
大阪府立大学教授

I　デザイン・アンド・ディベロップメントのはじまり

筆者はもともと福祉事務所という社会福祉の第一線の現場に勤務し、子ども家庭福祉の実践を担っていた。個別事案のミクロ実践はもちろん必要であるが、目の前の子どもの事案の改善のみでは、すべての子どもの最善の利益に必ずしもつながっていかない。何らかの支援を必要としている子どもや家庭に支援が届かないことに対する問題意識があった。これが以下述べる研究の全体像の根幹である。

自身の不足している実践力を高めるだけでなく、支援を全体化するために家族療法を福祉事務所に取り入れ、生活保護ケースワーカーと児童相談担当者で共同面接をおこなったり共同で検討したりする仕組みや学校と連携協働する仕組み、子ども家庭福祉実践の手法に裁判をも活用する弁護士と連携する仕組みなど子どもの最善の利益のために様々なアクターと協働する仕組みづくりをおこなってきた。つまり、ミクロのみならずメゾ・マクロ実践を含めた実践に広げてきた（山野 2009: 253-255）。簡単ではないこのプロセスのなかで、自身の力のなさとともに、ミクロからマクロまでの自身の組織を含めたクライエントの周りに対して理不尽な悔しい思いを多々抱いてきた。そこに「チェンジエージェント」という魅力的な言葉を知り、研究という方法を身に着けることで、この壁を越えることができないか、仕組みを形成することで現状を変革することができないか、漠然とそんな思いを持ち、大学院の扉をたたくことにした。

この体験的始まりがなければ、大学院当時の研究への苦悩、そして現在の苦悩に失敗しながら挑戦し続けることはなかったであろう。

Ⅱ　博士論文に取り組んだことからの学び

このような状況のなかで、博士論文作成に取り組み、多くのことを学び、確実に自身の世界を広げた。まずは、芝野松次郎先生の下で実証研究とはいかなるものであるかを知ることになった（芝野 2002）。博士論文に限らず、量的調査、質的調査に取り組む機会をいただき学ぶことができた。このベースの力を養えたことによって、のちに専門社会調査士を取得し、大規模調査含め、国や財団、自治体から、調査委託を受けながら進める研究スタイルを形成することにいたった。

そして、もうひとつは、「実践と研究の行き来」に関して徹底的に学ぶことができた。博士論文において、芝野先生のもとでM-D&Dの枠組みで、木下康仁先生や安田美予子先生の指導のもとM-GTAによる分析をおこなった。いずれも実践現場と研究の徹底した行き来である。何度も何度もインタビュー等フィールドのデータに戻っていかに忠実に社会で起きている現象特性を明らかにするか、研究成果を試行改善の繰り返しを経て普及することまで視野に入れてデザインし実施するのか、いずれも追求し続け結果が問われる。研究結果を世に出すのは、研究者の自己満足ではなく、公表することで批判を受けるためであり、それは研究者の責任であるという重要なこと、そして研究への向き合い方を学んだ。これらの体験が、その後の研究に対する基本的視点となり、研究活動を発展させることになった。当時、関西学院大学COEの活動のなかで講義に来られた佐藤郁哉先生が博士論文に取り組む姿勢が、後にも先にも最も力を入れる研究になり自身の基礎を作ると語られた、まさにそのとおりであった。この当時の思いからのちに大変お世話になることになった。

Ⅲ　研究の全体像――マクロ実践の評価研究へ

図18-1は、筆者の博士論文を基軸にした、その前後の研究の経緯である。博士論文は、そもそも実践現場からの問題意識に基づいて（1項参照）、市町村の児童虐待に対応する児童相談機能や体制づくりに着目した（参照：図18-1の過去欄を横に参照）。1990年代当時は、家庭児童相談室など市町村の相談という部署は法的位置づけもなく、専門性や実践の質も高くなく、「法的には市町村ではなく児童相談所である」という認識が強かった。そのなかで、まさに子どもの最善の利益のために黒子となって法的権限を持つ機関を動かしながら、工夫しているマネジメントスキルを明らかにしようと取り組んだ。その後、テーマにした市町村ネットワークが要保護児童対策地域協議会として法制化が進み、拡充が徐々になされ、広く認知されることとなった。福祉機関でない学校や地域においても「要保護児童対策地域協議会」という文言を当たり前に認知するほどになっている。これは、そもそも筆者のニーズであった理不尽な思いから個別なことに済ませず、施策に展開したいという思いとマッチした流れである。当時は、直接的に国に働きかけが十分届く立場ではなかったが、実践に基づいて施策が展開していくことに研究が懸け橋になる意義を学んだ。

その後、博士課程で培った研究の視点も加味されて、自身の研究が、市町村の体制づくりから学校という、より多くの子どもたちに届く子どもに近い場を含む体制づくりへと発展することとなった（参照：図18-1の現在欄中心に参照）。もともと「教師へのメッセージ――ひとりでかかえこまないで」というキャッチで立ち上げた「子どもの相談システムを考える会」代表として学校を中心にしたネットワークの構築に取り組んでいたこと（子どもの相談システムを考える会 2001）、そしてそれが起点になって2005年大阪でスクールソーシャルワーカー（SSWer）活用事業が始まりスーパーバイザーとして実践を始めたことが、大阪府教育委員会とともに

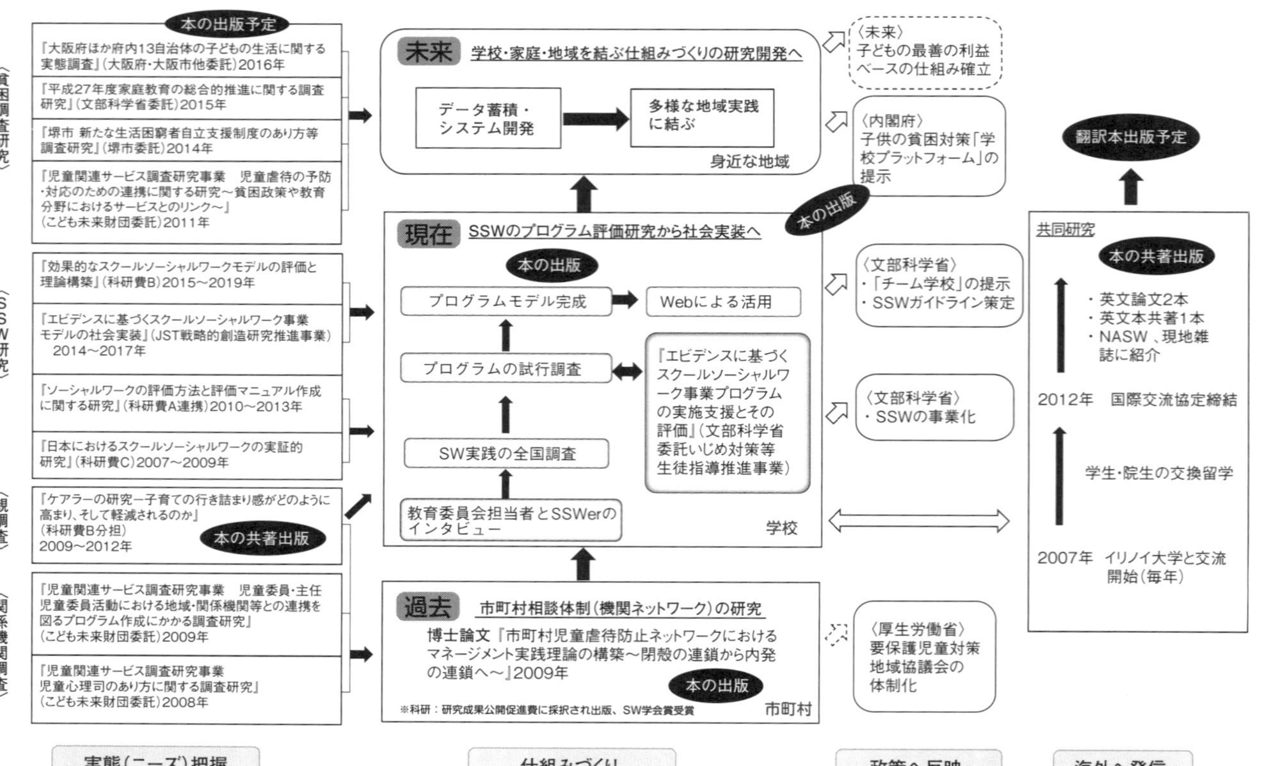

図 18-1　すべての子どもを視野にした子ども家庭相談体制づくり――研究の経緯と全体像（D&D）

国に研究成果を発表する機会を得て、2008年国事業となるきっかけを作ることができた。筆者は､外からみるとスクールソーシャルワーク（SSW）研究者に見えるかもしれないが、あくまでも子ども家庭相談体制のもとにあるスクールソーシャルワーク、体制づくりを目指すマクロ研究にこだわっていた。つまり、子ども家庭福祉が一部の児童相談所における実践の話ではなく、市町村そして学校、という網の目から外れることなく必要な子どもに支援が届く場での展開に進めることに重要な意味があり、まさに筆者のデザイン・アンド・ディベロップメントである。

図18-1からもわかるように、基本的なスタイルとして、実態調査やフィールドに入ること（参照：図18-1のニーズ実態把握欄を縦に参照）によってニーズ把握をおこないながら、国、自治体、財団の受託をさまざまな関連する方面で受けて、仕組みづくり、つまりマクロ実践に関する研究へと発展させてきた。子どもの実態には文部科学省、厚生労働省、内閣府領域などない。子どもの貧困対策のための子どもの生活実態調査の委託を受けたが、大阪府内自治体のある学年のほぼ全数把握となった10万件のデータを扱うことになったことの意義は大きい。どのような開発研究も政策も子どもの実態から考えるべきである。いかにさまざまな角度から支援の必要な子どもや家庭があり、届いていないかがエビデンスで明確になった。

仕組みづくりに話を戻すと、そのためには、国際的な視点も欠かせないこと､海外に発信していくことも重要であることから､イリノイ大学ジェーンアダムス校と2007年から学生・院生同行で毎年行き来をおこなう交流を開始し、2012年に国際交流協定（交換留学などの学生交流、研究交流など）を結ぶにいたった。博士課程時代の仲間に助けられながら、ここにいたることができ、アメリカの徹底的なEvidence-based practice（EBP）を知り、日本のスクールソーシャルワークとそのEBPを紹介する論文やイリノイ大学との共同研究の論文を海外ジャーナルに掲載、アメリカでもっとも使用されているSSWのテキストに共同執筆することを実現した[1]。また、National Association of Social Workers（NASW）や現地の雑誌にも記事として取り上げられるなどへ繋がった。現在、SSWテキストの版権を取り翻訳中である。海外発信も含め、日本におけるSSW事業成立を発展させていった。

しかし課題も大きく、日本において2008年国事業としてSSW事業が成立したが、教育や心理などさまざまな専門職種がSSWerとして現場に入ること、実践のスタイルが自治体やSSWerによって違うこと、組織体制やほかとの連携体制がないことによる混乱が生じ続けている。そのためには事業をどのように形成していくのか、SSWerの質をどう担保するのか、政策立案者がこのことを理解し、どのように政策を策定するのかが重要である。そこで体制作りにつながるよう教育委員会を巻き込んで、理論そしてエビデンスに基づいたSSW実践のプログラム作りを始めた。そして文科省にマニュアル[2]の必要性を継続して訴えることを始めた。そうしなければ、結局子どもの最善の利益につながらない。

Ⅳ　教育と福祉の協働——根拠に基づく実践へ焦点化して

エビデンスをもたらす実践を明確に示し、さらに実証研究のスタイルとして、M-D&Dと同様にマクロな実証研究の枠組みとして、プログラム評価の理論（Rossiほか＝2005）を援用しプログラム評価研究をおこなった。2010年からSSWerと教育委員会の担当指導主事にインタビュー調査、2012年にそれに基づく全国調査（山野ほか2014）を実施、並行してSSWerと教育委員会の担当指導主事、スーパーバイザー（SV）、研究者が集まって実践家参画型意見交換会をおこなう[3]ことで、エビデンスに基づくプログラム作りへと動き始めた（山野2015a）。全国の実践家が、研究者も交えてデータをもとに意見交換をおこなう場は画期的で新しい光景であった。これを複数回こなして、次に実際に複数の自治体において試行調査を実施し、「効果的なスクールソーシャルワーク事業プログラム」モデルの完成にいたった（山野2015b）。これはSSWerの動きのみならず、教育委員会が何をどう作っていく必要があるか示唆するプログラムであり、教育委員会内の組織体制と他機関との連携体制作りにつながる。さらに当初の課題であった専門性の違いも可視化していった（横井ほか 2013；駒田・山野 2015）。

その後は、このプログラムを発展させるために、採択された国立開発法人学技術振興機構（JST）戦略的創造研究推進事業（参照：図 18-1 の中段左端）によって、社会実装の方法として、これを Web 化し広く活用しされやすいようにした。Web 実施においても、基本としたのは、実際に実践とそのアウトカムを蓄積し、教育委員会担当者と SSWer が自身の実践を振り返り障壁分析をおこない、新しい動きのヒントを得ることである。この意見交換をワークショップ形式でおこない、Web のチェックとセットで実施することを提案した。単に数値をみるだけでなく実践知を生かす工夫である。これを全国レベルとそれぞれの自治体レベルと両方でおこなっていった。プログラム作りからともに検討に参加してきた全国の実践家や研究者が全国 6 ブロックの拠点の代表者つまりコアメンバーとして、各地域で同じ手法で展開することができるようにし（図 18-2）、コアメンバーを研究員とした SSW 評価支援研究所[4]の立ち上げによって各地の実践を支援した（スクールソーシャルワーク評価支援研究所 2016）。興味を持った自治体をピックアップするために、全国版あるいは地域拠点ブロック版研究会にオブザーブ参加可能にすることで新規参入を発展させた。さらに新規参入自治体には近くのブロックのコアメンバーがまさに支援に出向く形で実施するために、丁寧なフォローができる。また各地で一定養成を受けた人によってワークショップができるように、評価ファシリテーター養成講座を実施した。自治体の SV やチーフ SSWer に受講門戸を開き、ワークショップのための手引き（SSWer 用と教育委員会担当者用）を作成し、各自治体で実施しやすいように工夫した。この Web チェックとワークショップのセットが重要である。試行段階において、ワークショップまでいかない自治体も存在し、介入群とコントロール群の差の比較もおこなっていった。このようななかで自治体の変化は目覚ましく、全県を網羅する SV 体制をしっかり敷いた自治体、まずは体制作りのために初年度

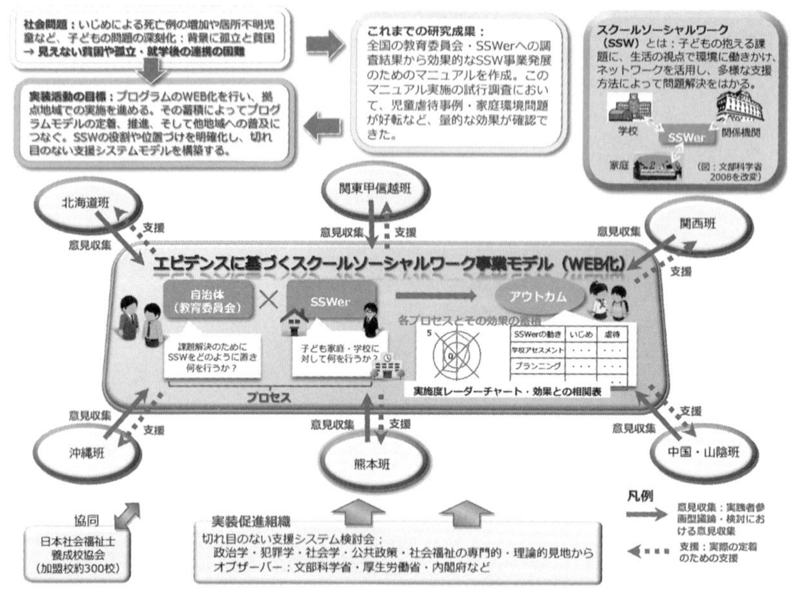

図 18-2　エビデンスに基づく効果的なスクールソーシャルワーク事業モデルの社会実装（説明図）（出典）JST ホームページの図、筆者ら作成

SSWer・SV の常勤配置、そして次年度 SSWer・チーフの常勤配置を実現した自治体も生じ、プログラム効果が明らかになっていった。

まさにこの実践とアウトカムの評価をミクロからマクロまでおこなうことを繰り返し、実践の見直しをおこなっていくこと、これがプログラム評価である。そして、この研究手法によって、SSW 実践を形のあるものとしていく大きな助けとなっていった。評価という言葉が、避けられる傾向にあるが他者から個人が評価を受けるのではなく、自身のための、自身でおこなうプログラム評価であり、よりよい実践が生み出される。

この研究を進めてきたポイントは、①実践家と研究者の意見交換をおこなうことを都道府県、国（実践者側には日本社会福祉士会や日本ソーシャルワーク学校連盟など日本としての実践者、政策立案者側には文部科学省や厚生労働省、国立政策研究所など国としての政策立案者）までさまざまな階層が入ること、④ニーズのある地域へのアウトリーチをおこなうこと（コアメンバーの自治体以外に、2016 年東京、2017 年北海道へアウトリーチでワークショップを開催。来年以降すでに複数自治体からオファーがある）、⑤必ずエビデンスベーストで進めること、である。

これらのことを踏まえて、JST 社会実装プロジェクトにおいて高い評価を受けている[5]。このポイントは、博士論文においてテーマは児童虐待であり市町村ネットワークであったが、その体制構築のためのマネジメントプロセスは、今回の SSW の体制作りのヒントとなった。同様に、縦割りになっている子どもの貧困対策で実施されている子ども食堂や学習支援などの地域主導のプログラムを行政や SSW 事業とマッチさせて組織化するところでも参考になり、現在子どもの貧困対策を網羅する体制作りの動きにも活用しはじめている。

V　国とのインターフェイス

文科省では、中央教育審議会答申で出された「チーム学校」の中身を議論することになり、委員[6]として参画することになった。校長や教育相談コーディネイター、スクールカウンセラー（SC）、SSWer などがどのような役割でどう動くのか示した報告書（「児童生徒の教育相談の充実について」文科省 2017 年 1 月）、SC や SSWer ガイドラインを作成した。この報告書やガイドラインのなかに、研究成果で示したプログラム・モデルが大筋 SSWer の動き方や教育委員会がなすべきこととして採択された。文科省に SSWer のマニュアルが必要であるとアピールをはじめたのは、研究報告書[2]を出せるようになった 2012 年度くらいからであり、かれこれ 5 年に及んでいることも事実である。この「児童生徒の教育相談の充実について」報告書を踏まえて、2017 年 4 月には学校教育法施行規則の一部改正によって、SSWer が学校職員として法的に明確に位置付けられた。大きな出来事である。ようやく法に位置づいたが、しかし課題は多くあり、学校職員でいいのか、必置になっていない、定数条例との関連など不明確である、など今後も議論が必要である。

もっと大きな枠組みでは、「学校プラットフォーム」が内閣府子どもの貧困対策の大綱のなかで打ち出された。どうしても文科省で出されたチーム学校は文科省の課題、内閣府で出された学校プラットフォームは内閣府の課題となりがちである。同じ「学校」という言葉が使用されていてもつながって議論になっていかない。文部科学省の中央教育審議会答申でさえも、チーム学校部会（正式名称「チームとしての学校・教職員の在り方に関する作業部会」）、コミュニティスクール部会（正式名称「地域と共にある学校検討部会」）、地域学校協働部会（正式名称同じ）と三部会がそれぞれに議論され（後者２つの部会は合同もあった）、答申案も１本化されないところであった。これらそれぞれに関わった立場からも福祉と教育の協働を打ち出している立場としても、国のこの議論や報告に横串を指すことが大変重要でないかと考えた。結果、答申案の結果は１枚の絵になった。しかし、内閣府での議論の学校プラットフォームとの関連が見えない。

学校プラットフォームは、学校を扱う文科省で出された議論ではないため、施策としては詰められた状態ではないであろう。本来は、イギリスでいうエクステンディッド・スクール（現エクステンディッド・サービス）に類似した内容で、今までの「学校」のイメージを変える画期的な案である。内閣府の「子どもの貧困対策」の議論にも幸運なことに参画できていたが、たった4回、3カ月の議論でイメージを１つにすることは困難であった。このことが影響して、現在も国でも現場でもイメージができずに、今までの施策をまとめているに過ぎない「学校プラットフォーム案」の政策立案が起きている。児童福祉法が一部改正され、冒頭第１条の主語が子どもになり、子どもの権利条約にのっとること、子どもの最善の利益が優先して考慮されることが謳われたように、この施策のずれを正せるのは、児童福祉法の条文の力ではないだろうか。教師や地域、児童相談所、市町村児童相談部署を主語にした議論ではなく、子どもを主語にした施策をどう策定すべきか、再度、警鐘を鳴らしたい。

国の議論に参加することは、さまざまに批判もあるであろう。しかしこの子どもの最善の利益のために警鐘を鳴らし続け、1 枚の絵にしていく役割は研究者に課せられたものではないだろうか。研究成果が政策に反映されること、EBP が当たり前になる政策を作ることも重要な政策立案者と研究者の協働であると考える。

VI　今後の方向性

学校プラットフォームを成功させる課題は、SSWer がますます増員される新たな体制のなかで、SSWer にとって、より機能しやすい場所を作れるかという話でもある。また学校だけの話ではないし、児童福祉の話だけではない。すでに児童相談は一杯になって待機状態、職員の疲弊状態が著しい。必要な子どもすべてがケアされない状況にある。これを打破していくには、子どもにとって最も身近な学校という場を拠点にして、地域との協働、さまざまな機関との協働を生み出せるか、組織化できるかという点は重要である。

チーム学校、学校プラットフォームが担当省庁の違い、行政でいう担当部局の違いによってばらばらになっていくことをできるだけ避けたい。子どもを主語にする社会まずは行政を作る必要がある。

子どもの最善の利益のために問題が深刻になる前に、全数把握できる学校において、保健所のスクリーニング機能のように実施し、予防的に校内で問題を発見し（山野 2010)、そこから、①より専門的な機関へ紹介、②地域を活用した支援の実施、③担任見守りというように流れていく仕組みをどう作成していくのかに取り組んでいく必要があると考える。これは、子どもを主語に考え、最も身近なところでの展開であり、支援の必要な子どもや家庭が取りこぼされないような、子どもの相談体制という全体像のなかの SSW（山野 2006）であり、より具体化が進んだプランである。

今までに子どもの相談ネットワークづくりの研究から、SSW 実践を研究として明らかにしてきた。今後は、子どもの最善の利益を基軸に、最も身近な学校という場を活用しながら具体的な支援展開ができ、SSW が機能できる、システム開発が必要である。これは、筆者らの開発した「効果的なSSW事業プログラム」のゴールに、「支えあう地域ができる」[7]（山野2015b）が含まれたように、まさに地域社会共生へ向かっていく。研究としては、学際的に工学の知識も投入して、これに着手していきたいと考えている。

[注]……………………………………………………………………………………

1　以下の論文2本、共著1本である。
①Noriko Yamano.（2011）. The Role and Challenges of School Social Work-Anexamination from Practice in Osaka, *School Social Work Journal,* 36（1）, 1-15.
②Miki Itano Boase., Noriko Yamano., & Carol Rippey Massat（2013）. School Teachers' Perspectives on School Social Workers: A Comparative Study of School Teachers in the Chicago, Illinois, Area and in Osaka, Japan. *School Social Work Journal,* 38（1）, 64-75.
③Elizabeth Lehr Essex & Carol Rippey Massat & Noriko Yamano（2015）. Making School Social Work Visible, Viable, and Valued, Carol Rippey Massat, Michael S.Kelly, Robert Constable" *School Social Work: Practice, Policy, and Research* 8th *edition,*" LYCEUM BOOKS.INC, 419-436.
2　効果的なスクールソーシャルワーカー配置プログラムのあり方研究会（代表山野則子）編（2013）「効果的なスクールソーシャルワーカー配置プログラム――実施マニュアル」大阪府立大学、キーパーソンプロジェクト。この報告書以降毎年出版し文科省に提出。
3　以下の大島らの研究を参考におこなった。大島巌他（2012a）。CD-TEP ――円環的対話型評価アプローチ法実施ガイド。平成22年度文部科学省・科学研究費補助金基盤研究（A）「プログラム評価理論・方法論を用いた効果的な福祉実践モデル構築へのアプローチ法開発」報告書。（主任研究者：大島巌）。
4　スクールソーシャルワーク評価支援研究所を2015年に設立。メンバーは、研究者、実践家、文科省、国立政策研究所、日本社会福祉士会、日本ソーシャルワーク学校連盟など全国組織のメンバーである。http://www.human.osakafu-u.ac.jp/ssw-opu/
5　国立研究開発法人科学技術振興機構（JST）のHPやパンフレットに取り組み紹介。http://ristex.jst.go.jp/pdf/top/2016.pdf/ p35.　JST主催の科学と社会をつなぐ広場サイエンスアゴラに2016、2017年連続して登壇。
http://www.jst.go.jp/csc/scienceagora/reports/2016/session/akn1.html/

http://www.jst.go.jp/csc/scienceagora/program/session/140/

6 「学校における教育相談等に関する調査研究会議委員」の委員。

7 2017年1月文科省から出された「児童生徒の教育相談の充実について」に筆者のプログラム内容、そしてこの目標が採択され掲載されている。

[参考文献]

子どもの相談システムを考える会編（2001）『ニューウェイブ子ども家庭福祉　子どもを支える相談ネットワーク――協働する学校と福祉の挑戦』ミネルヴァ書房。

駒田安紀・山野則子（2015）「社会福祉士・精神保健福祉士資格所有状況による実践の差の検証――効果的スクールソーシャルワーカー配置プログラム構築に向けた全国調査より」学校ソーシャルワーク研究、第10号、日本学校ソーシャルワーク学会、37-48。

Rossi, P.H., Lipsey, M.W. and Freeman, H.E. (2004) *Evaluation: A systematic approach, 7th Ed*, Sage Publications. (=（2005）大島巌・平岡公一・森俊夫ほか訳『プログラム評価の理論と方法――システマティックな対人サービス・政策評価の実践ガイド』日本評論社)。

芝野松次郎(2002)『社会福祉実践モデル開発の理論と実際――プロセティック・アプローチに基づく実践モデルのデザイン・アンド・ディベロップメント』有斐閣。

スクールソーシャルワーク評価支援研究所（所長山野則子）編（2016）『すべての子どもたちを包括する支援システム――エビデンスに基づく実践推進自治体報告と学際的視点から考える』せせらぎ出版。

山野則子(2009)「子ども虐待を防ぐ市町村ネットワークとソーシャルワーク」明石書店。

山野則子・梅田直美・厨子健一（2014）「効果的スクールソーシャルワーカー配置プログラム構築に向けた全国調査――効果的プログラム要素の実施状況、および効果（アウトカム）との相関分析」日本社会福祉学会社会福祉学第54巻第4号、日本社会福祉学会、82-97。

山野則子（2015a）「効果的なスクールソーシャルワーク事業プログラム・モデルの開発」『ソーシャルワーク研究』Vol.40 No.4、23-34。

山野則子編著（2015b）『エビデンスに基づく効果的なスクールソーシャルワーク――現場で使える教育行政との協働プログラム』明石書店。

横井葉子・酒井滋子・厨子健一・木崎恵理子・山野則子（2013）「スクールソーシャルワークの効果的援助要素に関する全国実態」学校ソーシャルワーク学会、第8号、日本学校ソーシャルワーク学会、68-80。

第19章
ソーシャルワーク研究と「デザイン・アンド・ディベロップメント」

芝野松次郎
関西学院大学教授

はじめに

関西学院大学で教員として、また研究者として過ごした期間は35年になった。そしてこの20年は、ひたすらソーシャルワークにおける「デザイン・アンド・ディベロップメント」に取り組む日々であった。退職を迎えるに当たって、デザイン・アンド・ディベロップメントの視座から、学生として研究者を志した時期、そして関西学院大学で職を得てから後の教育と研究に取り組んだ年月を振り返りたい。とはいっても、薄れつつある記憶を辿りながらであり、客観的に正確ではないところも多々あると思う。ここでの振り返りは、今思い起こすことのできるきわめて主観的、断片的なものになるだろう。そうした振り返りを通して、私の今にいたるソーシャルワーク研究手法の形成プロセスを「デザイン・アンド・ディベロップメント」として捉え直すことが本章の目的である。なお、本章は関西学院大学人間福祉学部紀要「Human Welfare」第10巻第1号（2018）の［最終講義］原稿に大幅な加筆をしたものである。

I　ソーシャルワークとの出会い

まずは大学学部生の頃を振り返ることから始めたい。中東の歴史を学び、歴史家を志して大阪外国語大学（以下「外大」現大阪大学外国語学部）ペルシャ語科に入学したのは、ちょうど半世紀前のことである。しかし、「学生紛争（運動）」のために まともに勉強できたのは１年生の時だけであった。大阪市の上本町八丁目にあった外大キャンパスは、民青派によって長期間バリケード封鎖された。当初は近辺の施設を借り上げ授業が行われて、所謂「ノンポリ」（nonpoliticalの略）であった私は、きわめて真面目に授業に出ていたが、やがてその施設も使えなくなり、授業はまったくなくなってしまった。言語を習得し、歴史を研究する夢は、呆気なく潰えてしまったのである。学生運動に関わった多くの学生が、大学や社会の改革を主張し、挫折を味わったが、それとは違う意味で、私も人生最初の大きな挫折を味わうこととなった。

ただ、バリケード封鎖中も、クラブ活動は継続していたようで、比較的熱心に活動していた。ESS（English Speaking Society）に所属していたが、そこで心理学と出会い、ことに臨床心理学に興味を持つようになった。当初、精神分析に心を奪われ、フロイト（Sigmund Freud）を読みあさったが、やがて決定論的（deterministic）過ぎるところに違和感を感じ始めた。そして、将来の不確定要素を認め、未来に希望が持てるユング（Carl Jung）にのめり込んだ。日本人としてはじめてユング派分析家の資格を取得した河合隼雄の著作を読みあさり、研究会や講演会によく出かけた。今でいう「おっかけ」をした。私は河合先生が京都で主宰された「箱庭療法研修講座」の第１期生である。その時作成した箱庭のスライド写真は今も大切に机の引き出しにしまってある。

歴史研究者としてのキャリアを諦め、臨床心理学に心酔したが、外大を卒業後、より専門的に臨床心理学を学ぶために、聴講生として京都大学教育学部で１年を過ごした。ある時、河合先生から関西学院大学の武田建先生を紹介される。この偉大な恩師との出会いから、私のソーシャルワーク研究者としてのキャリアがスタートすることになった。恩師とのこの出会いについては、『ソーシャルワーク研究』Vol.35、No.3の「我が師を語る」のコーナーで「角の取れた鬼コーチは生涯現役の師—武田建先生」に詳述したので、興味がおありの方は一読願いたい[1]。この時、私は23歳であった。以来45年、恩師の背中を見ながら関西学院大学で学生として学び、教員として教壇に立ち、研究者として研究を深めた。

関西学院大学社会学研究科社会福祉専攻の修士課程では、臨床心理に近いソーシャルワークの治療的ミクロ実践を学んだ。当時臨床心理学や治療的ソーシャルワークで注目されていた「行動変容（behavior modification）アプローチ（B-MOD）」を含む「行動療法（behavior therapy）」を中心に学んだ。武田先生のマネジメントで、当時文学部におられた新浜邦夫先生、宮田洋先生、今田寛先生といった大先生方からは、オムニバス講義を通して理論を教わった。そして、当時兵庫医科大学におられた久野能弘先生や梅花女子大学におられた佐久間徹先生からは実践を教わることができた。

こうして行動理論の応用を学ぶなかで、修士論文のテーマが固まっていった。B-MODがソーシャルワークのなかでどのように取り上げられ、研究されているのか、そして実践の方法として現場ではどう活用されているのかを明らかにすることを修士論文のテーマとした。とはいっても、日本ではほとんど実践的な研究がなかったために、アメリカの関連専門学術誌に掲載された論文から行動変容アプローチを取り上げた論文を抽出し、精査することによって、ソーシャルワークにおける行動変容アプローチの活用の現状を分析した。そのうえで日本のソーシャルワークにB-MODを導入する場合の課題を検討した。その成果を修士論文とした。

修士論文の一部を、指導教授の武田先生とともに社会福祉学会で口頭発表した。「学会デビュー」であった。発表後の質疑応答では、残念ながら、フロアからの反応はなかったが、正直なところほっとしていた。その時、しんとした会場の中ですっと手が挙がった。手の主は、現在大阪市立大学名誉教授の白澤政和先生であったと記憶している。ご本人はまったく覚えておられないと思う。今は私も質問の内容をまったく思い出せないのだが、私にとっては印象的な白澤先生との出会いであった。修士論文は、そう呼ぶには少し気恥ずかしい資料改題的なものであったが、1976年にその一部を「ソーシャル・ワークの文献に見る行動療法（Behavior Modification Approach)」と題して『青少年問題研究』第25号に発表した[2]。

そのころ、ハワイ大学から武田先生の招きで関西学院大学に来られていたGilfred Tanabe先生からも行動変容アプローチの基礎となるオペラント理論とさまざまな実践技法を学んだ。学びのプロセスのなかでさまざまな文献を読むうちに、ミシガン大学のスクール・オブ・ソーシャルワークがB-MODのメッカであることを知る。恩師の勧めと、Tanabe先生の後押しがあり、ミシガン大学への留学を決意することとなった。

Ⅱ　B-MODの学びと実践――ミシガン大学時代

ミシガン大学は、ミシガン州アナーバー（Ann Arbor）市にある。市の人口の半分は学生で、文字通りの大学町である。当時は夜中まで図書館で勉強した後、歩いて帰宅できるほど安全な町であった。2年目は、同級生3人と一緒に一軒家を借りて住んでいたが、外出時に鍵をかけた記憶がない。UGLi（under graduate libraryの略）という愛称で親しまれていた学部生用図書館で夜中まで勉強することが多かった。「キャレル」と呼ばれる個室で、授業の予習と復習に明け暮れた毎日だったことを思い出す。キャレルは早い者勝ちなので、授業が終わるやいなや図書館に向かったものだ。大きな威厳のある図書館ではあったがかなり古くて、けっしてきれいとはいえなかった。愛称には“ugly”（醜い）という意味もあった。しかし、私にとっては毎日長時間を過ごす生活の場であった。

私が入学した年、ミシガン大学のスクール・オブ・ソーシャルワークでは、新しい試みとして「コンセントレーション」を設けることになった。それまでミシガン大学のソーシャルワークには、ミクロ（inter-personal:

IP）とメゾ・マクロ（community-administration-policy: CAP）という大きな分類があり、さらに学校、病院、家族といった領域の区分があったが、専門性をさらに高め、実践で即役立つ知識と技術を身につけさせるために「コンセントレーション」が考え出されたようだ。私は「行動変容コンセントレーション」に所属した。私の留学目的を察知して、それに合わせてくれたかのようで、驚くこと頻りであった。ミクロレベルのB-MODを担当する教授陣は充実しており、トーマス（Edwin Thomas）やカーター（Robert Carter）といった著名な研究者が名を連ねていた。そうした教授陣の講義と連動して、週2日、3セメスターの実習が用意されていた。1年目は、ジェネラル・モータースの工場で働く労働者が多く住むフリント市にあるファミリー・サービス・エージェンシー（Family Service Agency）に配属され、2年目は、デトロイト市サウスフィールドにある児童センター（The Children's Center）のサテライトに配属された。

フリント市のファミリー・サービス・エージェンシーは、トーマスたちがエージェンシーのスタッフと一緒にPAMBOS（Procedure for the Assessment and Modification of Behavior in an Open Setting）という実践手続きを開発した場所である。トーマスの授業と実習現場でその詳細を学んだ。B-MODを家族支援に用いたアプローチで、PAMBOSにしたがって援助が行われていた。今日では当たり前の考え方であるが、計画的なアセスメント、プランの立案・決定・実施、評価という一連の手続きを明確にし、マニュアル化した当時としては画期的なものであった。このエージェンシーでは、子どもの養育に困難を抱える家族を支援していたが、ソーシャルワーカーがB-MODを用いて家族を直接支援するのではなく、家庭訪問してホームメーカーサービス（家事支援）を提供するホームメーカー（日本ではヘルパーに相当する）にB-MODを教育訓練し、家庭訪問時にホームメーカーが親を支援する方法を用いていた。トーマスはこれを「インスティゲーション」と呼び、ホームメーカーを遠隔的に操作するような仕方で、B-MODを実施、普及、定着させようとした。雪だるま式にB-MODの実施者を増やし、コストを押さえた方法を提唱したのである。この方法は、私の博士論文にも影響を与え、修士課程の学生を訓練し、インスティゲートする方法を用いたのだが、この時は、実習の現場に慣れることに精一杯で、この方法の重要性がまだよく理解できていなかった。

児童センターのサウスフィールド・サテライトでは、B-MOD を活用した親子関係の調整に明け暮れる毎日であった。スーパーバイザーのマレー（Carol Murray）はミシガン大学出身で、B-MOD に精通していた。私が少し環境に慣れてくると、私の思いをしっかり受け止め、思うようにケース援助をさせてくれ、しっかりバックアップもしてくれた。スーパービジョンの管理的機能はほどほどに、支持的、教育的機能を重んじたすばらしいスーパーバイザーであったと今でも感謝している。この頃担当したケースの一部は、帰国後の 1986 年に武田建・荒川義子編『臨床ケースワーク』（川島書店）の「課題中心ケースワーク」のなかで事例として紹介した[3]。今思うと、ミシガン大学時代の実習は、B-MOD 三昧の充実した実習であった。

ミシガン大学での２年目に武田先生がフルブライトでミシガン大学に来られた。まる１年間武田先生とともに過ごせたことは、私にとってすばらしい経験であり、忘れられないできごとであった。紙幅の関係でその時のことを詳しく書けないのが残念である。ファカルティとしてミシガン大学に来られたのだが、ファカルティミーティング以外の時間は、学生と同じように勉強され、研究されていたのは印象的であった。この恩師の姿が私にとって大きな刺激になり、その後５年あまりの留学生活を全うすることができたのだと思う。

Ⅲ　実践と効果測定の研究に邁進――シカゴ大学時代

ミシガン大学での２年目、比較的早い時期に博士課程への進学を決意した。留学前にはアメリカで B-MOD を学び、ソーシャルワーカーとしての実践資格である MSW（ソーシャルワーク修士号）を取得すれば十分だと考えていたので、研究者の資格である Ph.D.（博士号）を取ることはあまり考えてはいなかった。しかし、入学当初は図書館にこもって猛勉強しても B+ であった成績が、1年のトータルでは、実習も含め A レンジになったこと。PAMBOS のような社会に役立つ成果を生み出す「実践的・開発的研究」というものに興味を抱き始めたことなどが、進学を決意させたように思う。

ミシガン大学の博士課程を第1志望とし、第2志望は友人の勧めもあってシカゴ大学のスクール・オブ・ソーシャルサービスアドミニストレーション（School of Social Service Administration：SSA）を選んだ。ミシガン大学での2年目は、進学準備のために GRE などの資格試験を受け、願書の作成にけっこう時間を要した。結果は、まずミシガン大学から合格通知が来た。ミシガン大学の Ph.D. はダブルメジャーなので、ソーシャルワークと社会学を専攻することにした。武田先生が親しくされていたグラッサー（Paul Glasser）先生がアドバイザーに決まった。しかし、グラッサー先生が突然ミシガン大学を去り、テキサス大学に移られることになった。それにともなってアドバイザーも変更となった。トーマス先生がアドバイザーになりほっとしたのだが、周りの同僚や先輩からは、トーマス先生はすばらしいが、あまりに完璧主義なので、学位を取るのに10年はかかるよといわれた。さすがに10年は長すぎると思い途方に暮れた。そんな時、すっかり忘れていたシカゴ大学から合格通知が来た。

迷い始めていた時であったので、すぐにシカゴ大学の B-MOD 研究者を調べた。家族支援の B-MOD で有名なピンクストン（Elsie Pinkston）や、課題中心ケースワークの開発者として著名なリード（William Reid）などが SSA にいた。大学には、ラディカルな行動主義を代表する理論家のゴールダイアモンド（Israel Goldiamond）がいることも知った。友人の誘いもあって、早速先生方に会いに出かけることにした。しかし、急なことで予約なしであったが、とりあえずはキャンパスを見るだけでもよいという思いであった。アムトラックでアナーバー駅からシカゴ市への長旅は予想に反して快適で、新たな出会いを期待してか、まるで遠足気分であったことを思い出す。

その時まで私自身知らなかったのであるが、シカゴ大学は私立大学である。東部のハーバード大学やプリンストン大学などアイビーリーグの大学がファーストウェーブの私立大学だとすると、1800年代中期から後期にかけて設立されたセカンドウェーブの私立大学の1つである。スタンフォード大学やノースウェスタン大学、MIT、カルテックなど、セカンドウェーブの大学は、急速に発展し、全米の教育研究をリードする存在となった。シカゴ大学は、経済学や社会学などでは「シカゴ学派」と呼ばれる特徴的な研究で有名であることはいわずもがなであろう。キャンパスは、シカゴ市南部のハイドパークと呼ばれる地域にある。大学の中心にあるクアドラングルには、グレーのライムストーンで築かれた威厳あるゴチック様式の建築群がずらりと並ぶ。ミシガン大学の比較的モダーンなキャンパスしか知らない私は、これぞ大学という、ある種の荘厳さに圧倒された。先述したように、まったくのアポなしだったが、偶然研究室におられたピンクストン先生に会うことができた。この奇跡的な出会いが私のその後の人生を決定づけることになった。

1　ピンクストン研究室と仲間たち

ピンクストン先生とは、それほど長くしゃべった訳ではなかったが、不思議なことに研究室を出る時には、RA（リサーチアシスタント）の職を得ていた。ピンクストンマジックとでもいおうか、この人のもとで研究をしたいと思ってしまった。研究室に所属する先輩たちも同じ体験をしたと口を揃えていっていたのを思い出す。ミシガンに戻り、恐る恐るトーマス先生にこのことを話したところ、ピンクストンとリードの下であれば、ミシガンと同等の研究環境が得られるので頑張りなさい、とあっさりシカゴ行きの許可が出た。武田先生からも許可をいただき、シカゴ大学での生活が始まることとなった。

当時のピンクストン研究室には、多くの院生が所属しており、そこに卒業生や他大学の先生方が加わって、SSAではもっとも活気のある研究室だったと思う。不定期だが頻繁に開かれる論文のクリティーク会では、話題の論文を取り上げ、活発な議論がなされていた。修士課程の学生も黙っておらず、積極的に議論に加わった。博士課程の学生や先生方もそれに触発され、議論がどんどん白熱していった。時には、研究室から先生のお宅へ場所を移し、議論が続いたのを覚えている。こうした研究室での議論や、その「予習復習」を通して、ミシガン大学で学んだB-MODの実践を研究者の目で捉え、掘り下げることができたと思う。そのなかから博士論文に繋がる独自の研究テーマを見出すことができたのである。当時の仲間たちとの研究成果はいろいろな形で継続的に公開したが、なかでも印象に残っているのは、ゴールダイアモンド先生の理論を応用し、同僚のザプニッキ（Tina Rzepnicki）（昨年までSSA副研究科長）と一緒に、吃音を修正するプログラムを開発し、ロシア移民の男児を対象として効果を検証した論文である。これは1984年にJossey-Bassから出版されたピンクストンら編集の*Effetive Social Work Practice*に掲載された“Treating Stuttering by Using Parental Attention and a Structured Program for Fluency.”である[4]。

博士論文の研究テーマは、ピンクストン研究室で開発したB-MODを用いた「シングルペアレント子育て支援パッケージ」を踏まえ、援助効果を維持する積極的な仕組みを取り入れたプログラムを研究開発することであった。理論的には、B-MODによって獲得された行動は、いわば援助者の刺激統制（stimulus control）下にあるといえる。これを段階的にフェードアウトさせ、同時に段階的に家庭のなかの自然な刺激統制に移行させる必要がある。そのための積極的なプログラムを開発することとなった。

タイトルは“Development and Evaluation of a Program of Maximizing Maintenance of Effects with Single Parents.”である。効果の維持に関しては、シカゴ大学の大先輩で当時カンザス大学教授であったベアー（Baer）とストークス（Stokes）の有名な啓発的論文があった[5]。彼らは、援助によって変化した行動を意図的に汎化、維持（generalize, maintain）する工夫をせず、援助後は神に祈るだけというのは専門的援助とはいえない。計画的な汎化と維持の手続きを開発する必要があると訴えた。私の博論はまさにこの計画的で、積極的な手続きを開発する試みであったといえる。詳細は博論に譲るが、ピンクストン先生や同僚との議論を踏まえながら、独自性のある効果維持プログラムの叩き台を作成した[6]。それを、ユダヤ系のコミュニティーに住む人たちの協力を得て実施し、「単一事例実験計画法（シングルケースデザイン）」を用いて評価した。データの収集と、インスティゲーションによる一部援助の実施では修士課程の学生たちが協力してくれた。基準を高いレベルに定めたデータ収集と援助のトレーニングや、データの信頼性を高める集中的なセッションにもよく付いてきてくれたと思う。ピンクストン研究室の仲間たちの協力があって博論を仕上げることができたのである。心より感謝したい。

こうして博論のための理論研究、調査の実施、データ収集は順調に進んだのであるが、収集されたデータの分析方法にも独自性が要求され、苦労することになる。当時シングルケースデザインが生み出す臨床時系列データ（clinical time series data）の分析は、目で見て判断する所謂「視認（eyeballing）法」が一般的で、あまり科学的とはいえなかった。箔を付けようとする研究者のなかには少し気取った言い方で“inter-ocular traumatic test”（瞳孔間外傷検査）と呼ぶ者もいたが、いずれにしても臨床時系列データの変化は目で捉えるだけでよいと考える実践家や研究者が多かったのである。そこで、経済学や経営学などで研究が進んでいた時系列データの統計学的分析方法の導入を試みることにした。

2　マーシュ先生との協働——統計学的手法による臨床時系列データ分析の試み

マーシュ（Jeanne Marsh）先生はミシガン大学でソーシャルワークと心理学のPh.D.を取得し、私がシカゴ大学に入学したのとほぼ同じ時期に、SSAに着任した最も若い教員であった。良家のご令嬢といった感じの楚々とした女性であったから、彼女にとって最初のTA（ティーチングアシスタント）となった私を先輩たちがうらやんだ。後にSSAの敏腕ディーン（研究科長）として2期10年に亘り活躍されることになるとは、当時想像もできなかった。彼女は、統計学と調査法を担当し、B-MODにも精通していた。シングルケースデザインがもたらす臨床時系列データを分析する統計学的手法に興味を抱き始めていた。当時一部の研究者は、最も単純なシングルケースデザインのABデザイン（処遇をしないベースラインと処遇をするインターベンションのみのデザイン）から生まれるデータ（「中断時系列」: interrupted time seriesと呼ばれる）の分析方法として、一元配置の分散分析（one-way ANOVA）を用いていた。しかし、臨床時系列データは時間に依存しており（serial dependency）、統計学的独立性が担保されないデータに分散分析を用いるのは重大なルール違反であることが指摘されていた。私は、時間への依存性を取り除き、処遇のありなしという［0, 1］のダミー変数を独立変数として投入する重回帰分析（multiple regression analysis）を用いることができないだろうかと考えていた。マーシュ先生にこのことを話すと、たいへん興味を持ち、「統計学的時系列分析手法を人の行動データの分析に応用する研究」ということで、一緒にIDMHDD（Illinois Department of Mental Health and Developmental Disabilities）のグラント（科学研究費）に応募しようということになったのである。科研デビューである。ラッキーにも科研はすんなりとパスした（grant #8248-11）。とはいっても、研究の妥当性、独自性、先進性、波及効果などを示す200頁を超える諸々の証拠書類を準備し、ベテランの秘書の協力を得て正式な形に整え、やっと申請書類の発送に漕ぎ着けたときは安堵するとともに大きな疲れを感じた。

時系列分析（time series analysis）は、ボックス（George Box）とジェンキンス（Gwilym Jenkins）やティアオ（George Tiao）の研究成果によって飛躍的に進歩していたが、まずは彼らの業績を徹底的に研究することにした[7]。経済学部とビジネススクールの時系列分析に関係する授業を片っ端から受講した。必要な数学も学び直した。理論やアルゴリズムの授業は、難しく幾度も挫折しかけた。しかし、当時たくさんの日本人が企業や政府、日本銀行から派遣されていて、その人たちと一緒に苦労しながら学ぶことが励みとなって挫折を免れた。余談になるが、その時、時系列分析の授業で、いつも顔を合わせる日本人がいた。熱心にノートを取り、真剣に学ぶ姿勢が印象的な方だった。彼は日本銀行から来ていた翁邦雄さんだった。Ph.D. 取得後、日銀に戻り、後に日本銀行金融研究所長となった。京都大学の公共政策大学院教授となり、今は法政大学大学院政策創造研究科特任教授である。

私がもっとも興味を持ったのは、ボックス・ジェンキンスの応用の部分であった。ビジネススクール教授のロバーツ（Harry Roberts）先生は、コンピュータを用いた株価の時系列分析でよく知られた、この分野の第一人者である。ロバーツ先生たちが開発したIDA（interactive data analysis）という対話型時系列データ分析プログラムを用いて、株価の分析とフォーキャスティング（予測）を瞬時におこない､結果をグラフ化し、それに基づいて修正を加えながら､分析を繰り返すこと（イテレーション）によってフォーキャストの質を高めていく手法は、人の行動データの分析にも応用できる可能性を秘めていた。

厳密な理論やアルゴリズムについての説明は避けるが、専門家からの批判を怖れずにごく簡単にいうと、株価などの時系列データは、deterministic component（政策変更や新たな政策の導入など、予測できない誤差に依存しないパラメター）と stochastic component（観察されない誤差で、確率的で断定しにくい影響であり、時系列データの予測を難しくする要素）から構成されていると考えることができる。後者には、時系列の特性である時間の依存性や過去からの全体的なインパクトが考えられる。Stochastic な要素は、ある時点（たとえば今日）までの時系列を従属変数とし、今より前の時点（たとえば昨日）までの時系列を独立変数として回帰分析（regression analysis）する AR（auto-regression：自己回帰）モデルと、複数日のデータの平均を時系列とした MA（moving average：移動平均）を独立変数とするモデルによって取り除くことができ、残った残差（residuals）は、deterministic な要素が含まれていなければホワイトノイズ（これ以上 stochastic な特性を絞り出せないランダムな状態；統計学的にはデータポイントが独立していて 0 を平均とし、正規分布しており、一定の分散をもつと考えられる時系列；$\varepsilon_t \sim NID(0,\sigma^2)$）になると考えられる。人の行動の臨床時系列データについても同様に考えると、AR と MA を組み合わせた ARMA モデルによって、時間的依存性や過去からのインパクトを取り除くとホワイトノイズになるはずだと考えられる。しかし、もしもベースラインとインターベンションを組み合わせた単純なシングルケースの AB デザインによってもたらされた臨床中断時系列が援助という deterministic な要素を含んでいるとすれば、援助変数を想定するダミー変数（ベースライン＝ 0、インターベンション＝ 1）を投入することによって、ホワイトノイズを得られるはずであり、その時の援助変数の回帰指数が統計学的に有意になれば、処遇効果を検定できることになる、と考えたのである。

マーシュ先生やロバーツ先生からも助言を受け、取り組みを進めたが、結論からいうと ARMA モデルの活用は難しいことがわかった。ここで詳細な説明はできないが、ARMA モデルに援助変数を組み込むもうとすると、より高度な ARIMA モデル（I は integrated）を用いなければならなかったが、臨床時系列データは、継続的な観察コストが高く、データポイント数が少ないために高度な分析方法を用いることができなかった。そこで、完璧とはいえないが、AR に援助変数としてのダミー変数を加えた重回帰モデルを用いることにした。回帰指数のエスティメーションには前提条件をリラックスしやすい OLS（最小二乗法）を用いた。

まずは、学術誌に掲載された臨床的実証論文からシングルケースデザインを用いている論文を選び出し、多数の臨床時系列データを抽出した。個々の時系列データのベースラインデータに AR を当て嵌め、モデルを特定した上で、処遇効果変数を加えて効果測定を試みた。その結果、ベースラインの臨床時系列データはほとんどが AR（1）という単純なモデルで捉え得ることがわかった。すなわち、計算式は、$x_t = ax_{t-1} + e_t$ となる。余談ではあるが、これは面白いことに、「ランダムウォーク（random walk）」する株価とよく似ていた。株価の時系列データに AR（1）をフィットさせると、残差はホワイトノイズになることが多いのである。すなわち、株価のリターンは結局ホワイトノイズということになる。話をもとに戻すと、このモデルにダミー変数を投入し、インターベンションデータも加えた全データを用いて、処遇効果を検定することを検証することができた。計算式は、$x_t = ax_{t-1} + bI_t + e_t$ となる。I はインターベンションのダミー変数である。

こうした臨床中断時系列データ分析の成果の一部を、まずは1981年デトロイト市で開催されたABA（Applied Behavior Analysis）学会年次大会のポスターセッションで発表した。"Time Series Analysis as a Supplement to Visual Analysis" という控えめなタイトルを付して発表したが、思いがけず "Outstanding Poster Award" を受賞した。日頃視認法で十分だとおっしゃっておられた大御所のベアー先生も会場に来られ、熱心にポスターを吟味し、貴重なアドバイスをいただいたのを思い出す。同大会でマーシュ先生と一緒に臨床時系列データ分析のワークショップを開催したが、予想以上に受講者が多く、翌年のウィスコンシン州ミルウォーキー市での大会でもワークショップを実施した。たくさんの質問やさまざまな角度からの提案をいただいた。これらをまとめ、IDMDD科研費による研究成果として1982年、*New Directions for Program Evaluation: Application for Time Series Analysis*（Jossey-Bass）に "Visual and Statistical Analysis of Clinical Time Series Data." というタイトルの論文を投稿し、採択、掲載された[8]。また、日本に帰国後の1984年には、*Social Work Research and Abstract* に "Issues in the Statistical Analysis of Clinical Time-Series Data" を投稿し、採択、掲載された[9]。博士論文では、援助によって獲得した行動を維持させるプログラムを研究開発したが、この統計学的手法を用いて、その有効性を示すことができたのである。博士論文の一部は "A Single-Parent Intervention to Increase Parenting Skills over Time." としてピンクストンらが編集した *Effective Social Work Practice*（Jossey-Bass）に掲載された[10]。

Ⅳ　関西学院での教育と研究①――社会学部時代

“Dissertation Defense” と呼ばれる博士論文最終審査の口頭試問は、長時間の拷問に匹敵する究極の圧迫面接だと先輩たちから聞かされてきた。現実にその時を迎えて、それが嘘ではなかったと悟った。2 時間あまりの拷問は、主査の「これで退席して結構です」という乾いた一言で終わった。だが、それからの 1 時間は拷問より辛い、辛抱の時間で、審査委員 6 名による合否判定を神妙に待たねばならなかった。やがて委員全員が部屋から出てきて私の側に来ると、主査が代表して結果を告げた。“Congratulations, Doctor !” シカゴ大学での 4 年半が終わった瞬間であった。シャンパンを用意して待ち受けていたピンクストン研究室の仲間たちが祝杯を挙げてくれたことを忘れることはできない。

それから 1 カ月後、校章の透かし（watermark）が入ったボンド紙に印刷した博士論文を博士論文受理オフィスに提出し、7 年間過ごしたアメリカを後にし、日本へと向かった。たいへんラッキーなことに母校関西学院大学の社会学部で教鞭を執ることになったのである。1983 年 4 月のことである。

1　社会学部での教育と研究――開発的研究の芽生え

社会学部ではソーシャルワーク援助技術などを担当した。前任者の本出祐氏先生から引き継いだ児童相談所などの実習機関訪問も担当した。「ソーシャルワークにおける行動療法」という授業も担当したが、これは確か文学部との合併科目であったように思う。文学部本館の階段教室で授業をしていた。今から思うと、この授業には非常に熱心な学生が多くいて、授業が終わってから質問に来る学生が後を絶たなかった。アメリカでマーシュ先生の TA をしたことはすでに触れたが、日本と違い TA は定期的に補足授業をする。特に統計学の授業だったので、かなり頻繁にしなければならず、質問攻めに合うことが多かった。そのため、学生からの活発な質問には慣れていた。困ったのは、授業中の質問が多く、予定通りに進まなかったことである。ところが、日本では授業中の質問はほとんどなく、おかげで授業は順調に進んだ。しかし、授業後の質問が多く、休憩時間がなくなるのには閉口した。もっとも、私としては熱心な学生が多いのは大歓迎であった。

社会学部に着任後の少なくとも5年は、アメリカでの研究成果を整理することに集中していたように思う。1986年出版の武田建・荒川義子編の『臨床ケースワーク』（川島書店）では、すでに触れたが、B-MODの手法を用いた親子関係支援の事例を課題中心ケースワークの枠組のなかで紹介した。[3]加えて、同書では、ソーシャルワークの効果測定の方法についても「ケースワークの効果測定―臨床で必要な調査法」として、博士論文で取り組んだ臨床調査法のレビューの一部を紹介した。[11]学術論文としては、1983年『大阪市社会福祉研究』第6号に「ケースワークの調査法――リサーチ・マインデッド・ワーカー」が掲載された。[12]これは、実践家としてのソーシャルワーカーも自ら調査を実施し、自己評価することによって、実践家としてより適切な意思決定ができるようになることを説いたものである。意思決定の著名な研究者であるアインホーン（Hillel Einhorn）は、シカゴ大学の講義のなかで、最適ではない（suboptimal）人の意思決定について研究した最新の成果を披露している。この講義を踏まえ、ソーシャルワーカーは自ら調査し、収集した時系列データなどの実践データを統計学的に分析することによって、少しでも最適意思決定（optimal decision-making）に近づこうとする努力が必要であることを、私の博士論文の一部を紹介する形で発表したものである。この論文で、思いがけず「同心会社会福祉研究奨励賞」をいただいた。その頃ご存命であった大阪市立大学名誉教授の岡村重夫先生から直接賞状をいただいたのが印象的であった。

こうした取り組みと並行して、新たな取り組みも始めた。これまでの私の研究業績は、ほとんどがソーシャルワークの援助プログラム開発に関連していた。というよりも開発そのものであったといえる。したがって、研究手法は、従来の研究手法のように仮説を検証し、既存の知見を確認したり、深化させたり、あるいは新たな知見を生み出したりすることを目的とするものではなかった。私の研究には、そのプロセスで仮説を検証し、新たな知見を得ることももちろん含まれてはいるが、そうして得られた知見を臨床（実践）に活かし、人が抱える問題を解決するのに有効な援助の方法（手続き、プログラム）を作り出すことが成果となる。すなわち、有効な援助方法を開発することが最終的な目的であった。研究は、研究のための研究ではなく、地域で暮らす人びとの生活をよりよくするのに直接役立たなければならないと常に思っていた。研究は「プラグマティック」でなければならいと考えていたのである。帰国後に気付くことになったのであるが、ミシガン大学時代の恩師であるトーマス先生がこの領域を常にリードしていた。

トーマスや、同じくミシガン大学教授のロスマン（Jack Rothman）は、ソーシャルワークにも「エンジニアリング」の視点が必要で、それなくしては人びとのニーズに応えうる援助プログラムを開発し、提供することはできないと主張した人びとである。エンジニアリングの視点は、人が問題（ニーズ）を抱え、解決したいと望む時、計画的に問題を研究し、解決方法を作り出すために必要となる。この解決方法を作り出すプロセスはR&D（Research and Development）と呼ばれる。彼らはソーシャルワークにエンジニアリングの視点を持ち込み、R&D によって有効な援助プログラムを開発する必要があると訴えたのである。ロスマンは、そうした考え方を“Social R&D”と呼び[13]、トーマスは“DR&U（Developmental Research and Utilization)”と呼んだ[14]。DR&U の“U”は、開発だけではなく、開発したものを普及させ、活用されるようにする手続きを意味している。ソーシャルワークが、人びとの生活課題を理解し、その解決を通して自己実現を援助する方法として有効であるとしても、日本ではそれをわかりやすく説明することができず、社会にうまく受け入れられない状況が続いていた。その理由の 1 つとして、日本のソーシャルワークには有効な援助プログラムを開発するというエンジニアリングの視点と R&D の研究の手続きへの関心がなかったことがあると思われた。そこで、私はソーシャルワークにおけるR&Dに本格的に取り組むことにした。1983年に、文献研究をまとめ、「ソーシャルワークにおけるR&D(Research and Development 調査開発)」と題したレビュー論文を『青少年問題研究』第33号に発表した。[15]

こうした文献研究を踏まえて実践研究に取りかかることになる。桑田繁君という院生がいた。彼は関西学院大学社会学研究科で行動理論を研究していたが、ベアー（Donald Baer）先生の刺激統制に関する研究に関心を持っていたと記憶している。彼は私の授業によく顔を出し、熱心に聴き、授業の後には必ず質問に来た学生であった。当時私は、大学での教育研究の傍ら、博士論文の延長として、幼児を持つ保護者への親業訓練（parent training）プログラムの開発を複数の施設で始めていた。彼はそれに興味を示し、補助を買って出てくれた。当初は講習会のようなプログラムであったが、やがて講話（「お話」と呼んでいた）に加え、ロールプレーを取り入れ、複数のセッションからなる小グループ対象のプログラムを研究開発することになった。開発の手順としてトーマスのDR&Uを用いることにした。この開発過程において、現場でプログラムの叩き台を実施するプロセスをビデオに収め、プログラムによって親子の行動がどのように変化するかをインターバルレコーディングという方法によって観察、カウントした。その結果を踏まえてプログラムの修正をおこなうという一連の作業を、桑田君と一緒におこなった。この研究の一部が桑田君の修士論文に繋がった。また、彼と共同で1990年に「ソーシャルワーク実践におけるR&Dの試み―― 0歳児を持つ母親に対する母子相互作用スキル指導プログラムの調査開発」と題した論文を『関西学院大学社会学部紀要』第61号に発表した。[16] 彼はその後、行動理論の研究を深め、すばらしい研究者として将来を嘱望されたが、高知大学の専任教員として着任後まもなくこの世を去った。36歳の若さであった。惜しい人材を失ったショックは、私にとってたいへん大きなものであったが、学界にとってもたいへん大きな損失であったと思う。

DR&Uによる親支援プログラムの開発は、1987年に神戸市総合児童センターが設立され、その研究開発部門において「行動療法しつけ指導」事業として開設された「親と子のふれあい講座」のなかで大いに進捗する。B-MODを中軸に据え、DR&Uの手続きに沿って、計画的、発展的に親業支援（今日の「子ども・子育て支援」に含まれる）のプログラムとして講座は発展していく。現在では、「1歳半児と親のプログラム」と「3歳児と親のプログラム」は神戸市のほぼすべての地域児童館に普及されている。また、「0歳児と親のプログラム」と「おねしょ講座」（夜尿を疑われる小学校低学年児の親を対象）は市内7箇所の拠点児童館で実施されている。こうした普及プロセスの一部を1993年に中川千恵美（現大阪人間科学大学教授）さんと共同で「ソーシャルワークDR&Uにおける普及（dissemination）の試み――『親と子のふれあい講座』出張講座を通して」と題する論文として『関西学院大学社会学部紀要』第67号に発表した[17]。このふれあい講座の取り組みを理論化し、英文でまとめたものを、少し後の2004年に "Behavioral Family Treatment in Japan: Design and Development of a Parent Training Program." としてブリッグス（Harold Briggs）とザプニッキ（Tina Rzepnicki）の編著 *Using Evidence in Social Work Practice: Behavioral Perspective.*（Lyceum Books）に投稿し、掲載された[18]。

2　厚生労働科学研究と関西学院大学21世紀COEプログラム――児童虐待対応ケースマネジメントの開発とD&D

この頃の私の研究は、実践と連動させながら、児童虐待の防止に関連するものが増えてくる。関西学院大学に着任したころから実親による子どもへの暴力がマスコミに取り上げられることが増え、法的な対応が求められていた。大阪では関西テレビが深夜に虐待の恐れで悩む親からの電話相談番組を企画したが、電話が鳴り止まなかった。私のところにも大阪市児童相談所と関西テレビから児童虐待防止に関する問い合わせがあり、幾度となく勉強会を企画したり、児童虐待とその防止を特集したテレビ番組に出演したりした。そして、1990年に関西テレビの支援を受け、全国に先駆けて大阪で児童虐待電話相談活動を中心とする民間の任意活動団体「児童虐待防止協会」を市内の某所に立ち上げた。当時関西テレビのディレクターであった福井澄郎さんのご尽力がなければ実現しなかったことであると、私は信じている。氏は現在、関西テレビ放送株式会社代表取締役社長である。協会にかかってくる電話相談件数は予想を遙かに超えるものであった。この団体は現在も特定非営利活動法人として電話相談のみならず、セミナーや研究会、出版物などの情報提供、講師派遣などの活動をおこなっている。

1994年に日本が所謂「子どもの権利条約」を批准したこともあって、もはや児童福祉法の運用で児童虐待に対応することが難しいとされるようになり、2000年には議員立法によって「児童虐待の防止等に関する法律」が成立する。これに合わせて厚労省は、児童相談所の児童福祉司が通告に適切に対応し、迅速かつ適切な援助活動ができるように「子ども虐待対応の手引き」を作成し、適切な対応の徹底を図ろうとした。手引きは詳細でよくできたものではあったが、マネジメントの視点にやや欠けていると思われた。そこで私は、児童虐待対応先進国であるアメリカにおける公私の相談機関の児童虐待対応手続きを精査した結果、日本の児童相談所の児童福祉司がソーシャルワーカーとして児童虐待に対応し児童と保護者を援助するプロセスをケースマネジメントと捉える必要を強く感じ、「児童虐待ケースマネジメントプログラム」を研究開発することにしたのである。

このころロスマンとトーマスは、Social R&DやDR&Uをさらに進化させ、D&Dを公にした。1994年、*Intervention Research: Design and Development for Human Services*がHaworth Pressから出版された[19]。"R"から"D"への変更は、画期的であった。単なるリサーチではなく、リサーチの要素を含みながら「創造」の意味を内包する「デザイン」ということばを用いて、開発的研究のための新たな創造的手法を示したのである。私は彼らの炯眼に感服した。しかし、完璧を求めすぎたために、D&Dはきわめて複雑なものとなってしまい、期待したほど普及しなかった。そこで私は、D&Dの先進的な骨格は残し、使いやすくするためのさまざま仕組みを考案し、組み込むことによって、D&Dの修正を検討し始めた。まだ不完全ではあったが、多くの院生の協力を得て、修正D&D手続きの叩き台を用いた最初の研究開発の成果を2001年に有斐閣から出版した。『子ども虐待ケース・マネジメント・マニュアル』である[20]。この紙媒体の書籍に、ICT（当時はITと呼ばれた）を活用し、コミュニケーションを重視した対話型の実践ガイドをマニュアルの形にしたCD-ROMを添付した。まだ経験の浅い児童福祉司が、書籍からケースマネジメントの理論や虐待対応の重要性を学ぶとともに、実際のケースに対応する場合や、ケースをシミュレーションしてプロセスを学ぶ場合に活用できるのがこのCD-ROMである。有斐閣はこれを最初の“digibook”として出版した。当時修士課程に在籍し、私のゼミに所属していた寺本典子さんがこの開発プロセスに参加してくれたが、東京の株式会社タンバリンプロデューサーズ（代表、ゼミ卒業生の荒牧菜実さん）や大阪の株式会社ループのサポートを得て、Macromediaのプログラミング・ソフトを用いて作成した。プログラミングに膨大な時間を要したのを思い出す。これは後に寺本典子さんの修士論文にも繋がった。

D&Dの修正はまだ不完全であったが、それを一層進捗させたのが、2001年度から2003年度に亘る厚生労働科学研究費補助金（子ども家庭総合研究事業）「児童福祉専門職の児童虐待対応に関する専門性向上のためのマルチメディア教育訓練教材及び電子書式の開発的研究」（課題番号：200100397A）である[21]。3年間の研究によって、D&Dの修正モデルをほぼ完成できたとともに、マルチメディア教育訓練プログラムと虐待ケース対応の記録を電子書式化するプログラムは3年間の国（厚生労働省）のモデル事業となった。前者の成果を、2002年に有斐閣から『社会福祉実践モデル開発の理論と実際――プロセティック・アプローチに基づく実践モデルのデザイン・アンド・ディベロップメント』（関西学院大学研究叢書102編）として出版した[22]。後者は、北海道、大阪府、神戸市（政令市）で実施され、プログラムはその地域に合う形に修正（カスタマイズ）されて、モデル事業終了後も今日まで活用されていると聞く。

また、D&Dの修正モデル化を進捗させたもう1つの要因は、「大学の構造改革の方針」に基づき文部科学省の新規事業として採択され、2003年から5年間に亘って、社会学研究科において実施された「関西学院大学21世紀COE（center of excellence）プログラム」である。「人類の幸福に資する社会調査」をテーマとするこの事業の前半、サブリーダーの1人として関わることになった。COEの研究課題の1つとして、児童虐待ケースマネジメントを、子どもの権利条約の重要な理念であり価値である「子どもの最善の利益」という切り口から捉え直し、ソーシャルワーカーの質を高める「実践モデル（practice model）」を開発する研究に取り組んだ。

このプロセスのなかで修正版D&Dはより洗練されていった。そして、修正版D&Dの目的が、実践モデル開発と普及・定着にあることを明確化するとともに、独自に5つの構成要素からなる実践モデルの構造を明らかにし、定義づけることができた。また、ソーシャルワークの実践モデルにおいては、人の問題解決を支援し、その結果を持続させるための補綴的環境（prosthetic environment）を人の生活のなかに作ることが肝要であることを指摘し、「プロセティック・アプローチ」と呼ぶことにした。さらに、ソーシャルワークは、こうした人と環境の接点（interface）に働きかけるマネジメントのプロセスであるという特徴があることも指摘し、PEIM（Person-Environment-Interface Management）がその本質の1つであるとした。子どもの最善の利益を考慮した児童虐待防止のためのケースマネジメント実践モデルは、こうした概念や手法を取り入れることによって、さらに洗練されていくことになった。

この頃から博士課程前期課程の院生が増え、後期課程へ進もうとする院生も増えたため、多くの院生がこうした研究に関わることとなった。子どもの最善の利益に関する取り組みは欧米が一歩先を行っていた。ことにアメリカでは1997年に「養子縁組と安全ファミリー法（Adoptions and Safe Families Act, Public Law 105-89）」が成立し、問題を抱えながらも有効に機能していると考えられたため、アメリカでの共同研究が重要となった。院生とともにアメリカでの調査も積極的におこなった。これをまとめたものが「『子どもの最善の利益』の証（エビデンス）を求めて――ソーシャルワークおけるリサーチとプラクティスを繋ぐ」[23]であり、2005年にCOEの成果の1つとして『先端社会研究』第2号に掲載された。

V　関西学院大学での教育と研究②——人間福祉学部時代（今日にいたる）

児童虐待への対応は21世紀に持ち越された大きな社会的課題であったが、今ひとつ憂慮される大きな問題の解決が、今世紀に持ち越されていた。1989年の人口動態統計において、合計特殊出生率が過去最低の1.57となり、「1.57ショック」として少子化にスポットライトが当たることとなった。1994年には、少子化対策として、女性の社会進出を推進しながら出産を促す施策として、文部、厚生、労働、建設4大臣合意による「今後の子育て支援のための施策の基本的方向について」（「エンゼルプラン」）がスタートする。「緊急保育対策等5か年事業」によって保育所を増やすことに重点を置く施策は、やや極端な言い方をすると、保育所に入れない「待機児童数」の急激な増加をもたらしただけで、少子化対策としての効果は限定的であった。その後、企業の子育て支援、男性の育児参加、ワークライフバランスなどを推し進めながら、社会全体で子育てを支える「次世代育成支援行動計画」が、基礎自治体を主体にして実施された。さらには、より包括的な「子ども・子育て支援関連3法」が成立し、各自治体において「子ども・子育て支援」が始まった。私の研究も、すでに起こってしまった児童虐待に対処するケースマネジメントプログラムの開発から、すべての子育て家庭を地域で支援する「子ども・子育て支援」、なかんずく「利用支援事業」のためのケースマネジメントプログラムをソーシャルワーク実践モデルとしてデザイン・アンド・ディベロップする方向へとシフトしていくことになる。

社会学部から人間福祉学部への移籍を挟んで、2003年度から2012年度に亘り、文部科学省科学研究費補助事業（現日本学術振興会科学研究費助成事業）の萌芽研究や基盤研究Bに継続的に採択され、専門里親支援実践モデル[24]、児童養護施設でのファミリーソーシャルワーク（家庭支援専門相談員）実践モデル[25]、子育て支援総合コーディネート実践モデル[26]、といったケースマネジメントのための実践モデルの開発をおこなった。また、2006年度から2007年度には、厚生労働科学研究費補助金（政策科学総合研究事業）「IT活用による次世代育成支援行動計画推進評価と総合的コーディネートシステムに関する開発的研究」も採択された[27]。こうしてほぼ10年に亘り、家庭養護を含む子ども・子育て支援に関連するケースマネジメントプログラムの継続的な研究開発ができた。この時期の研究成果は、人間福祉研究科で博士号を取得した小野セレスタ摩耶さん（滋慶医療科学大学院大学）と平田祐子さん（滋賀大学教育学部）とともに『ソーシャルワークとしての子育てコーディネート――子育てコンシェルジュのための実践モデル開発』というタイトルの著書にまとめ、2013年に関西学院大学出版会より出版した[28]。

こうしてトーマス先生のD&Dを修正し、活用しやすくするさまざまな工夫を盛り込む作業も完了することとなった。先述したように、修正版D&D、すなわちM-D&D（Modified D&D）の目的は、人びとのニーズに応え得る「ソーシャルワーク実践モデル（social work practice model）」をデザインし、ディベロップして、実践現場へ普及させ、定着させることであることを明確にした。そして、ソーシャルワーク実践モデルは、①実践対象の記述、②実践意義の記述、③依拠する理論の記述、④援助手続きの記述、⑤援助効果の記述という5つの要素（記述）から構成されること。援助手続きの記述をさらに詳細にし、実践可能なわかりやすい手続きとしたものを「ソーシャルワーク実践マニュアル（social work practice manual）」と呼ぶこと。加えて、ソーシャルワーク実践モデルはソーシャルワーク実践の諸理論から演繹されるとともに、具体的な実践から帰納されるものであるとし、実践理論、実践モデル、そして実践との関係を明らかにしたのである。このように明確化されたM-D&Dの目的、そしてプロダクトである実践モデルの構造は、ロスマンとトーマスのD&Dには示されてはおらず、M-D&Dの独自性を示すものである。さらに、先に触れたPEIM（人と環境の接点におけるマネジメント）がソーシャルワークの本質の一側面であることを示し、M-D&Dによって生み出される実践モデルはPEIMを実現するものであることを明確にした点もM-D&Dの独自性であるといえる。また、今ひとつ、実践モデルにおける人と環境との関係は、人の現有能力を高め、未来の可能性を引き出すプロセティック関係であらねばならないとする点もM-D&Dの独自性であると考えている。

私は、こうしたM-D&Dを開発し、ソーシャルワーク実践理論と実践モデルの関係を考えるプロセスにおいて、早くから「エビデンスに基づく実践（EBP）」に興味を持ち、論文をいくつか発表してきた。たとえば、2004年に出版された『エビデンス・ベースト・カウンセリング　現代のエスプリ別冊』では「社会福祉におけるEBP」について論じた[29]。また、第24回日本社会福祉実践理論学会（現ソーシャルワーク学会）大会シンポジウム「エビデンスに基づくソーシャルワーク実践の科学科」での発題内容を加筆修正し、「エビデンスに基づくソーシャルワーク実践の科学科── EBSWPによる実践の理論化とM-D&Dに基づく実践モデル開発」と題する論文として『社会福祉実践理論研究（現ソーシャルワーク学会誌）』第17号（2008年）に投稿し、掲載された[30]。同年、「エビデンス・ベースト・ソーシャルワークの特質──量的分析、開発的研究の立場から」が『ソーシャルワーク研究』Vol.34、No.1に掲載された[31]。さらに、2012年の第60回日本社会福祉学会春季大会シンポジウムでソーシャルワークにおけるEBPの課題と展望について発題したが、それを加筆、修正した「エビデンス・ベースドの社会福祉研究・実践をいかにすすめるか──実践評価の課題と展望」を『社会福祉学』Vol.53、No.3に投稿し、掲載された[32]。

私は、こうしたソーシャルワークにおけるEBP、ソーシャルワーク実践モデルの開発方法としてのM-D&D、そして両者の関係について整理する時期が来たと感じ、関西学院に2013年度留学期間を申請した。かつての同僚で、母校シカゴ大学の教務担当副研究科長（Associate Dean）であったザプニッキ教授と恩師マーシュ教授の受け入れに応じる形で、丸1年間シカゴ大学において研究を深める機会を、関西学院より与えていただいた。定年まで4年を残し、35年間の研究者としての仕事を整理し、まとめる機会を持つことができたのである。

あっという間の1年間ではあったが、これほど充実した環境で締めくくりの研究ができことはたいへん幸せであった。関西学院、人間福祉学部、そしてシカゴ大学のみなさんに心より感謝を申し上げたい。この留学成果は、2015年に『ソーシャルワーク実践モデルのD&D ――プラグマティックEBPのためのM-D&D』と題した著書として有斐閣より出版した[33]。シカゴ大学の教育と研究の現場、そしてシカゴ市の実践現場でのさまざまな取り組みに関わることができた。それを踏まえ、ソーシャルワークにおけるEBPのあり方についてかなり突っ込んだ検討ができたと思う。津谷と内田は、エビデンスには「つくる」「つかう」「つたえる」という3つの側面があることしたが[34]、この3つの側面からソーシャルワークに必要なエビデンスについて詳細な検討を加えた。そして、科学的実証的な研究から得られた「厳密なエビデンス」の重要性を改めて理解した上で、ソーシャルワーク実践に必要なエビデンスとはどのようなものなのかを検討した。援助プロセスとコミュニケーションを重視し、援助関係の質を伝統的に大切にしてきたソーシャルワーク実践には、厳密なエビデンスだけではなく、援助プロセスから得られるフィードバックに裏付けられた臨床情報も重要なエビデンスあり「広義のエビデンス」として捉えることができる。さらに、その広義のエビデンスには援助手続きとしての「ソーシャルワーク実践モデル」も含まれることを明らかにした。そうした広義のエビデンスとしてのソーシャルワーク実践モデルを「つくる」仕組みとしてのM-D&D、そして広義のエビデンスとしての実践モデルを援助プロセスにおいて「つかい」、修正・改善し、再び広義のエビデンスとしての実践モデルを「つくる」という「再帰的（reflexive）なプロセス」として「プラグマティックEBP」を提案し、詳細に検討することができた。さらに、M-D&Dとプラグマティック EBPとの関係を明らかににすることができ、ささやかではあるが私の35年のソーシャルワーク研究を締め括ることができたと思っている。

まとめにかえて

研究者を目指した学生時代から関西学院大学での35年を振り返り、思い出すままに、研究と教育における自身の足跡を辿ってきたが、何か気の利いたことばでこれをまとめることはできそうにない。そこで、研究以外の関西学院大学での経験で印象に残っていることに触れ、まとめに替えたいと思う。

関西学院大学に着任したころには想像すらできなかったことであるが、新たな学科と学部の設置に関わった。関西学院大学の社会福祉教育・研究は古く、1952年に「文学部社会事業学科」が設置された時から始まるとされる。その後、関西学院創立70周年事業の一環として、1960年に文学部から社会学科と社会事業学科を独立させ「社会学部」ができた。社会事業学科は、第2類、社会福祉学コースとして位置づけられた。1999年に、このコースを独立させ、「社会福祉学科」とする構想が突然浮上する。湿気がひどいE号館地下の小教室で、何度も会議を重ねながら設置構想を練ったことを懐かしく思い出す。キリスト教主義教育を謳う関西学院の創立理念やスクールモットーであるマスターリー・フォア・サービスの精神を踏まえ、新社会福祉学科の教育・研究の理念として3つのCが、このかび臭い小さな教室から生まれた。「人への思いやり」を意味する"compassion"（コンパッション）、社会現象を包括的に捉える「幅広い視野」を意味する"comprehensiveness"（コンプリヘンシブネス）、人の問題解決を援助する「高度な問題解決能力」を意味する"competence"（コンピテンス）である。コンパッションとコンピテンスは、シカゴ大学が発行する学術研究誌*Social Service Review*の編集長であったブルーエル（Frank Breul）が1980年にダイナー（Steven Diner）とともに編集した著書*Compassion and Responsibility-Readings in the History of Social Welfare Policy in the United States*（The University of Chicago Press）に収録されているパンフリー（Ralf Pumphrey）の“Compassion and Protection: Dual Motivations in Social Welfare”から生み出された[35]。コンパッションは問題を抱え苦しむ人への思いやりであり、社会福祉を動機付ける原動力である。そして、もう1つの原動力は、プロテクションであり、人の利益、価値を護ることを意味する。それが時代を経て、人と社会の利益と価値を護る責任（Responsibility）となり、その責任を果たすための問題解決能力、すなわちコンピテンスとなった。新社会福祉学科の基本的な理念としてまずこの2つが位置づけられた。次いで、ソーシャルワーカーを目指す学生には幅広い視野が必要であるということになったが、それをなぜか英語表記にし、まとまりよくしようということになった。頭文字がCとなる単語で幅広い視野という意味を持つ語を探した結果、少し長いが、最終的にコンプリヘンシブネスが選ばれたのである。社会学部長を務められた髙田眞治先生とともに、土屋明生事務長、速水幸一主任の4名で、3つのCを教育·研究の理念とする設置構想を持って文部科学省に何度も足を運んだ。詳細は避けるが、長い茨の道程であった。設置認可が下りた時は、ほっとするとともに、もう二度とこんなことはしたくないと思ったものである。

ところが、2006年ごろから新学部の設置が囁かれる。いくつもの構想が生まれては消えたが、大学内のシーズを見出し、新たな学部を作る話がどういう訳か社会学部社会福祉学科に舞い込んで来た。社会福祉学科、スポーツ科学・健康科学研究室、産業研究所を学内のシーズとして活かすことになった。図らずも、2006年4月から2年間、新学部設置準備室の室長を命ぜられた。またもや設置構想を練り、教育理念や、カリキュラム、教員配置などの詳細を決定する作業が始まった。しかし、社会学部社会福祉学科の時と比べると、たくさんの教員、事務職の方たち、そして大学と学院の力強い支えがあって、申請プロセスは比較的順調に進んだ。吉村保文設置準備室事務長とは長時間準備室でさまざまな打合せをしたことを思い出す。設置認可が下りた時は本当にほっとしたのを覚えている。人間福祉学部で学部長を2期4年間務め、人間福祉学部の成長を見守ってきた。そして、設置から10年が経過し、今この学部を去ろうとしている。感慨無量である。人間福祉学部の若い教員の方たち（とはいってもそれ相応の年齢になっておられる）が新たな人間福祉学部を模索している姿を見ると頼もしく思える。10年後が楽しみである。

最後に、大学院教育に触れ、締め括りたいと思う。2002年4月に社会学研究科博士課程後期課程指導教員に任用され、2008年4月には人間福祉研究科後期課程指導教員に任用された。今日にいたるまで後期課程の院生を指導してきた。否、彼らとともに研究をしてきた。20名を超える次代の研究を担う方たちとともに研究を続けてきた。そして、本年3月には私のゼミから18人目の課程博士（甲号）取得者を送り出すことができた。後期課程指導教授であった15年間で18名のPh.D.を世に送り出すことができたのは、院生の1人ひとりが明確な目的と強い意志を持って研究に取り組み、博士論文を自ら「デザイン・アンド・ディベロプメント」したからだと思う。私は彼らとともに歩ませてもらっただけである。博士号取得者は、それぞれ研究者として歩み続け、ソーシャルワーク教育と研究の発展、そして次世代の研究者育成に貢献している。もう5年になるだろうか、年に一度、博士号取得者の活躍に対する感謝の気持ちを伝えるために「ドクターズ・サロン」を開催し、情報の交換をしている。私にとって至幸の一時を持たせていただいている。また、25名の博士課程前期課程（修士課程）を終え、修士号を取得した人たち、さらには600名に垂んとする学部卒業生（学士）を世に送り出すことができた。それぞれが働きの場を得て社会に貢献してくれていると思うと、教師冥利に尽きるというものである。

このように研究者を目指した学生時代、そして関西学院大学での教員、研究者としての35年を振り返ると、私自身が自らの学者人生を、非力ではあるが精一杯「デザイン・アンド・ディベロップメント」してきたことに気付かされる。退職後は、また違った視点から人生をデザインし、ディベロップしていくのだと考えると、楽しみである。

[注]……………………………………………………………………………………

1 芝野松次郎（2009）「我が師を語る（23）角の取れた鬼コーチは生涯現役の師——武田建先生」『ソーシャルワーク研究』Vol. 35、No. 3、260-263、2009。
2 芝野松次郎（1976）「ソーシャル・ワークの文献に見る行動療法（Behavior Modification Approach）」『青少年問題研究』第25号、49-61。
3 芝野松次郎（1986）「課題中心ケースワーク」、武田健・荒川義子編『臨床ケースワーク』川島書店、73-94。
4 Shibano, M. and Rzepnicki, T.L.（1982）"Treating Stuttering by Using Parental Attention and A Structured Program for Fluency." In Pinkston, E. et al. *Effective Social Work Practice*. San Francisco: Jossey-Bass, 233-246.
5 Stokes, T. F. and Baer, D. M.（1977）"An Implicit Technology of Generalization." *Journal of Applied Behavior Analysis*. 10, 349-367.
6 Shibano, M.（1983）*Development and Evaluation of a Program of Maximizing Maintenance of Intervention Effects with Single Parents*. Doctoral Dissertation Submitted to The School of Social Service Administration, The University of Chicago.
7 最新の業績としては、Box, G. E. P., Jenkins, G. M. and Reinsel, G. C.（2015）*Time Series Analysis: Forecasting and Control, Fifth Edision*. John Wiley Sons Inc.: NY.
8 Marsh, J.C. and Shibano, M.（1982）"Visual and Statistical Analysis of Clinical Time Series Data." *New Directions for Program Evaluation: Application for Time Series Analysis*. San Francisco: Jossey-Bass, 33-48.
9 Shibano, M. and Marsh, J.C.（1984）"Issues in the Statistical Analysis of Clinical Time-Series Data." *Social Work Research and Abstract*（*NASW*）, 7-12.
10 Shibano, M., et al.（1982）"A Single-Parent Intervention to Increase Parenting Skills over Time." In Pinkston, E. et al. *Effective Social WorkPractice*. San Francisco: Jossey-Bass, 422-434.
11 芝野松次郎（1986）「ケースワークの効果測定——臨床で必要な調査法」、武田健・荒川義子編『臨床ケースワーク』川島書店、161-188。
12 芝野松次郎（1983）「ケースワークの調査法——リサーチ・マインデッド・ワーカー」大阪市社会福祉研究、第6号、32-42。
13 Rothman, J.（1980）*Social R and D: Research and Development in the Human Services*. New Jersey: Prentice-Hall.
14 Thomas, E.J.（1978）"Mousetraps, Developmental Research, and Social Work Education." *Social Service Review*, 52, 468-483.
15 芝野松次郎（1984）「ソーシャルワークにおけるR&D（Research and Development 調査開発）」『青少年問題研究』第33号、65-79。
16 桑田繁、芝野松次郎（1990）「ソーシャルワーク実践におけるR&Dの試み—— 0

歳児を持つ母親に対する母子相互作用スキル指導プログラムの調査開発例」関西学院大学社会学部紀要、第61号、49-82。

17 中川千恵美、芝野松次郎（1993）「ソーシャルワークDR&Uにおける普及（Dissemination）の試み――「親と子のふれあい講座」出張講座を通して」関西学院大学社会学部紀要、第67号、131-142。

18 Shibano, M.（2004）“Behavioral Family Treatment in Japan: Design and Development of a Parent Training Program.” In Briggs, H. E. and Rzepnicki, T. L.（Eds.）*Using Evidence In Social Work Practice: Behavioral Perspectives.* Lyceum Books, 145-159.

19 Rothman, J. and Thomas, E.J.（1994）*Intervention Research: Design and Development for Human Services.* New York: Haworth Press.

20 芝野松次郎　編著（2001）『子ども虐待ケース・マネジメント・マニュアル』有斐閣。

21 「児童福祉専門職の児童虐待対応に関する専門性向上のためのマルチメディア教育訓練教材及び電子書式の開発的研究」厚生労働科学研究費補助金（子ども家庭総合研究事業）（課題番号：200100397A）（年度：2001-2003）代表研究者：芝野松次郎。

22 芝野松次郎（2002）『社会福祉実践モデル開発の理論と実際――プロセティック・アプローチに基づく実践モデルのデザイン・アンド・ディベロップメント』有斐閣。

23 芝野松次郎（2005）「『子どもの最善の利益』の証（エビデンス）を求めて――ソーシャルワークにおけるリサーチとプラクティスを繋ぐ」『先端社会研究』第2号、関西学院大学出版会、356-399。

24 「被虐待児のケアと育成を担う専門里親のニーズ把握とIT活用支援プログラムの開発的研究」萌芽研究（研究課題番：15653039）（年度：2003-2005）代表研究者：芝野松次郎、分担研究者：木村容子（頌栄短期大学）。

25 「EBPとしてのファミリーソーシャルワーク実践モデルの開発的研究（M-D&D）」基盤研究B（研究課題番号：17330132）（年度：2005-2007）代表研究者：芝野松次郎。

26 「ソーシャルワークとしての『子育て支援総合コーディネート』実践モデルの開発的研究」基盤研究B（研究課題番号：22330178）（年度：2010-2012）代表研究者：芝野松次郎、分担研究者：小野セレスタ摩耶（滋慶医療科学大学院大学）。

27 「IT活用による次世代育成支援行動計画推進評価と総合的コーディネートシステムに関する開発的研究」厚生労働科学研究費補助金（政策科学総合研究事業）（課題番号：200701022B）（年度：2006-2007）代表研究者：芝野松次郎。

28 芝野松次郎、小野セレスタ摩耶、平田祐子（2013）『ソーシャルワークとしての子育て支援コーディネート――子育てコンシェルジュのための実践モデル開発』関西学院大学出版。

29 芝野松次郎（2004）「福祉」『エビデンス・ベースト・カウンセリング　現代のエスプリ別冊』88-102。

30 芝野松次郎（2008）「エビデンスに基づくソーシャルワーク実践の科学科――EBSWPによる実践の理論化とM-D&Dに基づく実践モデル開発」社会福祉実践理

論研究、第17号、57-77。
31 芝野松次郎（2008）「エビデンス・ベースト・ソーシャルワークの特質――量的分析、開発的研究の立場から」『ソーシャルワーク研究』Vol. 34、No. 1、24-38。
32 芝野松次郎（2012）「エビデンス・ベーストの社会福祉研究・実践をいかに進めるか――実践評価の課題と展望」社会福祉学、Vol. 53、No.3、96-99。
33 芝野松次郎（2015）『ソーシャルワーク実践モデルのD&D ――プラグマティックEBPのためのM-D&D』有斐閣。
34 津谷喜一郎、内田英二（2005）『くすりとエビデンス――「つくる」＋「つたえる」（EBMライブラリー）』中山書店。
35 Pamphrey, R.E. (1980) "Compassion and Protection: Dual Motivations in Social Welfare." In Breul, F.R. and Diner, S.J. *Compassion and Responsibility - Readings in the History of Social Welfare Policy in the United State*. The University of Chicago Press: Chicago.

あとがき

執筆者の方々には、年度後半から年度末にかけてのもっとも忙しい時期に、原稿の仕上げをお願いしました。また、厳しい校正スケジュールにもかかわらず、期日を守っていただき、当初の予定通りに校了の運びとなりました。心より感謝申し上げます。

執筆内容の大枠は示させていただきましたが、それぞれの章の内容は、執筆者の個性を反映した熱のこもったものとなっています。大学院後期課程での学びのプロセス、その集大成としての博士論文の内容、そして、その後の研究プロセスとこれからの課題、あるいは、博論に至るまでの経験を踏まえた研究者や教育者へのメッセージなどが詳細に表現されています。私へのメッセージも多く含まれていますが、それに留まらず、これからソーシャルワークを学び、専門職を目指す方々はもちろんのこと、ソーシャルワークの領域でこれから研究者、教育者を目指す方々へのメッセージが語られていると思います。読者の方々の参考になればと願っています。

今後、執筆していただいたそれぞれの方が、さらに学びを深め、研究を発展させ、学界や社会に貢献するだけではなく、これからのソーシャルワークを担う人材の育成に貢献されると信じ、大いに期待したいと思います。

出版に際しまして、関西学院大学出版会の田中直哉様には、出版の趣旨を理解し、支えていただくことによって、出版が叶いました。心より感謝申し上げます。また、きわめてタイトなスケジュールにもかかわらず鋭意編集作業を進めていただきました関西学院大学出版会の戸坂美果様に心より感謝申し上げます。

末筆になりましたが、本書の出版につきましては、35年の長きに亘り在籍させていただきました学校法人関西学院から一部助成をいただきましたことに対しまして厚くお礼申し上げます。

芝野 松次郎

索　引

アルファベット

A

B

C

D

E

F

M

N

P

R

S

かな

あ

こ

さ

し

板野ボーズ美紀（いたの ぼーず みき）――――――――――――――――（第 1 章）
インディペンデント・リサーチャー

板野ボーズ美紀（2011）「全国市町村の児童家庭相談を構成する要件――相談援助を担当する相談員による質問紙に対する回答を基に」社会福祉学、Vol.51,No.4、69-79。Itano Boase., M., Yamano N., Rippey M., C（2013）“School Teachers’ Perspectives of School Social Workers: A Comparative Study of Chicago Area Schools and Osaka, Japan Schools.” School Social Work Journal, 38-1: 64-75. 板野ボーズ美紀（2011）「ウェブサイトを活用した里親支援および里親研修に関する研究――アメリカの里親関連ウェブサイトの現状をもとに」子ども家庭福祉学、11 号、1-12。

榎本祐子（えもと ゆうこ）――――――――――――――――（第 2 章）
滋賀大学特任講師

平田祐子（2015）『ケースマネジメントによる子育て支援コーディネート――効果的なサービス提供のために』ミネルヴァ書房。（共著）芝野松次郎ほか（2013）『ソーシャルワークとしての子育て支援コーディネート――子育てコンシェルジュのための実践モデル』関西学院大学出版会。平田祐子ほか（2013）「子育て支援総合コーディネーターに必要な『力量』に関する研究」子ども家庭福祉学（12）、93-105。

大塚美和子（おおつか みわこ）――――――――――――――――（第 3 章）
大阪府教育委員会チーフスクールソーシャルワーカー／関西学院大学人間福祉学部非常勤講師

大塚美和子（2008）『学級崩壊とスクールソーシャルワーク――親と教師への調査に基づく実践モデル』相川書房。大塚美和子（2008）「スクールソーシャルワーク実践理論の開発――学級崩壊を経験した親と学校間の仲介理論」人間福祉学研究、第 1 巻、第 1 号。大塚美和子（2011）「子どもの貧困とスクールソーシャルワーク――子どもと家庭への新しい支援システムの必要性」ソーシャルワーク学会誌 21 号。

小野セレスタ摩耶（おの せれすた まや）――――――――――――――――（第 4 章）
滋慶医療科学大学院大学医療管理学研究科准教授

小野セレスタ摩耶（2011）『次世代育成支援行動計画の総合的評価――住民参加を重視した新しい評価手法の試み』関西学院大学出版会。（共著）芝野松次郎ほか（2013）『ソーシャルワークとしての子育て支援コーディネート子育てコンシェルジュのための実践モデル開発』関西学院大学出版会。小野セレスタ摩耶（2016）「A 市地域子育て支援拠点事業の利用者評価―― 2012 年度評価における満足度分析」『厚生の指標』一般社団法人厚生労働統計協会、63（1）、1-7。

木村容子（きむら ようこ）――――――――――――――――――――（第5章）
日本社会事業大学准教授

木村容子（2012）『被虐待児の専門里親支援―― M-D&Dにもとづく実践モデル開発』相川書房。木村容子・有村大士編著（2016）『新・基礎からの社会福祉⑦ 子ども家庭福祉』ミネルヴァ書房。木村容子（2016）「養育支援訪問事業の実施に影響を与える要因の分析」ソーシャルワーク学会誌、第33号、27-39。

黒川雅代子（くろかわ かよこ）――――――――――――――――――（第6章）
龍谷大学短期大学部教授

黒川雅代子（2017）「遺族会などに参加されない方への対応」27巻2号『緩和ケア』95-97。（共著）高橋聡美編（2012）『グリーフケア――死別による悲嘆の援助』メヂカルフレンド社。黒川雅代子（2011）「病院到着時心肺停止状態で搬送された患者の遺族のニーズと満足度」日本臨床救急医学会雑誌、14巻、6号、639-648。

曽田里美（そだ さとみ）――――――――――――――――――――（第7章）
神戸女子大学准教授

（共編）成清美治・曽田里美編（2003）『現代児童福祉概論』学文社。（共著）前田研史編著（2009）『児童福祉と心理臨床――児童養護施設・児童相談所などにおける心理援助の実際』福村出版。山本智佳央ほか編（2015）『ライフストーリーワーク入門――社会的養護への導入・展開がわかる実践ガイド』明石書店。

知念奈美子（ちねん なみこ）――――――――――――――――――（第8章）
元龍谷大学非常勤講師

知念奈美子（2016）『ソーシャルワーク視点を持つホームレスアセスメントツールの開発』関西学院大学大学院人間福祉研究科2016年度博士論文。（共著）山本隆ほか（2014）『社会的企業論――もうひとつの経済』法律文化社。特定非営利活動法人ビッグイシュー基金（2013）『社会的困難を抱える若者の支援プログラム集』特定非営利活動法人ビッグイシュー基金。

新川泰弘（にいかわ やすひろ）――――――――――――――――（第9章）
関西福祉科学大学准教授

新川泰弘（2016）『地域子育て支援拠点におけるファミリーソーシャルワークの学びと省察』相川書房。新川泰弘（2011）「地域子育て支援拠点における利用頻度と子育ち子育て環境との関連性――ファミリーソーシャルワークの視点から」子ども家庭福祉学、11、35-44。新川泰弘（2017）「対人援助専門職の心がけに関する学び合いと省察」総合福祉科学研究、8、87-95。

西野　緑（にしの みどり）――――――――――――――――――――（第 10 章）
大阪府教育委員会チーフスクールソーシャルワーカー／関西学院大学人間福祉学部非常勤講師
（共著）山下英三郎ほか（2012）『新スクールソーシャルワーク論――子どもを中心にすえた理論と実践』学苑社。西野緑（2009）「虐待的養育環境にある子どもに対するスクールソーシャルワーク実践モデルの開発的研究―― M-GTA の分析によるコーディネーターの援助プロセス」子ども家庭福祉学、第 8 号、11-21。西野緑（2015）「子ども虐待におけるチーム・アプローチの成果とスクールソーシャルワーカーの役割――教職員への聞き取り調査から」学校ソーシャルワーク研究、第 10 号、2-14。

野口啓示（のぐち けいじ）――――――――――――――――――――（第 11 章）
福山市立大学教育学部児童教育学科准教授
野口啓示（2008）『被虐待児の家族支援――家族再統合実践モデルと実践マニュアルの開発』福村出版。野口啓示（2009）『むずかしい子を育てるペアレント・トレーニング――親子に笑顔が戻る 10 の方法』明石書店。（共著）伊藤嘉余子編著（2017）『社会的養護の子どもと措置変更――養育の質とパーマネンシー保障から考える』明石書店。

橋本直子（はしもと なおこ）――――――――――――――――――――（第 12 章）
福井県立大学看護福祉学部社会福祉学科講師
橋本直子（2010）「カバリーにおける SA の役割――スピリチュアリティの視点から」精神保健福祉、41（1）、51-57。橋本直子（2013）「統合失調症のセルフヘルプグループの展開とメンバーの認識変化――機関内グループと SA（Schizophrenics Anonymous）の経験から」精神保健福祉、44（1）、55-62。橋本直子（2016）「精神科医療における精神保健福祉士の役割と課題」臨床精神医学、45（6）、787-792。

畠山由佳子（はたけやま ゆかこ）――――――――――――――――――（第 13 章）
神戸女子短期大学幼児教育学科准教授
畠山由佳子（2013）「日本における児童虐待在宅ケースに対する家族維持を目的とした援助の現状把握と『正当な努力』の検証」博士課程学位論文（関西学院大学人間福祉研究科提出）。畠山由佳子（2015）『子ども虐待在宅ケースの家族支援――家族維持を目的とした援助の実態分析』明石書店。畠山由佳子（2016）「日本における児童虐待在宅ケースに対する区分対応システムの開発的研究　平成 25 年度－27 年度　学術研究助成基金助成金（基盤研究 C）助成　最終研究成果報告書（課題番号 25380835）」。

原　佳央理（はら かおり）――――――――――――――――――――――――――（第 14 章）
元相愛大学准教授

原佳央理（2014）『子ども虐待対応のための教育訓練実践モデル――修正デザイン・アンド・ディベロップメント（M-D&D）を用いて』学術出版会。（共著）福田公教・山縣文治編著（2017）『児童家庭福祉（第 5 版）』ミネルヴァ書房。山縣文治・林浩康編（2013）『よくわかる社会的養護（第 2 版）』ミネルヴァ書房。

藤田　譲（ふじた じょう）――――――――――――――――――――――――――（第 15 章）
医療法人仁真会白鷺病院医療福祉科科長／関西学院大学人間福祉学部非常勤講師

（共著）荒川義子著（2001）『医療ソーシャルワーカーの仕事――現場からの提言』川島書店。藤田譲（2002）「血液透析患者の対処――共分散構造分析によるモデル構築の試み」社会福祉学、43（1）。藤田譲（2008）「血液透析への効果的な対処」人間福祉学研究、1（1）。

宮崎清恵（みやざき きよえ）――――――――――――――――――――――――（第 16 章）
神戸学院大学総合リハビリテーション学部社会リハビリテーション学科教授

（共著）公益社団法人日本医療社会福祉協会、公益社団法人日本社会福祉士会編（2017）『保健医療ソーシャルワーク――アドバンスト実践のために』中央法規出版。宮崎清恵（2017）「日本医療社会福祉協会におけるソーシャルワーク・スーパービジョンへの取り組み」『保健の科学』第 59 巻第 12 号、杏林書院、822-826。宮崎清恵（2016）「周産期医療の場から始まる継続したソーシャルワーク――地域と医療機関をつなぐ社会福祉士の役割」『社会福祉研究』第 125 号、鉄道弘済会、63-72。

八重樫牧子（やえがし まきこ）――――――――――――――――――――――（第 17 章）
福山市立大学名誉教授

八重樫牧子（2012）『児童館の子育ち・子育て支援――児童館施策の動向と実践評価』相川書房。（共著）安川悦子、髙月教恵編著（2014）『子どもの養育の社会化――パラダイム・チェンジのために』御茶の水書房、63-90。ノートルダム清心女子大学人間生活学科編（2016）『ケアを生きる私たち』大学教育出版、108-131。

山野則子（やまの のりこ）――――――――――――――――――――――――――（第 18 章）
大阪府立大学教授

山野則子（2009）『子ども虐待を防ぐ市町村ネットワークとソーシャルワーク』明石書店。山野則子編著（2015）『エビデンスに基づくスクールソーシャルワーク――教育行政との協働プログラム』明石書店。山野則子・武田信子（2015）『子ども家庭福祉の世界』有斐閣。

編著者略歴

芝野松次郎（しばの まつじろう）

関西学院大学人間福祉学部教授（2018年4月1日より 同名誉教授）

学　歴

1972 年 3 月　大阪外国語大学（現大阪大学外国語学部）卒業　文学士
1976 年 3 月　関西学院大学社会学研究科修士課程修了　社会学修士
1978 年 4 月　米国ミシガン大学 School of Social Work 修士課程卒業　MSW
1983 年 8 月　米国シカゴ大学 School of Social Service Administration 博士課程卒業 Ph.D.

職　歴

1983 年 4 月～ 1986 年 3 月　関西学院大学社会学部専任講師
1986 年 4 月～ 1992 年 3 月　関西学院大学社会学部助教授
1992 年 4 月～ 1999 年 3 月　関西学院大学社会学部教授
1994 年 4 月～ 2008 年 3 月　関西学院大学社会学研究科博士課程前期課程指導教授
1999 年 4 月～ 2008 年 3 月　関西学院大学社会学部社会福祉学科教授
2002 年 4 月～ 2008 年 3 月　関西学院大学社会学研究科博士課程後期課程指導教授
2008 年 4 月～現在　関西学院大学人間福祉学部教授、関西学院大学人間福祉研究科博士課程前期課程指導教授、関西学院大学人間福祉研究科博士課程後期課程指導教授

主要業績

芝野松次郎（2002）『社会福祉実践モデル開発の理論と実際――プロセティック・アプローチに基づく実践モデルのデザイン・アンド・ディベロップメント』有斐閣。芝野松次郎、小野セレスタ摩耶、平田祐子（2013）『ソーシャルワークとしての子育て支援コーディネート――子育てコンシェルジュのための実践モデル開発』関西学院大学出版会。芝野松次郎（2015）『ソーシャルワーク実践モデルの D&D ――プラグマティック EBP のための M-D&D』有斐閣ほか多数。

ソーシャルワーク研究におけるデザイン・アンド・ディベロップメントの軌跡

2018 年 3 月 31 日初版第一刷発行

編著者　芝野松次郎

発行者　田中きく代
発行所　関西学院大学出版会
所在地　〒 662-0891
　　　　兵庫県西宮市上ケ原一番町 1-155
電　話　0798-53-7002

印　刷　株式会社クイックス

Printed in Japan by Kwansei Gakuin University Press
ISBN 978-4-86283-256-6